王更生著

# 王更生先生全集 第一輯

第十六冊 曾鞏散文研讀

文史哲出版社印行

## 王更生先生全集 第一輯



# 王更生先生全集 第一輯18冊

## 第十六冊　曾鞏散文研讀


著　　者：王　　更　　生
出 版 者：文 史 哲 出 版 社
http://www.lapen.com.tw
登記證字號：行政院新聞局版臺業字五三三七號
發 行 人：彭　　正　　雄
發 行 所：文 史 哲 出 版 社
印 刷 者：文 史 哲 出 版 社
臺北市羅斯福路一段七十二巷四號
郵政劃撥帳號：一六一八〇一七五
電話886-2-23511028・傳真886-2-23965656
定價新臺幣 8000 元
中華民國九十九年（2010）八月十二日初版





ISBN 978-957-549-917-4　　08991

# 曾鞏散文研讀　目次

## 壹、書　影

**三、雜記文選讀**……………………………………一一八

**四、其他散文選讀**…………………………………二二三

## 伍、附錄

# 壹、書影

圖一：曾文定公像：取材自清上官周編繪《晚笑堂畫傳》

圖二：曾文定公坐像：取材自李震著《曾鞏年譜》封面。

圖三：曾鞏：取材自《新華網 2003-03-24 14：37：44 江西頻道》

圖四：南豐曾鞏讀書岩：
在南豐縣城南門，盱水河畔半山腰上，有一巨岩，曾鞏年少時曾與兄弟諸人讀於此，因此後人稱之「讀書岩」。讀書岩下側有一小池，曾鞏在岩間抄書寫字後，常洗筆其間，故後人稱之為曾鞏「洗墨池」。讀書岩之顛，曾鞏親手栽種樟樹兩株，枝繁葉茂，已歷七百餘年，讀書岩因曾鞏兄弟在此攻讀，並同時進士及第，故在南豐名噪一時，並成今人觀賞的文物景點。

圖五：曾鞏與道山亭：宋神宗熙寧十年（西元 1077 年）五十九歲，鞏知福州。在福州任職一年零一個月，《道山亭記》是應程太師師孟之請，作於元豐二年（西元 1079 年）。文中記述烏石山風景，福州城貌，並涉及風土民俗，是一篇傳誦普遍的名作，道山亭也借此名垂至今。

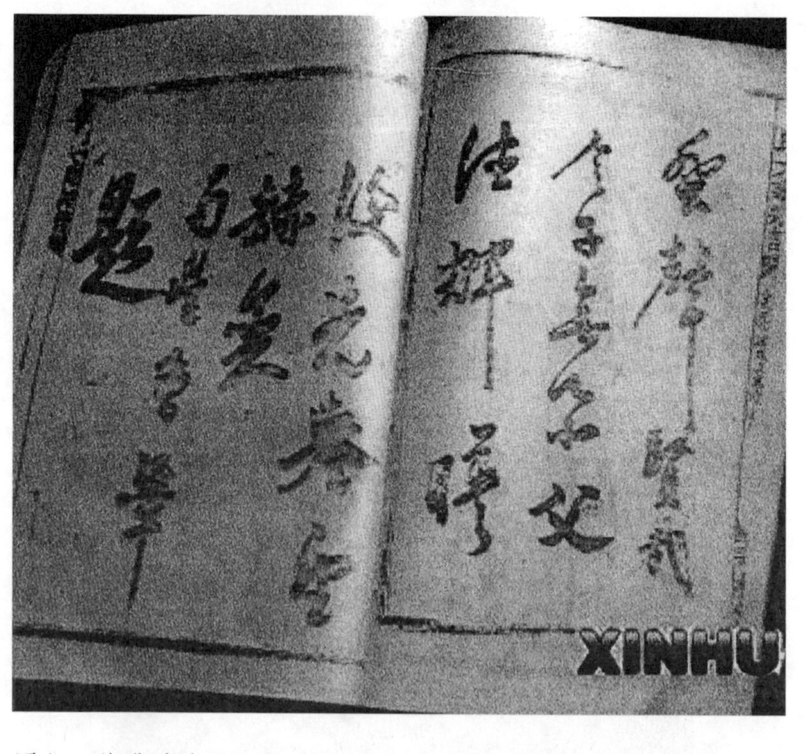


圖六：曾鞏手跡

唐宋八大家之一曾鞏的手跡，據稱在其故鄉江西省南豐縣曾氏宗譜中被發現，共有卅七個字，填補了唐宋八大家中唯獨缺少曾鞏遺墨的空白。此一手跡由中國大陸「新華社」發布後，台灣《聯合報》即於民國九十四年五月下旬公諸於世，本資料採自《聯合報》，字跡稍嫌模糊。

圖七：宋林希撰曾鞏墓誌銘并序，民國五十九年（西元 1970 年）出土於江西省南豐縣源頭村，此一拓本取材於 1984 年 11 月中華書局出版的《曾鞏集》上冊

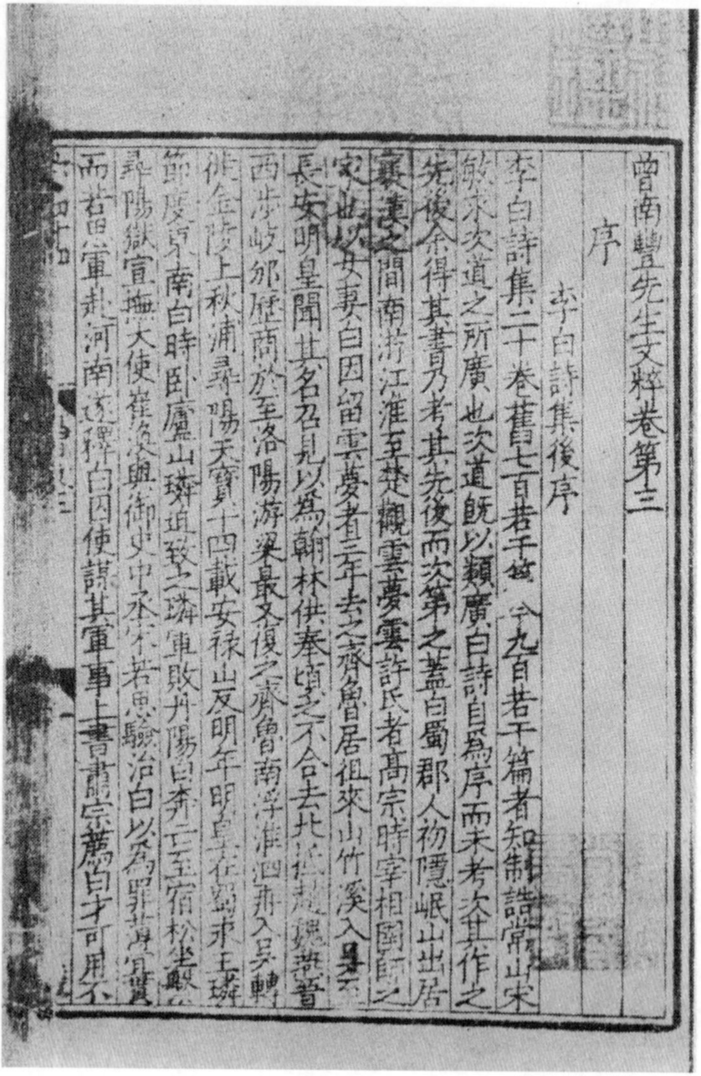

曾南豐先生文粹卷第三

序

李白詩集後序

李白詩集二十卷舊七百若干篇今九百若干篇者知制誥常山宋
敏求次道之所廣也次道既以類廣白詩自爲序而未考次其作之
先後余得其書乃考其先後而次第之蓋白蜀郡人初隱岷山出居
襄漢之間南遊江淮至楚觀雲夢雲夢許氏者高宗時宰相圉師之
家也以女妻白因留雲夢者三年去之齊魯居徂來山竹溪入吳至
長安明皇聞其名召見以爲翰林供奉頃之不合去北抵趙魏燕晉
西涉岐邠歷商於至洛陽游梁最久復之齊魯南浮淮泗再入吳轉
徙金陵上秋浦尋陽天寶十四載安祿山反明年明皇在蜀永王璘
節度東南白時臥廬山璘迫致之璘軍敗丹陽白奔亡至宿松坐繫
尋陽獄宣撫大使崔渙與御史中丞宋若思驗治白以爲罪薄宜貰
而若思軍赴河南遂釋白囚使謀其軍事上書肅宗薦白才可用不

圖八：宋刻本《曾南豐先生文粹》（取材自台灣河洛圖書出版社《曾鞏全集》封裡。）

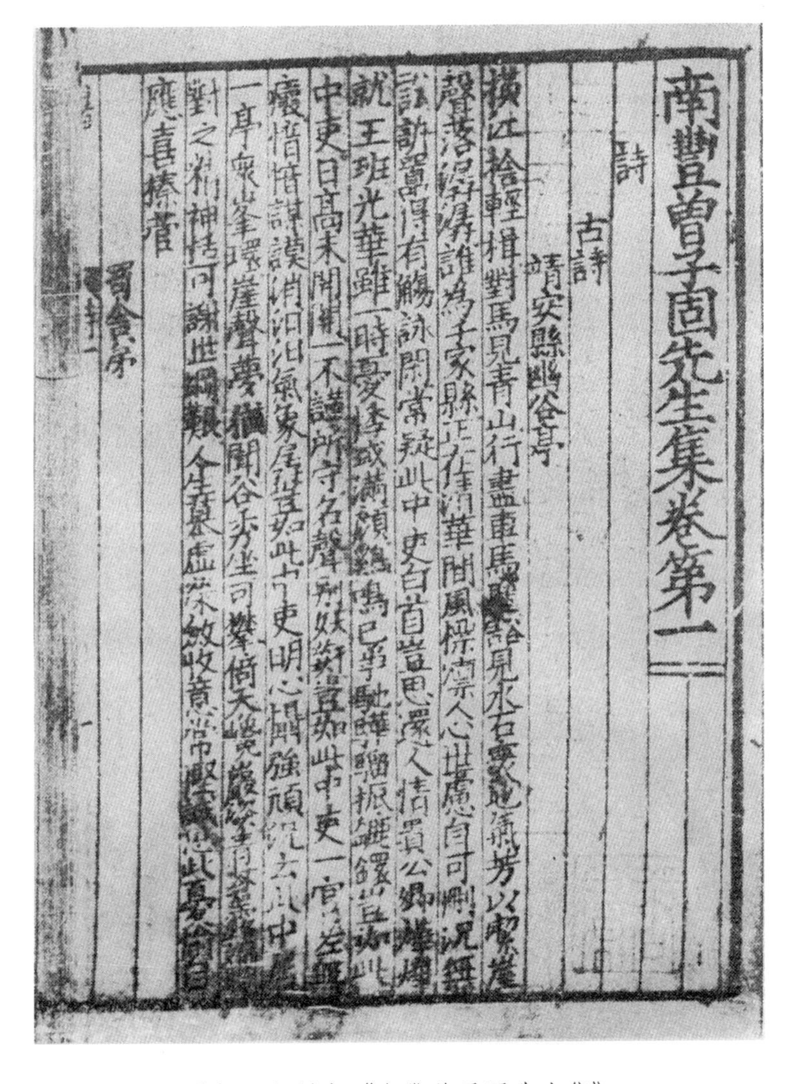

圖九：金刻本《南豐曾子固先生集》
（現藏於北京圖書館）

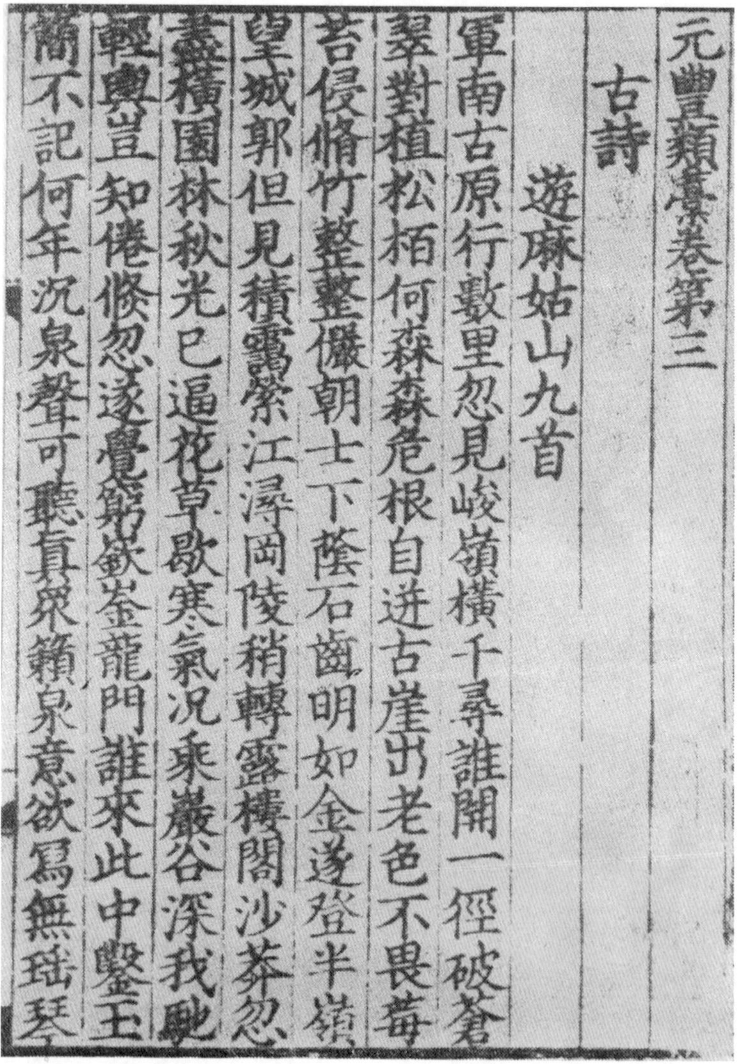

元豐類藁卷第三

古詩

遊麻姑山九首

暈南古原行數里忽見峻嶺横千尋誰開一徑破蒼
翠對植松栢何森森危根自迸古崖出老色不畏莓
苔侵脩竹整整儼朝士下蔭石齒明如金遂登半嶺
望城郭但見積靄縈江潯岡陵稍轉露樓閣沙莽忽
盡横園林秋光已逼花草歇寒氣况乘巖谷深我馳
輕輿豈知倦倏忽遂覺窮嶔崟龍門誰來此中鑿玉
簡不記何年沉泉聲可聽眞衆籟泉意欲寫無瑤琴

圖一〇：元大德八年丁敬思刻《元豐類稿》
（現藏於台灣國立故宮博物院）

圖一一：江西南豐曾鞏祠，祠前左方為「墨池」。（本圖採自由徐中玉主編，民國七十八年（西元 1989 年）十一月由浙江教育出版社發行的《古文鑒賞大辭典》。

# 貳、序　例

一、本書是繼《韓愈散文研讀》、《柳宗元散文研讀》、《歐陽脩散文研讀》、《蘇軾散文研讀》之後，「唐宋八大家散文研讀」系列叢書的第五種，曰《曾鞏散文研讀》。

二、曾鞏是一位擅名當代，暗於現今的北宋六大散文家之一。他二十三歲入太學，歐陽脩見其文，即駭而奇之，說他有「魁壘拔出之才。」王安石更盛讚其文，如水之江漢，星之北斗。足見曾鞏散文成就超軼，確有研讀價值。

三、曾鞏雖出身於世代書香的仕宦之家，但由於父歿母卒，家道衰落。一切養生送死之事，皆由其親手操辦。當其飢餓窮愁，告貸無門之際，仍肆力於經史百家之言，熟讀精思，孜孜不倦。故觀其現存七百六十餘篇散文，不僅衆體皆備，更是實際生活的寫照。讀其書，思其爲人；當有開卷內省之感！

四、本書整體布局，分〈書影〉、〈序例〉、〈導言〉、〈選讀〉、〈附錄〉等五類。各類之間前後呼應，彼此依附。讀者如能會通合參，生發興趣，必可收研讀深化的效果。

五、本書精選〈書影〉及「圖片」十一幀。前三幀爲「曾文定公坐像」，取材雖有不同，但皆出於清上官周的《晚笑堂畫傳》。「讀書岩」「道山亭」「曾文定公祠」「墨池」，皆曾氏生前遺跡。至於「手跡」和「墓誌銘」，因採樣不如預期，版面略嫌模糊。其他善本「書影」，原版藏於大陸北京圖書館者居多，在台可見者少。

六、本書〈導言〉，專門爲初學者作參考。內分〈曾鞏的生平事略（附〈家族世系表〉）、〈與歐陽脩散文之關係〉、〈曾鞏的散文藝術〉、〈對桐城派之影響〉、〈曾鞏在中國文學史上之地位〉，以及〈歷代文論家主要評述〉等。文字淺白，突出重點，俾便誘導讀者，由簡易而至繁難，起循序漸進之功。

七、本書選文在力求全面和多樣的原則下，精選曾鞏「議論文」三篇，「書序文」三篇，「雜記文」十篇，以及書信、贈序、傳狀、哀祭各一篇，歸入「其他」類。以上二十篇之數，較南豐現存作品，雖然相去甚遠，但所選皆經一再揀挑，具有代表性。足可作爲讀者舉一反三，問津曾氏門牆的初階。

八、本書〈附錄〉四種：即〈曾鞏傳記資料〉、〈曾鞏年譜〉、〈曾文主要版本序跋或說明〉、〈研究曾鞏散文參考資料類列〉。因爲曾鞏是一位不太受現代學界重視的散文家，從事專門研究的既不多，其資料雖經多方搜羅，所得仍屬有限。

九、本書既爲初學者設計，故每類選文均附有〈前言〉，以介紹此類選文的特色。正文的分段與勘誤，以陳杏珍，晁繼周點校的《曾鞏集》爲底本，再參以商務的《四部叢刊》本。正文之上有分段大意，正文之後先〈解題〉，次〈注釋〉，又次〈賞析〉。綱領昭暢，明白若掌。值得讀者潛心玩索。

十、本書在民國九十二年（西元二〇〇一年），即聚材撰寫，其間由於俗務遷延，迄今九十四年八月始完成付梓。自惟賦性鈍拙，雖筆耕墨耘，反覆商量；但書中訛誤，仍不可免。望海內外先進，匡我不逮。

**王更生** 書於民國九十四年八月大陸來臺之第五十六年也。

# 參、導　言

宋初，承唐末五代的陋習，「四六文」盛行，學者只知道雕琢字面，堆砌詞藻，外形雖然裝飾得美麗，但內在卻沒有眞實情感，彷彿是塗脂抹粉的山魈，披著錦繡的木偶，在文學上實在沒甚麼價值。柳開、穆修、尹洙等，意欲變更當時的文體，只因能力薄弱，沒有多大的影響。直至歐陽脩出，以誦法韓愈、柳宗元爲天下倡，力掃雕琢堆砌之弊，當時聞風興起的很多，曾鞏就是其中之一。

## 一、曾鞏的生平事略（附家族世系表）

曾鞏，字子固，建昌南豐人（今江西南昌縣），生於宋眞宗天禧三年（西元一〇一九年）。祖父致堯，字正臣，五代時潔身不仕，潛心學問，宋太宗時，官至吏部郎中、直史館，有文集百餘卷。父親曾密公名易占，少有大志，知名江南，任信州玉山令（今江西玉山縣），因案爲郡將錢僊芝所誣，含冤而逝。

曾鞏幼年機警聰敏，四五歲開始讀書，就可脫口成誦。十二歲試作〈六論〉，援筆而就，且辭意雄偉，議論精闢。他這種天賦的才華，令人十分驚異。年甫弱冠之時，便已聞名四方，當時古文運動領袖歐陽脩，讀了他的文章大加讚許，嘆爲奇才。歐陽脩雖然比他年長十二歲，又地位崇高，竟與之結爲忘年之交。

曾鞏於仁宗嘉祐二年（西元一〇五六年）中進士後，出任太平州（今安徽省當塗縣）司法參軍，後召編校史館書籍，遷館閣校勘、集賢殿校理、《英宗實錄》檢討官。不久通判越州（今浙江紹興縣治），任內有很好的政績。不久又調知齊州（今山東歷城縣），齊州爲盜匪出沒之區，素稱難治。他治理齊州，採取恩威並濟，剿撫兼施的方法，盜匪多受到他的感化而棄暗投明；同時撫輯流亡，使各安生業，一變盜匪如毛的齊州，而爲安樂繁榮之鄉。

曾鞏先後爲地方官數十年，可說是造福人民，政績卓著。但始終都是服務基層，絕無陞遷，式觀他的後輩，卻一個個飛黃騰達，官高爵顯，別人都以爲他早負文名，同情他的際遇偃蹇；但是曾鞏始終秉持澹泊寧靜的天性，不慕榮華利祿。他以爲地方官是親民之官，能深刻瞭解百姓的疾苦，直接爲百姓服務，爲官才有實質的意義，比在朝中爲官更有價值，所以《宋史》本傳上說他：

> 鞏負才名，久外徙，世頗謂偃蹇不偶，一時後生輩鋒出，鞏視之泊如也。

又《三朝名臣言行錄》也有於此意思極爲接近的記載。說：

> 公性謹嚴而待物坦然，不爲疑阻。於朋友喜盡言，雖取怨怒不悔也。於人有所長，獎勵成就之如弗及；與人接，必盡禮。

先生之胸懷坦蕩與克己復禮有如此哉！

由於神宗皇帝久聞其文名與政績，所以召見他時，表示殷殷慰勞之意，十分眷寵，至於元豐三年（西元一〇八〇年）留他在朝判三班院準備重用，但宰輔呂公著卻對神宗說：曾鞏其人「義行不如政事，政事不如文章。」因而阻礙了曾鞏升遷的機會，幸而神宗知道他的才學，把他留在京師，任史館修撰，專司重修《五朝正史》的工作。按宋時修國史，必定博選文學之士，用大臣監總，今神宗將五朝大典，獨付曾氏一人，可說是開空前創例。後來改正官制，拜他爲中書舍人。

後因丁母艱而還鄉，又過了幾個月，曾鞏也去世了，時爲元豐六年（西元一〇八三年）四月，享年六十五歲。卒後追謚文定，因籍貫南豐，學者尊爲南豐先生。著有《南豐類稿》五十卷傳世。

曾鞏生性不但孝順父母，友愛弟妹；尤其在他父親去世後，事繼母亦至孝，且他的四個弟弟九個妹妹，也都靠他一手扶養成人。同時，其爲人剛毅直方，取舍必度於禮儀，若使不合乎禮義，就是對著巨室顯宦，也不肯屈服，因此恨他忌他的很多。王安石於〈答段縫書〉中稱他爲「古之賢人」，歐陽脩於舉章望、曾鞏、王回等充館職狀裏，推許他「志節高爽，自守不回。」後人林駉〈南豐先生贊〉云：

> 始而挺立朝廷，遠跡權貴，凜然有不可犯之色；中而間關補外，六秉州麾，泰然無三慍之意；晚而言事不合，小人乘間，晏然有不爲之動之勇。終身大節，表裏無瑕，此南豐之所以爲南豐也。

綜觀曾鞏一生，既未能位列卿相，掌握政柄，亦無轟轟烈烈之事業可言，僅不過做了幾十年的地方官，晚年亦僅在中樞編史書、掌牒箋而已。他的一生可謂集平凡、平淡、平實之大成。雖然文名極盛，而不狂不放，不露鋒芒，但並非庸碌無能。

曾鞏家族世系表（更生案：本表取材自夏寧漢著《曾鞏》一書的裡頁。此書一九九八年四月中華書局出版。）

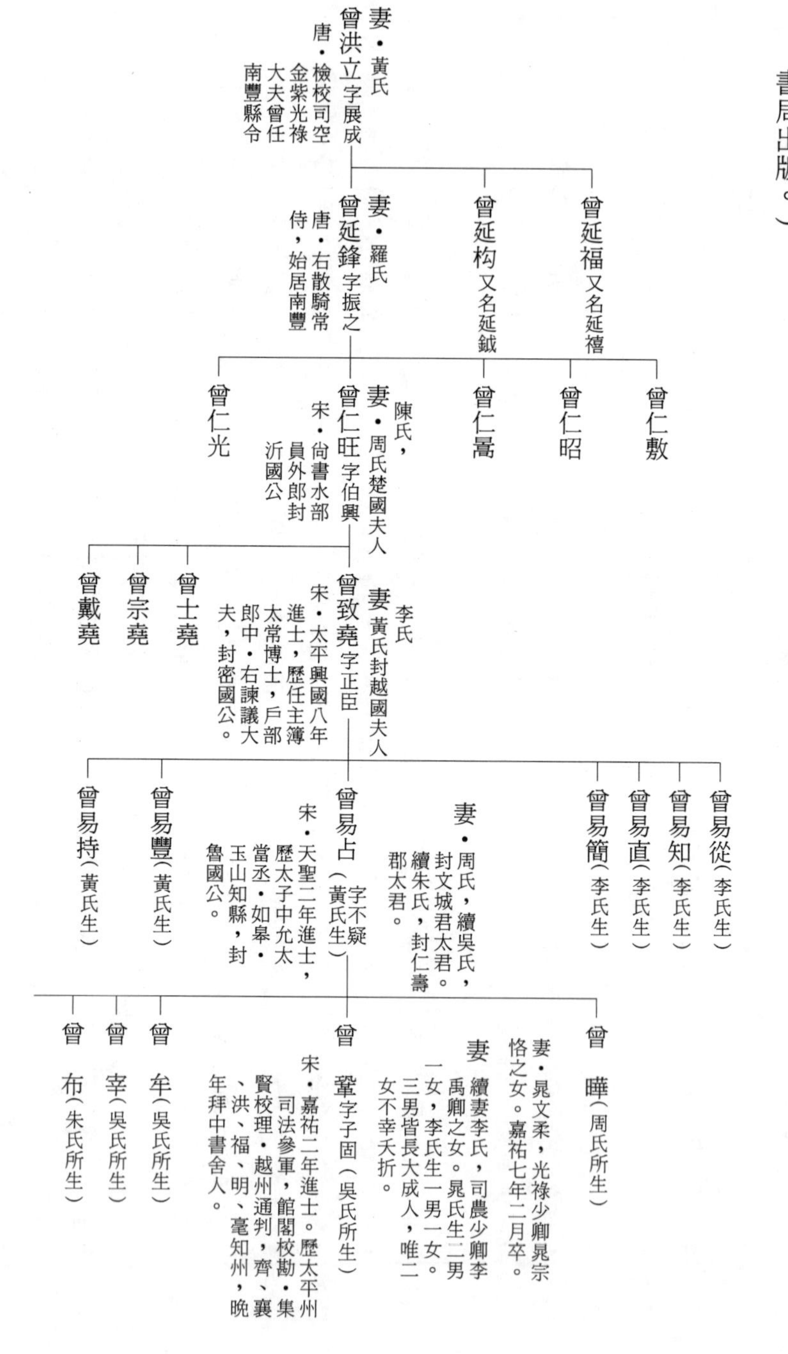

曾洪立字展成
妻・黃氏
唐・檢校司空金紫光祿大夫曾任南豐縣令
曾延福又名延禧
曾延构又名延鉞
曾延鋒字振之
妻・羅氏
唐・右散騎常侍，始居南豐
曾仁敷
曾仁昭
曾仁暠
曾仁旺字伯興
妻・周氏楚國夫人陳氏，
宋・尚書水部員外郎封沂國公
曾仁光
曾致堯字正臣
妻黃氏封越國夫人李氏
宋・太平興國八年進士，歷任主簿太常博士，戶部郎中・右諫議大夫，封密國公。
曾士堯
曾宗堯
曾戴堯
曾易從（李氏生）
曾易知（李氏生）
曾易直（李氏生）
曾易簡（李氏生）
曾易占字不疑（黃氏生）
妻・周氏，續吳氏，封文城君太君。續朱氏，封仁壽郡太君。
宋・天聖二年進士，歷太子中允太當丞・如皋・玉山知縣，封魯國公。
曾易豐（黃氏生）
曾易持（黃氏生）
曾曄（周氏所生）
妻・晁文柔，光祿少卿晁宗恪之女。嘉祐七年二月卒。
妻 續妻李氏，司農少卿李禹卿之女。晁氏生二男一女，李氏生一男一女。三男皆長大成人，唯二女不幸夭折。
曾鞏字子固（吳氏所生）
宋・嘉祐二年進士。歷太平州司法參軍，館閣校勘・集賢校理・越州通判，齊、襄、洪、福、明、亳知州，晚年拜中書舍人。
曾牟（吳氏所生）
曾宰（吳氏所生）
曾布（朱氏所生）

附注：曾肇〈亡兄行狀〉記云：「曾氏姒姓，其先魯人。至其後世，避地遷於豫章，子孫散處江南。今家南豐者，自高祖諱延鋒始也。」

## 二、與歐陽脩散文之關係

宋代以古文名家的頗不乏人，然而眞正被後人尊爲古文家者，也只有歐陽脩一般人足以當之。惟在歐陽脩的旗幟下，其中也有不少差異，茲以三蘇言，他們致力於文者多，致力於道者少，因三蘇論文本不重道，即遇有言及道者，不過是道其所道，不但不是道學家所謂之「道」，而且也不是歐陽脩、曾鞏所謂之「道」。曾鞏所不同於三蘇者，是所致於道者深，爲文即是明道。換言之，道即是文，文即是道，因而世人多以傳歐陽脩衣缽之眞者爲曾鞏，故學界有「歐曾」並稱的雅號。

在文學本質上言：曾鞏與歐陽脩近似，而與三蘇較遠。因此曾鞏的論文，不但可以看作歐公文章的翻版，而且是歐文的發揚光大者。劉壎《隱居通義》〈南豐先生學問〉條曾云：

先儒謂歐文粹如金玉，又以爲有造化在其胸中，而未有以道視之者，然〈答吳充秀才〉一書，則知其道可見矣，南豐說理則精於其師。

又謂：

濂、洛諸儒未出之先，楊、劉西崑體固不足道，歐蘇一變，文始趨古，其論君道、國政、民情、兵略無不造妙，然以理學未之及也。當是時，獨南豐先生曾文定公，議論文章，根據性理，論治道則必本於正心誠意，論禮樂則必本於性情，論學則必主於務內，論制度則必本體於先王之法。先儒言歐公之文，紆餘曲折，說盡事理，南豐繼之，加以謹嚴，字字有法度。此朱文公評文專以南豐爲法者，蓋以其於周、程之先，首明理學也。

足見曾鞏之文，無不以「性理」及「道」爲重，在這方面，不但與三蘇有所不同，而且更精於歐陽脩。

在文章義法上言：曾鞏與歐陽脩的觀點相同。歐陽脩主張史傳碑誌之文亦應有義法。曾鞏於其所著〈南齊書目錄序〉云：

古之所謂良史者，其明必足以周萬事之理，其道必足以適天下之用，其智必足以通難知之意，其文必足以發難顯之情，然後其任可得而稱也。

〈寄歐陽舍人書〉開宗明義就說：

夫銘誌之著於世，義近於史，而亦有與史異者，蓋史之於善惡，無所不書，而銘者，蓋古之人有功德材行志義之美者，懼後世之不知，則必銘而見之，或納於廟，或存於墓也。苟其人之惡，則於銘乎何有？……故曰非蓄道德而能文章者，無以爲也。

由此可見歐陽脩與曾鞏均主張，不但畜道德能文章，而且要講義理重法度。歐陽脩論文以爲充於中者實，則發爲文章輝光。曾鞏爲文義法亦本之，並拈出一個「氣」字，重在壯其氣，而不欲傷其氣，其說見於〈讀賈誼傳〉。如云：

余讀三代兩漢之書，至於奇辭奧旨，光輝淵澄，洞達心腑，如登高山以望長江之活流，而恍然駭其氣之壯也。故詭辭誘之而不能動，淫辭迫之而不能顧，考是與非若別白黑而不能惑。……蓋自喜其資之者深，而得之者多也。既而遇事輒發，足以自壯其氣，覺其辭源源來而不雜。

大抵言之，曾氏以爲凡事無不由「氣」的吞吐而成，爲文亦自不例外。此說不但爲歐陽脩之衣缽眞傳，並對而後之道學者，亦有絕對之影響。如朱熹所說：

道者文之根本，文者道之枝葉，惟其根本乎道，所以發之於文者皆道也，三代聖賢，文章皆從此寫出，文便是道。

肯定的主張「文便是道」，「道便是文」，與曾鞏所謂「畜道德，能文章」，亦即是說有了高深的道德修養，自然能寫出有內涵的文章，文道兼營，二者並重，和道學家之固執雖然不同，但卻有十分近似的關係。

# 三、曾鞏的散文藝術

我國的古文家，從唐之韓、柳，以至清之方、姚，沒有一個不是主張「文以載道」的，而以曾氏尤甚。他的文章差不多都是載道之作。其弟曾肇於〈子固先生行狀〉云：

公生於末俗之中，絕學之後，其於剖析微言，闡明疑義，卓然自得，足以發六藝之蘊，正百家之繆，破千載之惑。其言古之治亂得失是非成敗，人賢不肖，以至彌綸當世之務，斟酌損益，必本於經。

又說：

至其文章，上下馳騁，愈出愈新，讀者不必能知，知者不必能言。蓋天材獨至，若非人力所能，學者僶精思，莫能到也。世謂其辭於漢唐可追司馬遷、韓愈，而要其歸，必止於仁義，言近旨遠，雖《詩》《書》之作者，未能遠過也。

因爲他斟酌損益，必本於經，必止於仁義，所以在他的文集中，寫景抒情之作極少，而說理之作較多。如他序《戰國策》，言「道以立本，法以適變。」序〈聽琴〉，詳五禮六樂，其用至於養才德，合天地而後已；於〈筠州學記〉，詳次大學「誠正修身」而本之「致知」；於〈新序目錄序〉，又深明「學之有統，道之有歸」，而斥無的放矢的衆說；……無一不是本原經術而立論。人皆推崇他爲古文大家，便是爲此。

朱熹說他：

比之東坡，較質而近理。

又說：

祕閣諸序好，〈宜黃〉〈筠州〉二學記好，說得古人教學意出，〈范貫之奏議集序〉氣脈渾厚，說得仁宗好。

又說：

陳宗禮說：

公之文高矣，自孟、韓子以來，作者之盛，未有至於斯。

嘉祐中，歐陽文忠公以古道倡，南豐之曾，眉山之蘇，胥起而應，眉山父子兄弟，稽千載治亂成敗得失之變，參以當世之務，機圓而通，詞暢而逸，言之有輔於世，美矣；然求其淵源聖賢，表裏經術，未有若吾南豐先生之醇乎其醇者也。

呂祖謙編《古文關鍵》，獨取曾鞏，而去王安石，正因曾氏是淵源聖賢的緣故。文以載道，是曾氏的中心思想，「道」是他文章的骨幹，這是我們不能不特別注意的。

其次，就他文章的風格說，「溫醇典重，雍容平易」八個字，可算最適切的評語。文章的風格，足以表現一個作者的個性——蘇軾的性情，毫放不羈，所以他的文章，如天馬行空，如鯨魚赴壑；王安石的性情，倔強固執，所以他的文章，富於拗折峭深之趣；同樣的，曾氏的性情，謹慎和平，他的文章，自然而然地趨於溫醇莊重，雍容平易一途了。前人對曾文風格作批評的不少，如李塗《文章精義》云：

曾子固文章學劉向。平平說去，亹亹不斷，最淡而古。但劉向老，子固嫩，劉向簡，子固煩，劉向枯槁，子固光潤耳。

此說又見於朱一新之〈論古文〉。如云：

宋文惟介甫最高而最難學，次則南豐，源出匡、劉，淵懿深厚。

匡、劉二家作品，得天地溫厚之氣，有陰與柔之美。曾國藩於〈聖哲畫像記〉，曾詳乎言之。他說：

西漢文章，……劉向、匡衡之淵懿，此天地溫厚之氣，得於陰與柔之美者也。此天地之仁氣也。

……歐陽氏、曾氏皆法韓氏，而體質於匡、劉為近。

可見曾氏文章風格有典雅陰柔之美，平正簡易，溫厚和悅之趣。這不僅是他的作風，更可看出他的涵養。

至於曾鞏爲文，何以能上下馳騁，愈出而愈工，其技巧究如何乎？明人貝瓊〈唐宋六家文衡序〉以爲：

> 韓之奇、柳之竣、歐陽之粹、曾之嚴、王之潔、蘇之博，各有其體，以成一家之言，固爲不可至者，亦不可不求其至也。

吾人欲求曾氏之至，當知他有善於自道的筆法，能深切往復言之，推論事物由近及遠，文雖曲折，但多能發人深省，使人自然而然的體會他所講的道理。

曾鞏生平所寫的文章很多，我們可以從他代表作裏，來觀察其寫作藝術，大致有以下幾個方面。

第一、長於議論，精於說理：曾鞏是一位將全部生命投入議論文寫作的作家，他的文章大多是議論文。在此需要指出的，是議論文爲中國古代散文的重要組成部分。歷代散文家注重議論文的表達技巧，使議論文富於藝術性。曾鞏正是圍繞著長於議論，精於說理而形成自己的散文寫作特色。

曾鞏深受儒家思想薰陶，他的議論文往往引經據典作爲自己持論的依據。明代茅坤於《唐宋八大家文鈔》說：

> 其議論本於《六經》，而其鎔鑄剪裁，必折衷之於古作者之旨。

這一特點，尤其在曾鞏的各篇「目錄序」和「學記」中表現得最是突出。如〈宜黃縣學記〉一文，論述建立學校的重要性，便從探討儒家禮樂教化之意，敘述古代學校教學內容、方法以及其培養人才的成績寫起，故朱熹在《語類》卷一三九說：

說得古人教學意出。

茅坤《唐宋八大家文鈔》也說：

非深於經術者不能。

文章依經立論，氣勢雄深、博厚，具有強大的說服力。曾鞏之於議論文的另一特色，是往往和敘事、寫景、抒情結合在一起。所以他的議論文，很多都是夾敘夾議，以敘引論的。如〈唐論〉，通過對唐太宗爲政得失的分析比較，概嘆賢君之難得，士人之不遇。文章先列舉三代至隋的治亂分合，說明「成康既歿，而生民不見先王之治」的論點；然後再列舉唐太宗雖「有天下之志，有天下之材，又有天下之效」，仍「不得與先王並」，至於「有天下之志」，而「天下之材不足」的漢文帝，就更不足議了。作者溯古論今。指出像太宗這樣的君主，已是周文王、周武王之後千年一遇的賢君了，但是還比不上「先王之治」，從而在敘述史實中，重申了文章的論點。曾鞏的〈先大夫集後序〉，是一篇傳記式的書序，採取夾敘夾義的方法，在反覆稱述其祖父本忠君愛民之心，不爲利害禍福所動，而「勇言得失」，「切論大臣」事跡的同時，對其「屢不合而出」，「卒以齟齬終」的悲劇，流露出深沈的感慨！

特別要指的是除了議論文之外，曾鞏其他體裁的散文，也多含議論性質，如〈寄歐陽舍人書〉一文，本是一封感謝的書信。作者卻很少寫感謝的話，反從推究「銘誌」的原本落筆，論述只有「畜道德而能文章」之人，才能寫出「非與是」及「文章兼勝」的「墓誌」。從而將感謝之意蘊含在議論之中，闡發了一大篇做人爲文的大道理。其他如〈墨池記〉、〈撫州顏魯公祠堂記〉等文，俱是在記敘中闡述作者的人生見解，議論風生，味之無窮！

第二、謀篇布局，匠心獨具：曾鞏爲文，喜歡斂氣蓄勢，藏鋒不露。表現在形式結構上的往往是紆徐婉曲，包蘊密致。如上述〈先大夫集後序〉，文中對其祖父曾致堯的悲劇命運，寄寓了深沈的感慨。但他絕不明言，而是採用層層遞轉，娓娓而談的形式，曲折地傳達內心的隱痛！他在文中把造成其祖父悲劇的根源，歸咎於當時朝臣的非難，而把其祖父盡忠直言的品格，歸美於天子的納諫。即所謂「主聖臣直」，措辭極有分寸。文章委婉周匝而意在言外。足見作者經營的意匠。再如〈寄歐陽舍人書〉，他抓住「畜道德而能文章」的論點，反覆說明，由古及今，條分縷析，最後才回到感謝歐陽脩作銘的主旨，明茅坤《唐宋八大家文鈔》評此文說：

此書紆徐百折，而感慨嗚咽之氣，博大幽深之識，溢於言外。

足見其文章結構布局和內容義旨相得宜彰，不落俗套。再如〈墨池記〉，因臨川墨池，傳爲王羲之的故跡，而其地現爲州學舍，求曾鞏作文記之的爲州教授，教授的目的，又是「欲推其事以勉學者」，故文章在謀篇布局上，採取雙線交錯方式，一方面探討王羲之書法成功的原因，一方面勉勵學者。接著從學習書法及道德修養推論，又從王羲之推及天下的仁人志士，認爲「欲深造道德」，就必須努力於學，從而深化了文章的主旨。

再如〈徐孺子祠堂記〉，文中將徐孺子與「直道正言」「趨死而不避」的東漢黨人作比較，認爲「忘己以爲人，與獨善於隱約，其操雖殊，其志於仁一也」。對徐孺子在「大木將顚」時的行、藏、進、止予以贊賞。文章開頭首先敘述徐孺子所處的東漢末年的政治形勢，對東漢黨人予以高度評價，看似不合題旨，其實正是爲引出下文，對徐孺子的評價和對比，作了鋪墊和陪襯。

曾鞏散文在結構上的最大特點是層次分明，匠心獨具。尤其是記敘文，更有明顯的體現。如〈越州鑒湖圖序〉、〈襄州宜城縣長渠記〉、〈越州趙公救菑記〉等文，都善於將雜亂無章的事件，交代得一清二楚，茲以〈越州趙公救菑記〉爲例，全文採實錄手法，從趙公的災前調查和準備，到救災措施，工作作風，和救災取得的成果等，逐一寫來，詳盡周遍地記敘了趙公救災的全部過程。明人茅坤《唐宋八大家文鈔》說：

> 趙公之救災，絲理髮櫛，無一遺漏；而曾公之記其事，亦絲理髮櫛，而無一不入於機杼，及其髮總。

第三，文字峻潔，簡而有法：曾鞏之文，論點集中，不支不蔓，峻潔爽淨，而無鬆散繁蕪之病。如〈范貫之奏議集序〉，對序主的世次，州里、歷官，行事等，均一筆帶過，以突出重點。在敘述時，曾鞏往往擇要來寫，詳略得體。〈撫州顏魯公祠堂記〉，作者選取了新的視角；從顏眞卿「捍賊」與「忤奸」兩件大事中，著力寫其「忤奸」的剛直，而輔之以「捍賊」的威勇，相輔相成，來突顯其百折不撓，威武不屈的形象。從而體現作者關心吏治，砥礪臣節的一貫思想。

曾鞏集中有不少短文，尤能體現其文章簡潔有法的特點。如〈送傅向老令瑞安序〉一文，僅百餘字，便寫出了這位學古守道，貧賤不移的儒士形象，筆墨極省儉，而內容又極豐富。再如〈送趙宏序〉、〈送王希序〉、〈贈黎安二生序〉等，皆語簡旨豐之作。

最後，我們以爲曾鞏散文所以能取得超軼的成就，是由於他對我國悠久的散文傳統繼承的結果。他的散文深獲當時的文壇巨擘歐陽脩的高度評價，身後更被推尊爲唐宋八大家之一，成爲後世學者習文的榜樣；尤其在明清兩代，更是盛譽不衰。現代由於西潮東漸，人們對我國古典散文缺乏深刻的認知，以至對曾肇散文遭受冷落。相信隨著對我國古典散文的研究逐漸加強，今後必定會有越來越多的讀者，對曾鞏的散文藝術發生濃厚興趣，並從而顯現出其歷史意義和現實價值。

## 四、對桐城派之影響

曾鞏散文上承歐陽脩而發揚光大，影響後世者頗多，如對南宋道學家朱熹的影響，對明代歸有光散文的影響，均有決定性之作用。似此前人皆有成書在，不容辭費，以下特以其對清代桐城派之影響爲主，略作說明。

清代古文家的共同特色，是窮經致用，講求義法，爲古文復興運動，開創了新的機運；更由安徽桐城方苞、劉大櫆、姚鼐等人先後出而領導，建立桐城派古文的體系。他們的文章首重義法，亦即直接間接的學自歐曾。尤其曾鞏的作品，專門講求義法的嚴謹，諸如全篇的佈局，必井然有序，層次分明，使人讀了一目了然，而有軌跡可循。而這正是桐城派大師方苞所說的：

> 義即易之所謂言之有物，法即易之所謂言之有序也，必義以爲經而法緯之，然後爲成體之文。

故而曾鞏的文章，深爲桐城派古文家所取法。尤信雄作「桐城文派學述」云：

方望溪由宋之歐、曾，以上溯韓氏，亦兼及臨川，姚姬傳則由宋之歐、曾，以溯於韓氏，而皆推尊太史公。

而曾鞏均爲方、姚二氏承襲的關鍵，其影響自不待言。

自曾國藩出，以理學、經濟發爲文章，雖師義法於桐城派，深得其峻潔之旨，唯其爲文氣質深閎，閱歷周詳，實出桐城派諸大家之上；尤其是見識遠大，取精用宏，亦非方苞、姚鼐等所能比擬。曾國藩曾謂：

> 聞此間有工爲古文辭者，乃桐城姚郎中之緒論，其言誠有可取，於是取司馬遷、韓愈、歐陽脩、曾鞏、王安石、方苞之作悉心而讀之，……於諸儒崇道貶文不說，尤不敢雷同而苟隨，……僕竊不自揆，謬欲兼取二者之長，見道既深且博，而爲文復臻於無累。

如此看來，曾國藩不但於義法方面，受曾鞏之影響，且與曾鞏「畜道德，能文章」的見解，完全契合。因此，我們把曾鞏推作桐城派古文家的宗師，亦不爲過。而曾氏在唐宋八大家中，或有遭後人疵議的地方，但從學術的承傳方面觀之，他卻成了關鍵性的人物。

## 五、曾鞏在中國文學史上之地位

前人推重曾氏，大都爲他的文章合乎聖賢之道的緣故。至於就文論文，推崇他的人，固然也很多，但對他表示不滿者，也未嘗沒有。

推崇他的，如王震〈南豐先生文集序〉說：

南豐先生以文章名天下久矣，……其文章之慓鷙奔放，雄渾瓌偉，若三軍之朝氣，猛獸之抉怒，江湖之波濤，煙雲之姿狀，一何奇也！

《宋史，曾鞏傳》云：

鞏一出其力爲文章，上下馳騁，愈出而愈工，本原《六經》，斟酌於司馬遷、韓愈，一時工文詞者，鮮能過也。

又云：

曾鞏立言於歐陽脩、王安石間，紆徐而不煩，簡奧而不晦，卓然自成一家，可謂難矣。

王構在《修辭衡鑑》上說他：

紆餘委曲，說盡事情。

甯瑞鯉〈重刻曾南豐先生文集序〉云：

昌黎貽論於格致，柳州謬稱於羅侯，舒國新經學說之見疵，眉山縱橫習氣之未遣，唯是六一紆餘典重，先生並之。……然則先生在諸公間，有過之，無弗及也。

我覺得王氏所謂「波濤煙雲，三軍朝氣。」之喻，如果是批評蘇軾的文辭，那是再確切也沒有了，但用於曾氏，卻有些不大相稱；甯氏的話，也未免譽過其實；倒不如《修辭衡鑑》和〔宋史〕的話，能恰如其分，道出其行文運思的特色來。此外，如明代王愼中、唐順之、茅坤、歸有光，清代方苞、劉大櫆、姚鼐、錢伯坰，大都是遵奉曾氏的文章做爲圭臬。

對他的文章表示不滿的，如邵伯溫《聞見前錄》所說：

曾子固初爲太平州司户，守張伯玉，前輩人也，歐陽修、王荊公諸名士，共稱子固文，但玉殊不顧，問語子固：「我方作六經閣，其爲之記！」子固凡謄稿六七，終不當伯玉之意。

徐度《卻掃編》說：

神宗欲重修《五朝正史》，命子固專領其事。未幾，撰太祖皇帝〈總敘〉一篇以進，請繫之〈太祖本紀〉篇末，以爲國史書首，其說以爲太祖大度豁如，與漢高祖同，而漢高所不及者，其事有十，因具論之，累二千言，神宗覽之不悅曰：「爲史但當實錄以示後世，亦何必區區與先代帝王較優劣乎！且一篇之贊，已如許之多，成書將復幾何？」於是書竟不果成。

假使上二書所記內容屬實，則張伯玉和神宗是專就曾鞏的某一篇文所下的批評，而不是衡論他全部的作品，以偏概全，殊不足作爲定論。平心而論，曾氏當四六體盛行的時代，能和歐陽脩等倡爲古文，一掃雕琢堆砌的惡習，造句遣詞，專趨平易自然，這一點不能不使我們稱頌；尤其是集中幾篇目錄序，以及本文前節所評選的幾篇文章，就是置之韓、柳、歐、蘇，各家之中，也不得不稱爲上乘之作。不過，曾鞏的文章，缺乏奔放縱橫之氣，所謂典雅有餘，精彩不足，不善學之，不免流於庸蕪一路，那卻是不可掩飾的短處。清張伯行，《唐宋八大家文鈔》〈曾文引〉，有客觀公允的看法。如云：

南豐先生之文，原本《六經》，出入於司馬遷、班固之書；視歐陽盧陵幾欲軼而過之，蘇氏父子遠不如也。然當時知之者亦少。朱子喜讀其文，特爲南豐作年譜，嘗稱其文字確實。以爲比歐陽更峻潔，……亦可以上下千古而卓然垂不朽於著作之林矣！

總之，曾文在我國文學史上，自有他相當的地位，對於後來文學界，影響很大，確是很值得我們一讀再讀的。

# 六、歷代文論家主要評述選

寫作既竟，想到曾氏在思想、學術、文學及其立身處世之生活言行，尤其在散文創作上的藝術成就，前賢的美譽，多不勝收，今特擇其尤要者，附於正文之後，希讀者觀摩勸善，幸毋以此爲贅疣也。

朱熹《跋曾南豐帖》（《晦庵先生朱文公文集》卷第八十三）：「熹未冠而讀南豐先生之文，愛其詞嚴而理正。居常誦習，以爲人之爲言，必當如此，乃爲非苟作者。而於王子發舍人所謂自比劉向，不知視韓愈如何者，竊有感焉。」

又，《跋曾南豐帖》（同上，卷第八十四）：「余年二十許時，便喜讀南豐先生之文，而竊慕效之，竟以才力淺短不能遂其所願。今五十年乃得見其遺墨，簡嚴靜重，蓋亦如其爲文也。」

又，《朱子語類》（卷第一百三十）：「曾南豐議論平正，耐點檢。」

又，《朱子語類》（卷第一百三十九）：「歐公文字敷腴溫潤。曾南豐文字又更峻潔，雖議論有淺近處，然卻平正好。」

又，同前：「問：『南豐文如何？』曰：『南豐文卻近質。他初亦只是學爲文，卻因學文漸見些子道理，故文字依傍道理作，不爲空言。只是關鍵緊要處，也說得寬緩不分明。緣他見處不徹，本無根本功夫，所以如此。但比之東坡，則較質而近理，東坡則華艷處多。』」

呂祖謙《古文關鍵》（卷上）：「看曾文法專學歐，比歐文露筋骨。」

李塗《文章精義》：「曾子固文章學劉向。平平說去，亹亹不斷，最淡而古。但劉向老，子固嫩；劉向簡，子固煩；劉向枯槁，子固光潤耳。」

金履祥《三蘇文範》卷首《蘇氏譚藪》：「曾子固之古雅，蘇老泉之雄健，皆文章之杰然者。」

方孝孺《張彥輝文集序》（《遜志齋集》卷第十二）：「子固儼爾儒者，故其文粹白純正，出入禮樂法度中。」

鄭瑗《井觀瑣言》（卷第一）：「曾子固文敦厚凝重，如秦碑漢鼎。」

茅坤《八大家文鈔論例》（《唐宋八大家文鈔》）：「曾南豐之文，大較本經術，祖劉向，其湛深之思，嚴密之法，自足以與古作者相雄長。而其光焰或不爍也，故於當時稍爲蘇氏兄弟所掩。獨朱晦庵亟稱之，歷數百年，而近年王道思始知讀而酷好之，如渴者之飲金莖露也。」又，《曾文定公文鈔引》（同上，《曾文定公文鈔》）：「曾子固之才焰，雖不如韓退之、柳子厚、歐陽永叔及蘇氏父子兄弟，然其議論必本於六經，而其鼓鑄剪裁必折衷之於古作者之旨。」

艾南英《易三房同門稿序》（《天傭子集》卷第二）：「以歐陽公之明識，而曾子固又常受業於其門，子固以《六經》之文典重醇深，爲公所推服。自今觀之，其文當濂洛未興之先，已能開性命之宗，無事理之障，疑非子瞻少年時所能辨也。」

王夫之《薑齋詩話》（卷第二）：「學曾子固，如聽村老判事，止此沒要緊話，扳今掉古，牽曳不休，令人不耐。」

魏禧《雜說》（《魏叔子日錄》卷第二）：「子固如陂澤春漲，雖漶漫而深厚有氣力，《說苑》等敘，乃特緊嚴。」

張伯行《曾文引》（《唐宋八大家文鈔》）：「南豐先生之文，原本《六經》，出入於司馬遷、班固之書，視歐陽盧陵幾欲軼而過之，蘇氏父子遠不如也。」

袁枚《書茅氏八家文選》（《小倉山房文集》卷第三十）：「曾文平純，如大軒駢骨，連綴不得斷，實開南宋理學一門，又安得與半山、六一較伯仲也？」

劉熙載《藝概》（卷第一）：「曾文窮盡事理，其氣味爾雅深厚，令人想見碩人之寬。王介甫云：『夫安驅徐行，轥中庸之廷而造乎其室，捨二賢人者而誰哉？』二賢，謂正之、子固也。然則子固之文，即肖子固之爲人矣。」

林紓《春覺齋論文・流別論》：「學記一種，最不易爲：王臨川、曾子固極長此種，二人皆通經，根柢至厚，故言皆成理。若游燕觴詠，或有唱和之什，則冠其首者爲序，否則專記其事亦可。」

又，《忌險怪》：「但觀歐、曾之文，平易極矣，有才之士，幾以爲一蹴而幾，乃窮老盡氣，恒不能得，何者？平易不由艱辛而出，則求平必弱，求易必率：弱與率類於平易，而實非平易。不由於學，則出之無本：不衷於道，則言之寡要：以無本寡要之文，胡能自立於世？」

孫琮《山曉閣選宋大家曾南豐全集目序》（《山曉閣南豐文選》卷首）：「子固少年即以文章名天下，其爲文剽鷙奔放，雄渾瓌偉，其自負要似劉向，藐視韓愈以下。晚年始在掖垣，贍裕雅重，自成一家。嘗師事歐公，歐公門下士多爲世顯人，議者獨以子固爲得其傳。比之東坡，其文較質而近理，讀者只覺坡公華艷處多耳。凡文字由粗入細，由繁入簡，由豪宕入純粹。曾湛於經術，義理精微，意味悠長，自是有用之文。坐而言，起而可行，不似書生弄筆，作畫餅觀也。嗟乎！文章之難久矣。識難於通融，氣難於充和，詞難於雅健，事難於綜考。若浮聲切影，抽黃對白，雖極精工，行之不遠，識者無取焉。間讀《漢書》，見劉中壘奏對封事諸篇，文辭典雅，經術詳贍，得南豐文後先輝映，益知其淵源不誣矣。」

陳訏《宋十五家詩》：「南豐詩巉削適潔，如孤峰天外，卓立萬仞，其氣格在少陵、昌黎之間。」

陳兆侖《曾文選序》（《陳太僕批選八家文鈔》）：「南豐之文之最上者，祇可當韓之上中，而亦無韓之下格。其無韓之上上者，天也；其亦無韓之最下者，人也。非徒不能爲，亦直不欲爲耳。其舒緩遲重似劉向，而近裏著己又似仲舒。蓋以漢人爲師者歟？歐陽公之詩有坡老跨之，而文則又遇子固，二子皆公之門人，爲人師者，不亦難乎？」

# 肆、選讀

## 一、議論文選讀

在曾鞏的《元豐類稿》中，有議論性文章六篇：即〈公族議〉，內容在論公族世祿不可絕，今日讀來，說法最是保守，可取處不多。〈爲人後議〉、是爲申明歐陽脩〈濮議〉之說作。其雖據理力爭，但因事過境遷，置之當前，已缺少參考價值。〈講官議〉，反對王安石爲「侍講」爭坐而作，因限於一事，又基於一時，時事既然不同，故當前已不宜強調。〈救災議〉，其論救大災，應逐日施賑，宜集中糧食、資財，一次而給賑之，使百姓「得錢足以完其居，得粟足以給其食。農得修其畎畝，商得治其貨賄，工得利其器用，閑民得轉移執事，一切得復其業。而不失其常生之計。」頗有特殊見地，此即文中所謂「深思遠慮」，爲百姓長久之計者也。《唐宋文醇》載康熙評曰：「計較利益得失處，經畫最周，可補《周禮》之不足。」正見子固治學立論之能根據實際經驗，非徒依經傳爲陳言也。

其議論文中文辭最是整飭美密者，莫如〈唐論〉。此論綱領分明，申論概括，往復有致。又歸結於作論之旨，在「述其是非得失之跡，非獨爲人君者可以考焉，士之有志於道而欲仕於上者可以鑒矣！」劉大櫆說：「後半上下古今，俯仰慨然，而淋漓迴逸，有百川歸海之致。」

陳杏珍、晁繼周點校本《曾鞏集》《南豐先生集外文》卷上又錄有論文十一篇，其中〈讀賈誼傳〉和〈書魏鄭公傳〉兩文，清顧崧齡以爲皆子固少年作品，文字平庸。其實就文辭整飭，以及援古據經衡論後世之事，這兩篇作品，均能使讀者鑑往察來，足爲立身炯戒。所以姚鼐《古文辭類纂》說「《書魏鄭公傳》其言深切，足以感動人主，又繁複曲盡而不厭，此自爲傑作，熙甫愛之，非過也。」張伯行也說：「其文逶迤曲到，足以發後人識見，而正其心術，」至於〈讀賈誼傳〉融敘事說理於一爐，而心裁別見，自出機杼，雖爲少作，但卻有老成持重的見地。文中運用長短相間，駢散結合的句式，雜以排比的修辭技巧，文氣雄渾，具有波瀾起伏之妙。

總之，曾氏以他飢餓窮愁的生活，累試輒北的命運，歷任州官的經驗，加以餐經饋史的學養，他在議論文中。凡立一說，皆出言有據，凡發一議，皆信而有徵，決不空談高論。此處特別選了他的〈唐論〉、〈書魏鄭公傳〉、〈讀賈誼傳〉三篇，讀者藉此知其思想雖守儒道而亦非迂腐不達者也。

我國古代文學理論家強調文章的神理、氣味、格律、聲色；重視結構、剪裁、運筆、下字以及間架、樞紐、脈絡、眼目等。對於述意、狀物、表情都是極其重要的表現手法。過去劉勰在《文心雕龍・附會》篇，講到寫作的條件時說：「必以情志爲神明，事義爲骨鯁，辭采爲肌膚，宮商爲聲氣；然後品藻玄黃，摛振金玉、獻可替否，以裁厥中。」特別講究情志、事義、辭采、宮商、色彩、聲調和字詞的推敲等。視爲這些條件的合理組合，就像一個人身體的有機組織。曾鞏的議論文，涵蓋甚廣，如贈序、書序、山水記、廳壁記等，無不夾敘夾議，曾鞏正是圍繞著長於說理而形成自己的散文風格和寫作特色的，從而爲我國散文創作作出了貢獻！

# (一)唐論(一)

首段，簡論三代以後，由秦漢到晉隋，皆不能達到先王太平盛世的理想境界。

成康歿而民生不見先王之治(二)，日入於亂，以至於秦(三)，盡除前聖數千載之法。天下既攻秦而亡之(四)，以歸於漢。漢之為漢(五)，更二十四君(六)，東西再有天下，垂四百年。然大抵多用秦法(七)，其改更秦事，亦多附己意(八)，非放(九)先生之法，而有天下之志也。有天下之志者，文帝(一〇)而已。然而天下之材(一一)不足，故仁聞雖美矣(一二)，而當世之法度，亦不能放於三代(一三)。漢之亡，而強者遂分天下之地(一四)。晉與隋(一五)雖能合天下於一，然而合之未久而已亡，其為(一六)不足議(一七)也。

二段，從治國的志向、材能、成效三方面贊頌「貞觀之治」的功績。

代隋者唐，更十八君(一八)，垂三百年，而其治莫盛於太宗(一九)。太宗之為君也，詘(二〇)己從諫，仁心愛人，可謂有天下之志。以租庸(二一)任民，以府衛(二二)任兵，以職事(二三)任官，以材能任職，以興義任俗，以尊本(二四)任眾。賦役有定制，兵農有定業，官無虛名，職無廢事，人習於善行，離於末作(二五)。使之操於上者(二六)，要而不煩(二七)；取於下者(二八)，寡而易供。民有農之實，而兵之備存(二九)；有兵之名(三〇)，而農之利在；事之分有歸(三一)，而祿(三二)之出不浮；材之品不遺，而治之體相承。其廉恥日以篤(三三)，其田野日以闢(三四)，以其法修則安且治，廢則危且亂，可謂有天下之材。行之數歲，粟米之賤，斗至數錢，居者有餘蓄，行者有餘資，人人自厚㉟，幾致刑措㊱，可謂有治天下之效。

夫有天下之志，有天下之材，又有治天下之效，然而不得與先王並者，法度之行，擬之先王㊲未備也；禮樂之具，田疇㊳之制，庠序㊴之教，擬之先王未備也。躬親行陣㊵之間，戰必勝，攻必克，天下莫不以爲武，而非先王之所尚也；四夷㊶萬里，古所未及以政㊷者，莫不服從，天下莫不以爲盛，而非先王之所務㊸也。太宗之爲政於天下者，得失如此。

三段，比論「貞觀之治」與「先王之治」幾個方面的差距。

由唐、虞之治，㊹五百餘年而有湯之治；由湯之治，五百餘年而有文、武之治；由文、武之治，千有餘年而始有太宗之爲君。有天下之志，有天下之材，又有治天下之效，然而又以其未備也，不得與先王並，而稱極治之時。是則人生於文、武之前者，率㊺五百餘年而一遇治世；生於文武之後者，千有餘年而未遇極治之世也。非獨民之生於是時者之不幸也。士之生於文、武之前者，如舜、禹㊻之於唐，八元、八凱㊼之於舜，伊尹㊽之於湯，太公㊾之於文、武，率五百餘年而一遇；生於文、武之後，千有餘年，雖孔子之聖、孟軻之賢㊿而不遇。雖太宗之爲君，而未可以必得志於其時也。是亦士民之生於是時者之不幸也。故述其是非得失

末段，爲本文重點所在。闡述先王之治千年不遇的原因，與士民不遇明主的不幸現實，以及表達先王之治難以實現的感慨。

之跡，非獨爲人君者可以考焉，士之有志於道㊄，而欲仕於上㊄者，可以鑒矣。

## 【解題】

本文是曾鞏議論文代表作之一。它通過分析比較唐太宗爲政的得失，慨嘆聖君治世之難得，是一篇提供執政者參考借鑑的政論作品。「論」是一種說理的文體。有「辨正然否，窮於有數，追於無窮，鑽堅求通，鉤深取極」之功，乃「百慮之筌蹄，萬事之權衡。」此一文體源於先秦，成於兩漢，在唐代古文運動中得到充分發展，至宋歐陽修領導古文運動，更是蔚爲壯觀，形成昌盛局面。

本文價值在結構方面，是篇幅不長，容量極大，布局嚴謹，剪裁得體。在論述方面，淋漓盡致，層次分明，突出重點，疏密相間，在語言方面，句式長短奇偶配合得當，筆調交換，舒緩自如。顯見作者深厚的文章功力。

高步瀛於《唐宋文舉要》，以爲「此文未知作於何時，味其語意，似在熙寧（宋神宗年號）之時，疑爲介甫（王安石字介甫，晚號半山）而發。新政咈民，故慨想乎唐太宗之盛。然太宗猶不得比於三代之治，則夫青苗，理財諸政，當愼所從事矣。」或以爲本文是作者三十九歲中進士第以前的一篇策略。蓋因北宋中葉以前一直是積貧積弱，有識之士要求變法，紛紛上書獻策，於是早在慶曆時期，范仲淹就主張推行考舉新法，提倡策論，一時之間，文人學子中舉及第者，紛紛引經據典，察古觀今，就國家安危治亂等問題，提出不少精彩的策論，〈唐論〉疑爲其中之一。

曾氏治學立論，皆能深究實際，非徒依託經傳之陳言，故能在唐宋八家中獨樹一幟。《唐宋文醇》

載乾隆評此文曰：「此論上下千古，非止較唐太宗之得失也。」又說：「若其纏綿悱惻，夭矯變化，則固文之雄也，」何焯於《義門讀書記》評此文：「峻潔。」劉大櫆評曰：「後半上下古今，俯仰慨然，而淋漓遒逸，有百川歸海之致。」足見全文開合自如，尤其借古諷今的深意，令人爲之低迴不已！

## 【注釋】

㈠ **唐論**　唐，朝代名。高祖李淵愛隋禪，而唐開國，建都長安（今陝西省西安市），凡二十主，二百九十年。

㈡ **成康歿而民生不見先王之治**　言周成王、周康王去世後，人生於世，再也看不到古先聖王，太平盛世的景象了。成康，周成王及周康王。成王，武王子，名誦，即位時，年幼，叔父周公旦攝政，制禮作樂，營建東都洛邑，周室之事大成，故謚曰「成」。康王，成王子，名釗，修文武之業，天下安寧，刑措不用四十年，後人稱爲周之盛世。歿，音ㄇㄛˋ，死亡。民生，即生民、人民。

㈢ **秦**　朝代名，始皇帝併六國，代周而有天下之號，傳三世，凡十五年，爲漢所滅。

㈣ **亡之**　使之滅亡。「亡」在此用作致使動詞。

㈤ **漢之爲漢**　言漢之爲一代王朝。漢，朝代名，高祖劉邦滅秦而有天下之號。建都長安，傳十二主，二百一十二年，爲王莽所篡，是謂前漢，又稱西漢。光武中興，遷都洛陽，凡十二主，一百九十六年，禪位於魏，是爲後漢，又稱東漢。

㈥ **更二十四君**　是說經歷了二十四個君主。更，經歷，更換。二十四君，前漢十二君：高祖，呂后稱制，惠帝，文帝，景帝、武帝、昭帝、宣帝、元帝、成帝、哀帝、平帝；後漢十二君：光武帝、明帝、章帝、和帝、殤帝、安帝、順帝、沖帝、質帝、桓帝、靈帝、獻帝。

㈦ **秦法** 秦代的法令制度。漢雖滅秦，因秦與漢時代接近，民俗相類，制度不與下情相符，容易推行，故其郡縣、職官、朝儀、刑法等制度，多襲秦舊制。

㈧ **多附己意** 即多附己之意。附，迎合。己意，自己的意願。

㈨ **放** 通「仿」，即仿效，效法之意。

㈩ **文帝** 漢高祖中子，名恆。在位時，尊以德化民，輕徭薄賦，仁慈恭儉，與民休息、國家大治，在位二十三年（西元前一七九年至前一五七年），歷史上把漢文帝和漢景帝統治時期，稱爲「文景之治」。

⑪ **天下之材** 指統制天下的才能。

⑫ **仁聞雖美** 言仁愛謙讓的名聲雖然美好。仁聞，仁愛的名聲。聞，名聲，名譽。

⑬ **三代** 指夏、商、周。

⑭ **強者遂分天下之地** 言漢朝滅亡後，列強遂瓜分天下的土地。強者，指魏、蜀、吳分立，號稱三國。

⑮ **晉與隋** 晉，朝代名，司馬炎受魏禪而有天下之號。都洛陽，凡四主，五十二年，爲前趙所滅，是爲西晉。元帝雖在建康（今南京）即位，更十一主，凡一百〇三年，然終屬偏安，未能統一中國。隋，朝代名。隋文帝楊堅始受封於隨，後受北周禪爲帝。旋滅陳，統一中國。以隨從「辵」，以爲有奔走不寧之意，故去「辵」作「隋」，以爲國號，僅歷四帝二十九年，即亡於唐。

(一六) **爲**　做法。此處指政治措施。

(一七) **不足議**　不値得評論。

(一八) **代隋者唐更十八君**　言取代隋朝而興者是唐朝，經歷了十八個君主。十八君，唐朝，除武后不計外，即高祖、太宗、高宗、中宗、睿宗、玄宗、肅宗、代宗、德宗、順宗、憲宗、穆宗、敬宗、文宗、武宗、宣宗、懿宗、僖宗、昭宗、至哀宗天祐四年（西元九〇七年）亡，凡傳二十帝，二百九十年、文云「十八君」，恐曾氏有誤。近人高步瀛《唐宋文舉要》云：「以昭宗以後，改由朱溫出，遂不復數。」亦可備一說。

(一九) **太宗**　太宗名世民，高祖次子。高祖得天下，太宗實輔成之，即位後，銳竟圖治，海內昇平，威及域外，在外二十三年。

(二〇) **詘**　音ㄑㄩ，通「屈」。有曲意遷就之意。

(二一) **租庸**　即唐代實行的租庸調賦役制度。武德二年（西元六一九年）制定，七年又作了詳細規定。是向受田課丁（人丁）征繳的田租、力庸與戶調等三種賦後的合稱。此制源於北魏到隋，以「均田制」爲基礎的租、調、力役制度。其內容：每丁每年繳「租」粟二石，「調」隋鄉土所產繳納，絹，綾、絁二丈，布加五分之一，繳絹、綾、絁的，加綿三兩，繳布的，加麻三斤，非蠶鄉，則輸銀十四兩。「庸」是代替力役的賦稅，人丁每年有二十日力役，不服役者，每日折納絹三尺，因事加役十五日的，免調。三十日的，租、調全免；但連正役不得超過五十日，貴族免役。工匠不服役的，也繳庸稅，此爲唐初的主要稅源。後爲兩稅法所取代。

㉒ **府衛** 即府兵制。此制起於西魏、北周，而大備於隋，唐因之。唐代的兵役制度，中央設十二衛，衛設大將一人，將軍二人。全國共設六百三十四府，分隸十二衛和東宮六率，凡充當府兵的，平日務農，農隙教練。征伐時，自備兵器資糧，分番輸流宿衛京師，防守邊境。戰爭結束，兵散於府，將歸於朝。後藩鎮漸強，府兵之制遂廢。

㉓ **職事** 職務。此處指政務。

㉔ **尊本** 崇尚農業。本，指農業。我國古代以農業爲本，看不起商事，均稱農業爲「本業」，工商爲「末業」。

㉕ **末作** 末作賤業，指工商業言。

㉖ **操於上者** 在上面掌權的人。操，掌握、駕馭。

㉗ **要而不煩** 政務切要而不繁雜。要，切要。煩，繁雜。

㉘ **取於下者** 向下索取的。此處的「下」，作百姓解。

㉙ **兵之備存** 國家不廢軍備。兵，軍隊，備，裝備。

㉚ **有兵之名** 保持了軍隊的設制。名，名義，在此當制度，設制講。

㉛ **事之分有歸** 言政事職分，皆有專人負責。事，政事。分，職分。有歸，各有專人負責。

㉜ **祿** 俸祿。

㉝ **篤** 深厚。

㉞ **闢** 開闢，擴大。

㉟ **自厚**　自重自愛。

㊱ **刑措**　指刑法廢而不用。刑措，又作「刑錯」。措，廢置。根據《新唐書・魏徵傳》說：「太宗即位四年，歲斷死二十九，幾至刑措。」

㊲ **擬之先王**　言與前代聖王相比。擬，比擬。

㊳ **田疇**　猶田地、田畝。《說文解字》：「疇，耕治之田也。」一說穀田稱田，麻田稱疇。

㊴ **庠序**　古代地方學校之名。《漢書・儒林傳序》：「鄉里有教，夏曰校，殷曰庠、周曰序。」

㊵ **躬親行陣**　言親自率軍作戰。躬親，親自。行陣，作戰時軍隊排列的陣勢。

㊶ **四夷**　在此泛指四方的少數民族。夷，中國古代對東方少數民族稱「夷」。

㊷ **未及以政**　言未及推行政教的地方。以，作「爲」解。以政，推行政教。

㊸ **務**　勉力從事。

㊹ **唐虞之治**　唐堯、虞舜的治平盛世。唐堯初居陶，後從唐，故稱陶唐氏；舜之先祖居虞，故稱有虞氏。唐堯、虞舜皆古之賢君，又因揖讓而得天下，故稱當時爲太平盛世。

㊺ **率**　在此作「大致」解。

㊻ **禹**　夏代開國之君。與舜同時輔助唐堯。堯禪位於舜，舜又禪位於禹。

㊼ **八元八凱**　相傳皆古代才德之士，爲舜的賢臣，根據《左傳・文公十八年》文：高陽氏有才子八人：蒼舒、隤敳、檮戭、大臨、尨降、庭堅、仲容、叔達，天下之民稱之爲「八凱」。高辛氏有才子八人，伯奮、仲堪、叔獻、季仲、伯虎、仲熊、叔豹、季貍、天下之民稱之爲「八元」。舜

臣堯，舉八凱，使主后土；舉八元，使布五教於四方。

㊽ **伊尹** 名伊，尹爲官名。一說名摯，原爲奴隸，後助湯滅桀，成開國元勛，史稱商之賢相。

㊾ **太公** 名尚，字子牙，本姓姜，因先祖封於呂，又姓呂，晚年垂釣於渭濱，遇周文王、文王立之爲師，後輔助周武王滅紂，封於齊。

㊿ **孟軻之賢** 孟軻，戰國時鄒人，受學於孔子之孫子思，著《孟子》七篇，被儒家學者尊爲「亞聖」。

(五一) **士之有志於道** 言知識分子有志於先王之道。道，先王治國安邦的理想。

(五二) **欲仕於上** 爲朝廷服務。仕，通「事」，上，指朝廷、帝王。

## 【賞析】

《宋史・曾鞏傳》說：「鞏一出其力爲文章，上下馳騁，愈出而愈工，本原《六經》、斟酌於司馬遷、韓愈，一時工文詞者，鮮能過也。」同樣的看法又見於清代張伯行的《唐宋八大家文鈔・曾文引》：「南豐先生之文，原本《六經》，出入司馬遷、班固之書，視歐陽廬陵幾欲軼而過之，蘇氏父子遠不如也。」詳觀子固〈唐論〉，足徵以上二說之可信。《文心雕龍・事類》云：「文章之外，據事以類義，援古以證今」，是說人之爲文，除了注意文辭章法外，還要引據各種事物，來類比義理；援用往古舊聞，來驗證當今實況。〈唐論〉一文，全篇僅千餘字，竟將成、康以下，至隋唐，一千多年的歷史，納入這篇短文之中，其所以簡繁得當，以少總多的原因，主要在於引經據典，深闇史實，故能以委婉峻潔之筆，成此經邦濟世之作。

本文是一篇典型的政論文、題旨明確、開合自如，清代劉大櫆讚其「上下古今，俯仰慨然，而淋漓遒逸，有百川歸海之致。」文章一開始就提出「有天下之志」「有天下之材」「有治天下之效」三個判別政治得失的準繩。這固然是他體察所得，但在他盛讚唐太宗政治、經濟、軍事方面的作爲時，也隱含著對北宋朝政的不滿。當他誇耀唐代「粟米之賤，斗至數錢，居者有餘粟，行者有餘資，人人自厚，幾致刑措」時，自然會聯想至北宋官吏冗濫、貪污、腐化的現實。當他強調唐太宗「躬親行陣之間，戰必勝，攻必克，天下莫不以爲武」，以及「四夷萬里，古所未及以政者，莫不服從，天下莫不以爲盛」時，自然會讓人們聯想到北宋年年向遼和西夏輸銀納貢，國內土地兼并，農民傾家破產的狀況。當他闡述先王之治千年不遇，與士民難遇明主的慨歎中，讀者更可以體會到四方人才在不合理的政治制度下的埋沒、壓抑，甚而考死丘壑的現象。

本文論述淋漓盡致，層次分明，至於文筆的雅潔，句法的多變，造成其藝術技巧上一大特色。文題曰「唐論」。自然以詳論有唐更十八君、垂三百年的政治得失，但作者卻不直接從唐入手，而是先遠由成、康開始，然後經秦歷漢越晉及隋。僅僅用二百餘字，就概括了其間八百年興亡盛衰的歷史，然後再由唐代三百年的史乘中，截取了其中一段最光輝燦爛的太宗時期，這種由遠即近，圖大於細的作法，就像幾何學上的拋弧線圖形，眞是收放自如之奇筆。此外，在闡述唐太宗有「天下之志」「天下之材」「治天下之效」時，作者又以疏中帶密的手法，論秦朝「盡除前聖數千載之法」，說漢代「非放先王之法」，文帝也「天下之材不足」。敘及唐代的「貞觀之治」，既言其功績，也說它有所不足。

取材平穩，結構嚴謹，令人贊賞，此爲本文特色之一。

其次，是作者運用先抑後揚的謀篇藝術，使文章波瀾起伏，煙波無限。例如作者先以圓滿熱情的筆調，綜述太宗「以租庸任民」「以府衛任兵」「以職事任官」「以材能任職」「以興義任俗」「以尊本任衆」。六個排比句法，形成奔放的氣勢。似乎「貞觀之治」接近「先王之治」了，其料，筆鋒一轉，則太宗「有天下之志」「有天下之材」「有治天下之效」，但在「法度」「禮樂」「田疇」「庠序」等四方面，還「擬之先王未備」，撞擊出一片浪花。在此一放一收，一揚一抑之間，突出了「先王之治」的理想性與高遠性，並給讀者帶來無限的遐想。至於提到西漢文帝時，說他「有天下之志」，但緊接著又說他「仁聞雖美，而當世之法度，亦不能放於三代」，又是一放一收。全篇在收縱的筆法下，寫得跌宕起伏，表現了持論有據而又平實說理的說服力。此爲本文特色之二。

再其次，是遣詞造句的富於變化，使本文筆調發生了開闔自如，舒張得體的藝術效果。例如在前後過渡銜接時，往往用精鍊的連接詞做轉折。像「漢之爲漢、更二十四君，東西再有天下垂四百年。」其中「爲」字、「更」字、「垂」字，幾乎到了「一字不易」的地步。第二段的排比句、對偶句，多以四字五字的短句出現，如「民有農之實，而兵之備存；有兵之名，而農之利在；事之分有歸，而祿之出不浮；材之品不遺，而治之體相承。」其抑揚頓挫，整齊有變化，凝鍊中有突出。再是排比句形的長、短、奇、偶的配合，見出緊促之勢，長句形，更能顯示思維的縝密。此爲本文特色之三。

本文就像一道潺湲的秋水，不疾不徐，曲折婉蜒，因勢造形，隨物宛轉，自然圓活，顯見作者深厚的文章功力！

# (二)書魏鄭公傳

余觀太宗(一)常屈己(二)以從群臣之議。而魏鄭公(三)之徒(四)，喜遭(五)其時；感知己之遇(六)，事之大小，無不諫諍(七)。雖其忠誠所自至，亦得君而然(八)也。則思唐之所以治(九)，太宗之所以稱賢主；而前世之君不及者。其淵源(一〇)皆出於此也。能知其有此者，以其書(一一)存也。及觀鄭公以諫諍事付史官(一二)，而太宗怒之，薄其恩禮(一三)，失終始之義，則未嘗不反覆嗟惜(一四)。恨其不思，而益(一五)知鄭公之賢焉。

首段，由太宗與魏徵的關係說起，並引出太宗怒鄭公以諫諍事付史官之事。

夫君之使(一六)臣，與臣之事(一七)君者何？大公至正之道而已矣。大公至正之道，非滅(一八)人言以揜(一九)己過，取小亮(二〇)以私(二一)其君，此其不可者也。又有甚不可者，夫以(二二)諫諍爲當揜，是以諫諍爲非美(二三)也，則後世誰復當諫諍乎。況前代之君有納諫之美，而後世不見，則非惟失一時之公(二四)，又將使後世之君，謂前代無諫諍之事，是啓其怠且忌(二五)矣。太宗末年，群下既知此意而不言，漸不知天下之得失。至於遼東之敗(二六)，而始恨鄭公不在世(二七)，未嘗知其悔之萌芽出於此也。

次段，言君臣之間，應以大公至正之道相對待。

夫伊尹、周公何如人也(二八)？伊尹、周公之諫切其君者，其言至深；而其事至迫也，存之於書，未嘗掩焉。至今稱太甲、成王(二九)爲賢君；而伊尹、周公爲良相

三段，援史實爲例，從正反兩方面

說明將諫諍之事載入史册，將會產生積極之作用與影響。

者，以其書㉚可見也。令㉛當時削而棄之，成區區之小讓㉜，則後世何所據依而諫；又何以知其賢且良與？桀、紂、幽、厲、始皇之亡㉝，則其臣之諫詞無見焉，非其史之遺㉞，乃天下不敢言而然也。則諫諍之無傳，乃此數君之所以益暴其惡㉟於後世而已矣。

四段，通過駁斥隱瞞君主過錯和掩蓋歷史真相之非。

或曰：「《春秋》之法㊱，為尊親賢者諱，與此其戾㊲矣。」夫《春秋》之所諱者，惡㊳也；納諫諍豈惡乎？「然則焚稿㊴者非歟？」曰：焚稿者誰歟？非伊尹、周公為之也，近世取區區之小亮者為之耳。其事又未是㊵也，何則？以焚其稿為掩君之過，而使後世傳之，則是使後世不見稿之是非，而必㊶其過常在於君，美常在於己也，豈愛其君之謂歟？孔光之去其稿之所言㊷，其在正邪，未可知也。其焚之而惑後世，庸詎㊸知非謀己之姦計乎？或曰：「造辟而言㊹，詭辭而出，異乎此。」曰：「此非聖人之所曾言也。令萬一有是理，亦謂君臣之間，議論之際，不欲漏其言於一時之人㊺耳，豈杜㊻其告萬世也。」

末段，提出君臣之間，應以誠信相待，在撰述歷史時，主張不欺萬世。並照應前文。

噫！以誠信持己而事其君，而不欺乎萬世者，鄭公也。益知其賢云㊼，豈非然哉！豈非然哉！

## 【解題】

本文是曾鞏讀史有感而作的一篇史論，原載於《南豐先生集・外文》卷上。其寫作時間可能在仁宗嘉祐二年（西元一〇六一年）至神宗熙寧二年（西元一〇六九年），擔任史館編校期間。

史載唐太宗與魏徵相互信賴，魏徵去世後，太宗曾有「人以銅爲鏡，可以正衣冠；以古爲鏡，可以見興替；以人爲鏡，可以知得失，魏徵沒，朕亡一鏡矣！」而當魏徵將多年諫書，交與史官褚遂良，要求載入史册時，太宗十分震怒；下令取消以衡山公主下嫁魏徵長子之許諾。曾鞏讀史有感，特撰此文。

文章由太宗與魏徵之關係說起，提出君臣相與，應以「大公至正」爲準。認爲君主不應「滅人言以掩己過」，臣下不應「取小亮以私其君」；同時，援引史實，從正反兩面說明將諫諍之事載入史册，會產生積極之政治效果，與深遠的歷史影響！然後在君臣關係上，提出「誠信」二字；在撰述歷史上，主張「不欺萬世」。

全文論述徐緩莊重，辯駁有力，節奏明快。最後以連聲感歎收束，耐人咀嚼玩味。

## 【注釋】

㈠ **太宗**　即唐太宗李世民，西元六二六年至六四九年在位。在位時，銳竟圖治，虛心納諫，海內昇平，威及海外，在位二十三年，史稱「貞觀之治」。

㈡ **屈己**　委曲自己，遷就他人。

(三) **魏鄭公** 即魏徵。字玄成，唐魏州曲城（今河北館陶縣）人。好讀書，多所通涉，先事高祖爲祕書丞，太宗時，拜諫議大夫，進左光祿大夫，封魏國公，故稱魏鄭公。是唐代著名的政治家。著有《魏鄭公詩集》、《文集》、其言論多見於《貞觀政要》。

(四) **徒** 同類之人，一般人。

(五) **遭** 遇，逢。

(六) **感知己之遇** 感激太宗知遇之恩。

(七) **諫諍** 直言規勸，不顧利害。

(八) **然** 如此，這樣。

(九) **治** 政治清明，天下太平。

(一〇) **淵源** 根本原因。

(一一) **書** 指下文錄付史官的諫書。

(一二) **及觀鄭公以諫諍事付史官** 言當我看到鄭公把諫諍的文稿交付史官。根據《舊唐書・魏徵傳》載：「徵又自錄前後諍諫言辭往復，（按：往復，應對的意思）以示史官起居郎褚遂良，太宗知之，愈不悅。」

(一三) **薄其恩禮** 言降低了對他的恩寵和禮遇。此指唐太宗罷婚事。《舊唐書，魏徵傳》：「先許以衡山公主降（按：降，下嫁）其長子叔玉，於是手詔停婚。《新唐書》本傳所載略同，云：「帝滋不悅，乃停叔玉婚，而仆所爲碑。」（按：「所爲碑」，係指徵逝，則陪葬昭陵，且親爲之撰文書碑。至是，乃詔停叔玉婚而仆所爲碑。）

㈣ **嗟惜** 嗟，歎息，感歎。惜，婉惜。

㈤ **益** 更加。

㈥ **使** 用。

㈦ **事** 侍奉。

㈧ **滅** 抹殺、杜塞。

㈨ **揜** 通掩，掩蓋，掩蔽。

⑽ **小亮** 亮，通諒。小諒，即小信之意。

⑾ **私** 偏袒。

⑿ **以** 以爲，認爲。

⒀ **非美** 不是好事。美，美事。

⒁ **非惟失一時之公** 言不僅埋沒一時的公正。

⒂ **怠且忌** 怠，怠惰。忌，妒忌。這裡指國君荒廢時政，忌賢妒能。

⒃ **遼東之敗** 指唐太宗親征高麗的失敗。遼東，遼河以東之地。貞觀十九年（西元六四五年），太宗親征高麗，拔遼東城，以其城爲遼州。既而又攻安市城，太宗在安市城下，遭高麗靺鞨族的聯合抵抗，李勣等力戰方破之，損失嚴重；再加遼東倉儲無幾，士卒寒凍，乃詔班師，是即「遼東之敗」。

㉗ **始恨鄭公不在世** 指太宗於遼東之敗後，始憾恨鄭公已不在人世。據《新唐書》載：「遼東之役後，太宗悵然於魏徵辭世，進入諫阻其遠征，歎道：「魏徵若在，吾有此行耶？」遂召其家到行在，勞妻子，以少牢祠其墓，復立碑，恩禮有加云。

㉘ **夫伊尹周公何如人也** 據《史記・殷本記》的記載：伊尹，名摰，商初大臣。後輔助商湯滅夏建商，太甲繼位後，破壞法制，不理國政，被伊尹放逐於桐（今山西萬榮縣西），並作〈伊訓以誡太甲，又作〈肆命〉、〈徂后〉，論政教法度。以後太甲修德，伊尹嘉之，又作〈太甲〉上中下三篇，並接回復位。周公，姓姬名旦，輔助其兄武王滅殷，建立周朝。武王死後，成王年少，周公且攝行政事，恐成王淫佚，作〈多士〉、〈毋逸〉、〈立政〉、〈召誥〉、〈洛誥〉等篇以誡之。七年後，成王長，周公歸政於成王。

㉙ **太甲成王** 太甲，商王，成湯之孫，又稱太宗，早年縱欲敗度，被伊尹放逐於桐，三年，悔過，伊尹又迎歸而授之政，於是諸侯歸附，在位三十三年。成王，名誦，西周第二代君主，其事蹟參本文注㉘。

㉚ **其書** 指伊尹、周公之諫書。

㉛ **令** 假使。

㉜ **成區區之小讓** 成全小小的謙讓之名。區區，小。讓，謙讓。

㉝ **桀紂幽厲始皇之亡** 言夏桀、商紂、周幽王、周厲王、秦始皇的滅亡。桀、紂，夏商兩朝末世的暴君，桀被商湯放逐，夏乃亡。紂，周武王伐紂滅商，紂王自焚而死。幽，周幽王，名宮涅，寵

愛褒姒，廢嫡立庶，沈湎酒色、不恤國事，被犬戎殺於驪山之下。厲，周厲王，名胡，用小人，行暴政，國人逐之，死於彘。始皇，秦帝，名政，早年兼併六國，建立中央集權的統一國家、修築長城，統一法律、文字、貨幣、度量衡等，雖然有功於國家，但其橫征暴斂，嚴刑酷法，焚書坑儒，連年用兵，侈宮室遊觀之樂，給人民造成重大災難，崩於沙邱。傳二世子嬰而亡。

㉔ **非其史之遺**　不是當時史官的漏記。史，史官。遺，遺漏。

㉕ **益暴其惡**　更加暴露他們的惡行，暴，暴露。惡，惡行。

㉖ **春秋之法**　春秋，記史之書，由孔子修訂而成的魯國編年史，起於魯隱公元年（西元前七二二年），終於魯哀公十四年（西元前四八一年），共計二百四十二年。《春秋》筆法、寓褒貶、別善惡，但記載史實多隱而不明。《公羊傳，閔公元年》：「《春秋》記事，爲尊者諱，爲親者諱，爲賢者諱。」

㉗ **戾**　違背、違反。

㉘ **惡**　過失，壞事。

㉙ **焚稿**　焚毀奏章手稿，以示謹密。《宋書，謝宏微傳》：「宏微志在素宦（按：即守本分之意），畏忌權寵……每有獻替（按：指諫諍）及論時事，必手書焚草，人莫之知。」後世如西晉大臣羊祜也常焚稿，唐代高士廉每有奏議，輒焚其稿。

㊵ **未是**　不正確。

㊶ **必**　必定，於此作動詞用，有「一定認爲」之意。

㊷ **孔光之去其稿之所言** 指孔光削去他奏章上的言論。孔光之事，見《漢書，孔光傳》。孔光，字子夏，魯（今山東曲阜縣）人，孔子第十四代孫。西漢成帝時舉博士，以高第爲尚書，典樞機十餘年。對皇帝既不隨便迎合，也不強行諫諍。以是久安其位，時有所言，輒削草稿，認爲「章主之過，以奸（按：追求）忠直，人臣大罪也。有所荐舉，唯恐其人之聞知。沐日（按：即假日）歸休，兄弟妻子燕語（按：私語），終不及朝省（按：朝廷）政事。」按漢代奏章多寫在竹木簡上，用刀削去簡上文字，即可防止泄密。

㊸ **庸詎** 副詞，表示反問之意，如怎麼……，難道……。

㊹ **造辟而言二句** 是說到國君面前說話，出來不以實情告人。語見《穀梁傳‧文公六年》：「士造辟而言，詭辭而出」。造，往，詣。辟，音ㄅㄧˋ，國君。詭辭，假話。而以實告人之意。

㊺ **一時之人** 即當時之人。

㊻ **杜** 杜塞，阻礙。

㊼ **云** 語氣詞，表示敘述結束之意。

## 【賞析】

魏徵是唐代政治家和朝廷重臣，其「兼聽則明，偏信則暗」，哲深旨遠的名言，至今流傳，〈諫太宗十思疏〉一文，更是膾炙人口，甚而選入中學國文教材。受到青年學子的普遍傳誦。他和唐太宗彼此間的信賴關係，堪稱古來君臣相處之典範。爲歷來史學家所稱道。《舊唐書‧魏徵傳》載：魏徵年六十四卒，「太宗親臨慟哭，廢朝五日」。發喪之日，「太宗登苑西樓望喪而哭，詔百官送出郊外、帝親製碑文並爲書石。」其後更哀思不已，令公卿侍臣書魏徵遺表於笏，傳效魏徵「知而必諫」。但是當魏徵「自錄前後諫諍言辭，往復以示史官起居郎褚遂良」一事，爲「太宗知之」的時候，便十分震怒，將「先許以衡山公主降其子叔玉」，「手詔停婚」。曾鞏即針對此事，做爲議論中心，發表了這篇光照文壇的史論。

全文共分五段，第一段，指出唐朝的所以大治，太宗的所以尊爲賢君，其源皆出於能接納諫諍。而諫諍之事有無書存，更是作者首先揭示的論點。認爲魏徵以諫諍事付史官，是正確、賢良的表現，太宗怒而薄其恩禮，則有欠思考，令人遺憾！既「恨」太宗之「不恩」，又「益知鄭公之賢」，兩相對比，發抒讚歎，增加了論點的鮮明性。

第二段，從正面剖析書存諫諍的重要性。作者認爲君臣之間的關係建立在「大公至正之道」上。在君而言，不應自掩其過，在臣而言，不應曲私其君。所謂自掩其過，就是爲君者潛在的視諫諍爲惡事、壞事，是人臣對君主的不恭，但作者視爲，國君納諫是美事，納諫而又存留於典籍，能使後世君主得到借鑒，從而消除其「怠」「忌」的惰性，其極大的好事。然後再拿太宗晚年，曲於疏於納諫，言論阻塞，漸不知天下之得失，所以導致「遼東之敗」；於是「始恨鄭公不在世」。文章以夾敘夾議的方式，從國家的「所治」與「所不治」兩方面，論證了國君納諫的重要性。

文章進行到第三段，作者並未淺嘗輒止，而是對諫諍之事載入史冊所產生的歷史作用和影響進行剖析。指出古代的賢君良相諫諍之事，均不削不棄。由於「其書可見」的緣故，從而使後世知其賢良，並引爲鑒鏡。而亡國暴君則不然，「其臣之諫詞無見焉」，此非其史之遺，乃天下人不敢言而然也。如此，益暴其惡於後世。通過正反兩面之比較，結論已不言自明了。不過，對於「桀、紂、幽、厲、始皇之亡，則其臣之諫詞無見焉」一事，並不完全是事實，我們只要一讀《史記》之〈殷本記〉、〈周本記〉及〈始皇本記〉，便可以知道當彼風雨如晦之際、亦來嘗無獨醒之人也。曾鞏爲彰顯君臣相處，應合乎「大公至正之道」的觀點，此處論據雖稍嫌薄弱，但亦可自圓其說。

四段，是駁論，從批駁敵論中，論證書存諫諍的重要性。首駁削棄諫諍是仿效《春秋》爲尊、親、賢者諱的做法，作者一語破的地指出，「《春秋》之所諱者，惡也。」而「納諫諍豈惡乎？」著一反詰，不用辭費，即知其非。次駁有人認爲燒去諫諍的文稿是正確的，作者以細針密縫之法，曲折反復地分析了這個論點的錯誤。他先指出，焚稿乃賢臣所不爲，只有「區區小亮者」的薄行。接著又近一步分析，稿如焚去，後世難以議論諫諍的是非，而是會籠統地歸咎於君，這正是上了焚稿小人的當。然後再引西漾末年孔光削稿事，作具體分析，指出孔光削棄之稿的內容，是正確，抑錯誤，今已無可判斷，因此，推論孔光之削稿，只會淆亂後人視聽，「庸詎知非謀已之奸計乎？」文字犀利，深入而有見地。接著，對時人錯誤的論調進行撻伐。有人說削棄文稿上的一些內容和詭辯與造辟不同，意思是說比後者爲好，但作者卻以爲删削、焚燬之爲害，並不下於詭辭、造辟；因爲它杜絕了對後世萬代的信息傳遞。這一番駁議，可謂轉折徐紓，析理深入，筆酣墨飽，不僅見地出人意表，更有貫通古今的識解。

最後，提出「試」「信」二字，作爲君臣關係的準則。以「不欺萬世」作爲撰述歷史的主張，並反復以「豈非然哉」加以歎賞，表達作者對「前代諍臣一人而已」的魏鄭公，欽賞仰慕之情，故清姚姬傳於《古文辭類纂》評曰：「其言深切，足以動人主，又繁複曲盡而不厭，此自爲傑作，熙甫愛之，非過也。」

〈書魏鄭公傳〉是一篇「跋」。「跋」作爲一種文體，同「序」實爲一類。惟「序」多書於文前，「跋」多書於文後，「序」文較詳，「跋」語較略，本篇「跋」的內容乃屬說理文範疇，至於在語言表達方面，以曉暢，平易爲主體，卻又處處不失錯略變化，抑暢頓挫之韻味。曾鞏的散文，在中國散文史上占有重要地位。不過，如與韓愈、蘇軾等人相比，其詩理之作，卻又缺乏縱橫奔放的逸氣，所謂「典雅有餘，精彩不足」者是也。沈德潛《評註唐宋八大家古文讀本》，對此文〈總評〉說：「賢魏鄭公以破焚稿者之謬，此借題立論法。其博辯英偉，又曾文中之變者。」

# ㈢讀賈誼傳

余讀三代㈠兩漢㈡之書，至於奇辭奥旨㈢，光輝淵澄㈣，洞達㈤心腑，如登高山以望長江之活流㈥，而恍然㈦駭㈧其氣之壯也。故詭辭㈨誘之而不能動，淫辭(一〇)迫之而不能顧，考是與非若別白黑而不能惑，浩浩洋洋(一一)，波徹際涯(一二)，雖千萬年之遠，而若會(一三)於吾心，蓋自喜其資之者深而得之者多也。既而遇事輒發，足以自壯其氣，覺其辭源源來而不雜，剔吾粗(一四)以迎其眞，植吾本以質其華(一五)。其高足以凌(一六)青雲，抗太虛(一七)，而不入於詭誕(一八)；其下足以盡山川草木之理，形狀變化之情，而不入於卑污。及其事多，而憂深慮遠之激扞(一九)有觸於吾心，而干(二〇)於吾氣，故其言多而出於無聊，讀之有憂愁不忍之態，然其氣要以為無傷也，於是又自喜其無入而不宜矣。

首段，以形象化筆法，談閱讀三代兩漢之書的感受，寫來眞切獨到。

使予位之朝廷，視天子所以措置(二一)指畫(二二)號令天下之意，作之訓辭，鏤之金石，以傳太平無窮之業，蓋未必不有可觀者，遇其所感，寓其所志，則自以為皆無傷也。

次段，言設若使居朝廷，未必不有可觀。

余悲賈生之不遇。觀其為文，經畫(二三)天下之便宜，足以見其康天下之心(二四)。

三段，表達

觀其過湘㉕爲賦以弔屈原㉖，足以見其憫時憂國，而有觸於其氣。後之人責其一不遇而爲是憂怨之言，乃不知古詩之作，皆古窮人之辭，要之不悖㉗於道義者，皆可取也。賈生少年多才㉘，見文帝極陳天下之事，毅然無所阿避㉙。而絳灌之武夫相遭於朝㉚，譬之投規於矩㉛，雖強之不合，故斥去，不得與㉜聞朝廷之事，以攄其中之所欲言。彼其不發於一時，猶可托文以攄㉝其蘊㉞，則夫賈生之志，其亦可罪耶？

個人對賈誼不遇，憂國憫時的同情。

故予之窮餓，足以知人之窮者，亦必若此。又嘗學文章，而知窮人之辭，自古皆然，是以於賈生少進焉。嗚呼！使賈生卒㉟其所施㊱，爲其功業，宜有可述㊲者，又豈空言以道之哉？予之所以自悲者，亦若此。然世之知者，其誰歟？雖不吾知㊳，誰患耶㊴！

末段，轉入自己的身世，慨歎雖不吾知，又有何患！無限感慨，愴快難懷。

## 【解題】

本文輯自《聖宋文選》、《南豐文粹》，清何焯《義門讀書記》卷四十四認爲是曾鞏少作。李震《曾鞏年譜》根據文中「故予之窮餓，足以知人之窮者，亦必若此。又嘗學文章，而知窮人之辭，自古皆然，是以於賈生少進焉。」列此文於宋仁宗慶曆五年乙酉（西元一〇四五年）曾鞏時年二十七歲。

當時曾鞏居臨川，不但身染肺疾，祖母、母親又相繼棄養，貧病交煎，幸得范仲淹賞識，收爲門生，並於羈旅之中，請人以書信絹帛贈曾鞏。故曾鞏作〈讀賈誼傳〉，宣洩胸中抑鬱不平之氣。賈誼（西元前二〇〇～一六八），洛陽（今河南省洛陽縣）人。西漢名政治家、文學家。他雖身處治世的漢文帝時代，卻因遭讒被妒，未能重用。最後抑鬱而死。因此，被後人推爲懷才不遇的代表人物，使後世遭遇坎坷的文人學士產生共鳴。

作者於文中借「悲賈生之不遇」而自悲，抒發自己累試不第，家貧親逝之情。他之寫賈誼，即是自己的寫照，全文虛實相生，詳略得宜，並運用長短不同的句型，駢散結合的筆法、雜以排比的修辭技巧，使文章的氣勢顯得雄渾而具有波瀾起伏之妙。

## 【注釋】

㈠ **三代**　指夏、商、周三個朝代。《漢書．成帝紀》：「昔成湯受命，列爲三代。」顏師古注：「夏、商、周是爲三代。」

㈡ **兩漢**　西漢、東漢。西漢自高帝劉邦建國，傳至平帝，爲王莽所篡，凡十世十二主，共二百十二年（由西元前二〇六年至西元七年），是爲西漢，又稱前漢。其後光武帝劉秀起兵滅王莽，中興漢室，傳至獻帝，爲魏所篡。凡八世十二主，一百九十六年（由西元二十五年至二百二〇年），是爲東漢，又稱後漢。

㈢ **奇辭奧旨**　指奇特的文辭，深奧的旨意。

㈣ **淵澄**　指作品的淵深明潔。

㈤ **洞達**　貫通。

㈥ **活流**　即活活的流水。活，讀作ㄍㄨㄛˊ，《詩經・衛風・碩人》：「河水洋洋，北流活活。」傳：「活活，流也。」

㈦ **怳然**　猛然領悟之意。

㈧ **駭**　驚駭。

㈨ **詭辭**　指詭譎怪異的言論。

㈩ **淫辭**　指誇大淫邪的言辭。《孟子・公孫丑上》：「淫辭知其所陷。」

⑪ **浩浩洋洋**　廣遠無際之意。

⑫ **波徹際涯**　言如水波通徹，漫無邊際。

⑬ **會**　領會，領悟。

⑭ **剔言粗**　言剔除我的粗劣。剔，音ㄊㄧ，挑出，剔除。

⑮ **以質其華**　使華麗變得質樸。

⑯ **凌青雲**　凌越青雲，比喻氣勢豪壯，或軍力雄健。凌，高出。

⑰ **抗太虛**　言直抵太空。太虛，天空。

⑱ **詭誕**　詭譎荒誕。

⑲ **激扞**　激蕩。扞，音ㄏㄢˋ，抵禦，衛護。

⑽ **干**　沖激，觸犯。

⑾ **措置**　處理。

⑿ **指畫**　手指筆畫，言對事情的籌備與謀畫。

⒀ **經畫**　經營規畫。

⒁ **康天下之心**　安樂天下之用心，康，安樂。

⒂ **過湘爲賦以弔屈原**　指賈誼謫往長沙途中，渡湘江時作賦弔祭屈原。事據《史記・屈原賈生列傳》：「賈誼遭讒離京，爲長沙王太傅，意不自得，渡湘水時，爲〈賦以弔屈原〉。」

⒃ **悖**　違背。

⒄ **賈生少年多才**　根據《史記・屈原賈生列傳》載：「賈誼年十八，以能誦詩屬書聞於郡中。」「孝文帝初即位，謙讓未遑也，諸律令所更定，及列侯悉就國，其說皆自賈生發之。」可謂「極陳天下之事。」

⒅ **阿避**　即回避。

⒆ **降灌之武夫相遇於朝**　據《史記・屈原賈生列傳》載：漢文帝以賈誼爲太中大夫，大臣周勃、灌嬰等進讒，遂遭排擠，貶爲長沙王太傅。絳，指絳侯周勃，沛（今江蘇省沛縣）人，從劉邦起義，以軍功爲將軍，封絳侯。呂后死，與陳平等共誅諸呂，迎文帝即位。灌，灌嬰，睢陽（今河南省商丘南）人。從劉邦起義，屢立戰功，封穎陰侯，呂后死，與周勃，陳平等誅諸呂，立文帝。官至太尉，丞相。

⑳ **投規與矩**　此承上文爲喻，言賈誼與絳、灌這班武夫相遇於朝廷，如同把圓規放進方矩之中，雖勉強必不合，故下接「雖強之不合」句。規，校正圓形的工具。《詩‧小雅‧沔水序》鄭玄〈箋〉：「規者，正圓之器也。」矩，校正方刑的工具。《周髀算經》卷上：「方出於矩。」

㉑ **與**　參與。

㉒ **攄**　發抒，舒展，攄，音ㄕㄨ。

㉓ **蘊**　指內心的情愫。蘊，底蘊，隱藏於內心的情懷。

㉔ **卒**　完成。

㉕ **施**　施行，實施。

㉖ **可述**　值得稱述。

㉗ **雖不吾知**　即「雖不知我」的倒裝句法，意謂「不了解我」。

㉘ **誰患耶**　是說又怕什麼呢。誰，不定稱的代名詞，患，憂懼。

## 【賞析】

這是一篇讀書抒感的雜文。按理說寫這種文章並不難，難在繼司馬遷、班固、荀悅、柳宗元、白居易、歐陽修、司馬光、蘇軾諸家之後寫。若非心裁別見，機杼自出，很難突破傳統，令人動容！

曾鞏出身世宦之家，自父曾易占過世後，家境與仕途兩陷困頓。在其慶曆初年〈上歐陽舍人書〉、〈上齊工部書〉、〈謝杜相公書〉、〈與劉沆龍圖啓〉中，毫不隱諱地對家事的單弱，學業的苦攻，病痾的沈重，和闔門嗷嗷待哺的情狀，可謂慘不忍睹。當此之際，緬懷賈誼外謫的身世，低徊個人艱苦的際遇。遂寫下這感人肺腑的名篇。其在寫作技巧上，有以下的特色：

一、層層遞進，一氣呵成：這篇讀後感以氣勢雄渾，波瀾起伏，激昂頓挫見長。其形容三代兩漢之書，「如登高山以望長江之活流，而恍然駭其氣之壯也。」「其高足以凌青雲，抗太虛，而不入於詭誕；其下足以盡山川草木之理，形狀變化之情，而不入於卑污。」層層遞進，一氣貫注，其間又雜以個人的會心，於浩渾氣勢中，不時迭宕頓挫，顯得紆徐委曲，絕無平板呆滯之弊。

二、雙線交錯，虛實相間：文中以賈誼和作者為兩條主線，迭相交錯，議論縱橫，並且不管是論人、論文，都與身世遭遇緊密地結合在一起，使得自悲悲人，都能言之切實而不浮泛。曾鞏無論個性、才能、志向、抱負，身世遭遇，都與賈誼有極相似之處。據其《行狀》載：「公自在閭巷，已屬意天下事，如在朝廷。而天下亦謂公有王佐之材，起且大任。」「自為小官，至在朝廷，挺立無所附，遠跡權貴，由是愛公者少。」《宋史・本傳》也說他：「鞏負才名，久外徙，世頗謂偃蹇不偶。」「為文章，上下馳騁，愈出而愈工，本原《六經》，斟酌於司馬遷、韓愈，一時工文詞者，鮮能過也。」這與文中所描述賈誼的情形大體相同。曾鞏對賈誼的遭遇寄以深切同情的眞正原因。文中對賈誼的少年多才，憫時憂國，被讒遭斥，託文明志，事事與史傳相合，用實筆詳寫。於作者自己，則用虛筆略寫。虛實相間，詳略得當，不僅避免了雜沓重複，同時也顯得生動靈活，蘊藉無窮。

三、能治描寫、抒情、敘事於一爐，不露痕跡：全文將描寫、抒情、敘事等各種手法融於一爐，不露痕跡。如首段描寫三代兩漢之書，氣勢浩壯，句式長短相間，駢散結合，又雜以排比，顯得文彩斑爛，變化多端，重在描寫；次言賈誼生平，採用夾敘夾議的寫法，敘述力求簡括，議論正大精闢，縱橫自如，不板不死，重在敘事；結尾抒發感慨，連用兩組感歎句、反詰句，宣洩自悲悲人的強烈感情，重在抒情。手法乾淨俐落，而又渾然一體。

四、借賓顯主，有感而發：本文重點放在最後一段。所謂〈讀賈誼傳〉賓是借賈誼之生平遭際，澆自己胸中之塊壘。各段雖然各自獨立，但其內雖思想的聯繫至爲緊密。或作遠鋪，或作近墊，最後再以自己的「窮餓」，「而知窮人之辭」作結穴，引出「世之知者，其誰歟？」氣韻幽咽，盪氣迴腸，感賈誼之不遇，傷自身之坎坷，字字嗚咽，一唱三歎！

# 二、書序文選讀

世於曾鞏文，甚美其館閣校書時所寫的書序，明茅坤認爲曾鞏的文章以「序記爲最」；清方苞也以爲：「南豐之文，長於道古，故序古書尤佳。」又說：「淳古明潔，所以能與歐、王并驅，而爭先於蘇氏也。」他這類文章雍容平和，醇厚敦博，在謹嚴的敘寫中，饒富跌宕之致。

曾氏任館閣校勘、集賢校理時，自宋仁宗嘉祐五年（西元一〇六〇年）四十二歲，至英宗治平四年（西元一〇六七年），四十九歲，正在壯年，然其文已婉曲安詳，有深醇工夫。《曾南豐文集》卷三列有〈新序目錄序〉、〈梁書目錄序〉、〈列女傳目錄序〉、〈禮閣新儀目錄序〉、〈戰國策目錄序〉、〈陳書目錄序〉、〈南齊書目錄序〉、〈唐令目錄序〉、〈徐幹中論目錄序〉、〈說苑目錄序〉、〈鮑溶詩集目錄序〉等共十一篇。此處只選了〈戰國策目錄序〉和〈列女傳目錄序〉，另外還選了一篇被後世最推許的〈先大夫集後序〉。

宋王震《南豐集・序》裡稱曾鞏「自負似劉向。」劉向是漢代經學家，其最大的學術貢獻在目錄校讎方面。他的《七略》開世界目錄學的先河。梁阮孝緒《七錄・序》說：「昔劉向校書，較爲一錄，以論其指歸，辨其訛謬。」清章學誠《校讎通義・序》也稱：「校讎之義，蓋劉向父子部次條別，將以辨章學術，考鏡源流，非深明於道術深微，群言得失之故，不足與此。」前人之所以認爲曾鞏近於劉向，主要即由於曾鞏也有一些性質相同的「目錄序」。「目錄序」是書籍的「提要」或「評論」；但要「論其指歸」，「辨章學術」，就必須具備足夠的學養和才識。

他的〈戰國策目錄序〉文字簡約，且見其搜輯整理之功。和劉向的「辨其訛謬」性質相同。他先引「劉向敘此書，言周之先，明教化，修法度，所以大治；及其後，謀詐用而仁義之路塞，所以大亂。」對劉向所謂的「此書」乃「戰國之謀士，度時君之所能行，不得不然」之說，表示不同意見，以爲劉向「惑於流俗，而不篤於自信」，明揭全文中心思想。文章用分析說理的態度，不僅「辨章學術，而且由一本書談到一個時代的風氣，進一步又由時代風氣，分析出那些人的「設心注意」，並從而說明了「道」與「法」的關係，及「苟且」與「自信」兩種態度。由小而大，，由現象到實質，由書籍的介紹到學術思想的開發，再到人格品質的探究。他不用渲染的詞藻，不用說教的口吻，委曲婉轉，以理服人，但又使人想到他學深養到，對戰國術士的活動情況和當世風氣瞭若指掌。他是一位「不惑流俗」而「篤於自信」的人。所以他的筆觸帶有濃重的感情。他的「目錄序」不同於簡單而呆板的提要和書評，而能成爲不朽的文學作品，原因就在於此。

至於〈列女傳目錄序〉，更是以柔婉之筆，寫深厚的思想感情。例如他稱「王政必自內始」，以爲「後世自問學之士，多徇於外物而不安其守，其室家既不見可法，故競於邪侈，豈獨無相成之道哉？士之苟於自恕，顧利冒恥，而不知反己者，往往以室家自累故也。故曰：『身不行道，不行於妻子』，信哉！」他指出由於男子的「顧利冒恥」，使其家庭婦女以「邪侈」相競；婦女的「邪侈」，反過來又影響到男子的以「家累」爲藉口，而「苟於自恕，顧利冒恥」，分析家庭男女間的相互影響，講得入木三分，力透紙背。所謂正心、誠意、修身、齊家、治國、安邦之理，都在他那宛轉靈活的筆鋒下，曲盡其致，由此也可以看出曾氏深厚的涵養，和入微的觀察，心思細密！

「書序」向為曾氏獨擅，所以林琴南於〈選評古文辭類纂〉時贊歎：「曾子固為目錄之序，至有條理。」其實，曾氏的善作「序」體，除「目錄」之外，其他傳世的名篇佳作，如〈范貫之奏議集序〉、〈李白詩集後序〉、〈張文叔文集序〉、〈齊州雜詩序〉，和〈先大夫集後序〉等。無不記人事、論古今，語新風清，情摯意深，以發人之所未發而獨樹一幟！

〈先大夫集後序〉是曾鞏「書序」中的力作。考「序」體濫觴於兩漢，若《史記》的〈太史公自序〉，皇甫謐的〈三都賦序〉，皆名震當代，傳貽來葉，於是後人文集求人作序，蔚然成風。但「序」為易喜而難工之體，故染指者雖衆，成名者不多。〈先大夫集後序〉是為乃祖文集作序。作為文集主人裔孫的曾鞏，自然是格外重視。所以作者一反成法俗套，對先祖的生平、仕宦、政績全不一一點列，卻緊緊扣住「勇言當世得失」六個字，抒發思親之幽念，寄緬懷之深情。更將其滿腹悲悽，慨歎於先祖的「卒以齟齬」，寄望於「追晞祖德」，唯在宏揚〈先大夫集〉之要旨。所以他以「勇言當世之得失」為一篇主張，逐層論敘，遣詞下字均十分得體，而不以誇飾取勝。儲欣之所以評其為「精思極構，曾序第一」。不為無因。

# (一)戰國策目錄序(一)

劉向(二)所定《戰國策》三十三篇，《崇文總目》(三)稱第十一篇者闕，臣(四)訪之士大夫(五)家，始盡得其書，正(六)其誤謬而疑(七)其不可考者，然後《戰國策》三十三篇復完。

敘曰：向敘此書(八)，言「周之先，明教化(九)，修法度(一〇)，所以大治。及其後(一一)，謀詐用，而仁義之路塞，所以大亂。」其說既美矣。卒(一二)以謂「此書戰國之謀士(一三)度(一四)時君之所能行，不得不然。」則可謂惑於流俗(一五)，而不篤於自信者也。

夫孔孟之時，去周之初已數百歲，其舊法已亡，舊俗已熄(一六)久矣。二子(一七)乃獨明先王之道(一八)，以謂不可改者，豈將強(一九)天下之主以後世之所不可為哉？亦將因(二〇)其所遇之時、所遭之變而為當世之法(二一)，使不失乎先王之意而已。二帝(二二)三王(二三)之治，其變固殊(二四)，其法固異，而其為(二五)國家天下之意，本末先後，未嘗不同也。二子之道，如是而已。蓋法者所以適變(二六)也，不必盡同；道者所以立本(二七)也，不可不一(二八)，此理之不易者也。故二子者守此，豈好為異論(二九)哉？能勿苟(三〇)而已矣，可謂不惑乎流俗而篤於自信者也。

首段，敘述整理校勘《戰國策》的過程。

二段，作者以儒家立場，反駁劉向持論的錯誤。

三段，論政治上的「法」，可因時而異；而立國之「道」，絕對不可改變。

戰國之游士(三一)則不然，不知道(三二)之可信，而樂於說之易合(三三)，其設心注意(三四)，偷為一切之計(三五)而已。故論詐之便(三六)而諱其敗，言戰之善而蔽其患，其相率而為之(三七)者，莫不有利焉，而不勝(三八)其害也；有得焉，而不勝其失也。卒至蘇秦(三九)、商鞅(四〇)、孫臏(四一)、吳起(四二)、李斯(四三)之徒以亡其身，而諸侯及秦用之者亦滅其國，其為世之大禍明矣，而俗猶莫之寤也(四四)。惟先王之道，因時適變(四五)，為法不同，而考之無疵(四六)，用之無弊，故古之聖賢，未有以此而易(四七)彼也。

或曰：「邪說(四八)之害正也，宜放而絕之(四九)，則此書之不泯其可乎？」對曰：「君子之禁邪說也，固將明其說於天下，使當世之人皆知其說之不可從，然後以禁(五〇)，則齊；使後世之人皆知其說之不可為，然後以戒(五一)，則明(五二)，豈必滅其籍哉？放而絕之，莫善於是。

是以孟子之書(五三)，有為神農之言者(五四)，有為墨子之言者(五五)，皆著而非之(五六)。至於此書之作，則上繼春秋(五七)，下至楚漢之起(五八)，二百四五十年之間(五九)，載其行事，固不可得而廢也。

此書有高誘(六〇)注者二十一篇，或曰三十二篇，《崇文總目》存者八篇，今存者十篇云。

四段，論戰國游士，違背立國之道，以詐偽譎誑之言行，進行政治活動；以致身亡國滅，為世大禍。

五段，闡明禁止邪說之最好辦法，是「放而絕之。」

六段，肯定《戰國策》記載戰國時期之史實，有其一定的價值。結尾，附帶說明高誘所注《戰國策》，目前存佚情形。

## 【解題】

曾鞏從宋仁宗嘉祐五年（一〇六〇）至英宗治平四年（一〇六七），擔任館閣校勘和集賢校理工作，他的十幾篇目錄序，正是當時他學海行舟，不舍晝夜的收穫。〈戰國策目錄序〉就是他所有目錄序中「英爽軼宕」的榜首。（此說錄自晚清林紓《春覺齋論文》）。

序中作者斥戰國游士之言，爲迎合時君需要的異端邪說，亡國亡身的巨大禍根；並以爲治國之方，「法」可以因時而異，而作爲基本原則的「道」，絕不能動搖。

文章在寫作上的特點，是採取了對比方法，用劉向「惑於流俗，而不篤於自信」，與孔孟「不惑乎流俗，而篤於自信」作比較，以孔孟之「道」，與游士之「邪說」作對照，提煉出作者「法」可異，而「道」不變的政治觀點。論點明晰，結構緊湊，語言簡潔，明先王之要道，黜處士之橫議，有功於世道人心，是子固本色文字。

## 【注釋】

㈠ **戰國策**　是戰國時代游說之士的策謀和言論的匯編，同時，也是一部歷史性的散文總集。不出一人之手，不爲一人之作。在當時原名「國策」、「國事」、「短長」、「事語」、「長書」、「修書」等名，原來卷秩紊亂，經漢劉向校訂後，定爲三十三篇，並確立書名爲《戰國策》。但流傳至北宋時，此書又有散佚，由曾鞏訪求某些士大夫家藏本加以訂補，即成今日尚存的本子。

(二) **劉向** 劉向，本名更生，字子政，沛（今江蘇省沛縣）人，漢皇族楚元王劉交的四世孫。官散騎宗正、光祿大夫，中壘校尉等職。爲西漢經學家、目錄學家、文學家。成帝時，受命校勘典籍二十餘種。他的著作很多，現存者計有《說苑》、《新序》、《列女傳》及辭賦若干篇。

(三) **崇文總目** 書名。是宋代國家藏書的目錄。北宋仁宗景祐年間，（西元一〇三四年～一〇三八年）由翰林書士王堯臣等人編撰而成，凡六十六卷，著錄崇文院中昭文、集賢、史館三館所藏之書三萬零六百六十九卷，按類排列，下附敘釋。後全書不存，清人錢東垣輯得《輯釋》本五卷，《補遺》一卷。其中釋《戰國策》云：「今篇卷亡缺，第二至十、二十一至三缺。又有後漢高誘注本二十卷，今缺第一，第五、十一至二十，止存八卷。」

(四) **臣** 作者自謙之稱。

(五) **士大夫** 此處指有地位，有聲望的讀書人。

(六) **正** 糾正。

(七) **疑** 存疑。

(八) **向敘此書** 指劉向所作《戰國策・書錄》，向，劉向。敘，同序。

(九) **敎化** 即儒家所提倡政教風化。

(一〇) **法度** 法規制度。

(二) **及其後二句** 是說到周朝以後，圖謀詐欺之術爲世採用，而通往仁義之道遭到堵塞。塞，堵塞、阻隔。

(十二) **卒**　最後，結果。

(十三) **謀士**　指出謀劃策的人。

(十四) **度**　音ㄉㄨㄛˊ，揣摩、推測。

(十五) **則可謂惑於流俗二句**　是指那可以說是爲世俗所迷惑，而沒有堅強的自信心了。篤，堅定、篤厚。

(十六) **舊俗已熄久矣**　言舊的習俗已消亡很久了。熄，滅，消亡。

(十七) **二子**　指孔子、孟子。

(十八) **先王之道**　指堯、舜、禹、湯、文、武、周公、孔子治國安邦之道。

(十九) **強**　勉強、強迫。

(二十) **因**　介詞，有根據、依照之意。

(二十一) **爲當世之法**　言製作適應當時社會情況需要的辦法。爲，制訂、製作。

(二十二) **二帝**　指唐堯、虞舜。

(二十三) **三王**　指夏禹、商湯、周文、武，皆古代賢聖之君。

(二十四) **固殊**　必定不同。固，必。殊，異、不同。

(二十五) **爲**　音ㄨㄟˊ，動詞，治理。

(二十六) **所以適變**　用來適應時代變化的東西。所以，作介紹賓詞組用，有「用來……的東西」之意。下文「所以立本」，用法相同。

(二十七) **立本**　立國根本。

(二八) **一** 同一、一致。

(二九) **好爲異論** 愛好發表不同的議論。

(三〇) **勿苟** 不苟且，依循禮法辦事。

(三一) **游士** 游說之士。

(三二) **道** 先王之道。

(三三) **樂於說之易合** 言只喜歡他們的說法、主張容易投合。

(三四) **設心注意** 即居心用意。設，置。注，用。

(三五) **偷爲一切之計** 言苟且作一時權宜的策略。偷，苟且。一切，一時權宜。《漢書・平帝紀》：「一切滿秩如眞。」顏師古注：「一切者，權時之事，非經常也。猶如以刀切物，苟取整齊，不顧長短縱橫，故言一切。」切，音ㄑㄧㄝ，在此作動詞。

(三六) **故論詐之便二句** 所以談論欺詐的便利，而隱瞞其失敗；言戰事的好處，而掩蓋其禍害。便，方便，便利。諱，音ㄏㄨㄟˋ，隱瞞、忌諱。敗，失敗、失利。患，禍害。

(三七) **相率而爲之** 指不加思索，爭先恐後的去做。相率，一個跟著一個。

(三八) **勝** 盡。

(三九) **蘇秦** 字季子。戰國時東周洛陽人，師鬼谷子，爲縱橫家的代表人物。曾游說齊、楚、燕、趙、韓、魏六國合縱抗秦。佩六國相印，自爲縱約長，後被齊人刺殺。

(四〇) **商鞅** 即公孫鞅，戰國時衛人，故亦稱衛鞅。少好刑名法術之學，相秦孝公，定變法令，廢井田，開阡陌，改賦稅之法，行之十年，秦國富強，被封於商，故號商君。孝公卒，子惠王立，被車裂而死。

㊵ **孫臏**　戰國時齊人，孫武的後代，曾與龐涓同學兵法於鬼谷子。後清爲魏惠王將，嫉孫臏才能，將他騙到魏國，處以臏刑（古代肉刑之一，即剔去膝蓋骨）。後被齊使淳于髠密載回齊。齊威王以爲軍師，大破魏軍，龐涓自刎，臏因此名顯天下。

㊶ **吳起**　戰國時衛人，善用兵，魏文侯良將，著名的軍事家。曾學於曾子。後入楚，助楚悼王變法圖強、悼王死，被楚之貴戚大臣攻殺之。著有《吳子》。

㊷ **李斯**　楚國上蔡人。從荀卿學帝王術。戰國末年入秦爲客卿，秦始皇用其計兼幷六國，統一天下後，封斯爲丞相。定郡縣之制，下禁書令，變蒼頡籀文爲小篆。始皇崩，二世立，趙高用事，誣斯子由與盜通，腰斬於咸陽市。

㊸ **而俗句**　可是流俗還是沒有醒悟。寤，通悟。覺悟、明白。

㊹ **因時適變**　順其時勢，適應變化。因，介詞，順著。

㊺ **考之無疵**　考察先王之道，沒有發現什麼毛病。考，考察。疵，毛病、過失、缺點。

㊻ **易**　更改、更換。

㊼ **邪說**　指不正當的主張和說法。在此指戰國游士之說。

㊽ **放而絕之**　拋棄並杜絕它。放，廢棄。絕，禁絕，不使流傳。

㊾ **泯**　音ㄇㄣˇ，滅，此處作禁毀解。

(五一) **齊** 看法一致。

(五二) **明** 清楚、明白。

(五三) **孟子之書** 《孟子》一書，後漢趙岐，宋之朱熹，皆據《史記》之意，斷爲孟軻自著，然唐之林愼思、韓愈皆以爲軻歿後，其第子萬章、公孫丑等輯錄師說而成。《漢志》及《風俗通》並云《孟子》十一篇，趙岐《孟子・題辭》於七篇之外，有《外書》四篇，恐後人依託，故岐注於七篇之外不取，是以四篇久佚。自漢以來，皆列《孟子》於子部，至南宋淳熙中，朱子取《孟子》與《大學》《中庸》《論語》合爲《四書》，遂入經部。注解有漢趙岐《注》，宋孫奭《疏》，朱熹《集註》，清焦循《正義》等。

(五四) **有爲神農之言著** 有研究農家學說的。神農，古帝名，又稱炎帝。傳說中爲中國農業生產和醫藥的發明者。《孟子・公孫丑》上記載楚人許行爲神農之言，主張君民並耕而食，無貧賤上下之分。孟子斥許子的主張是「相率而爲僞」。

(五五) **有爲墨子之言者** 有研究墨家學說者，墨子，名翟，相傳爲宋人，一說魯人。是春秋、戰國之際的思想家，主張「兼愛」「非攻」。《孟子・滕文公上》記載奉行墨家學說的夷子，求見孟子，孟子對墨家兼愛、薄葬之說深加駁斥。

(五六) **皆著而非之** 是說皆記載下來，然後加以駁斥其主張。著，著錄、記載。非，非難、駁斥。

(五七) **春秋** 書名。我國最早的編年體史書，相傳爲孔子編定。記載了魯隱公元年（西元前七二二年），至魯哀公十四年（西元前四八一年）二百四十二年間的史實。世亦因稱此一時代爲「春秋」。

(五八) **楚漢之起**　指秦末西楚霸王項羽和漢王劉邦興起之時，史稱「楚漢相爭」。

(五九) **二百四五十年之間**　由春秋末季，至楚漢之起，約二百七十餘年，此處是約略言之。

(六〇) **高誘**　東漢涿郡（今河北省涿州市）人，注釋古籍的名學者。曾注有《孟子章句》（今佚）。《孝經注》（今佚），《戰國策注》（今殘）、《淮南子注》《呂氏春秋注》等。

## 【賞析】

先從結構布局方面言：通觀本文，除首尾交代有關《戰國策》校訂之事外，中間正文可分前後兩截。前截自「敘曰」至「未有以此而易彼也」，是本文立意的重點。作者以簡潔的文字，檃栝劉向「戰國策書錄」的要旨，挑出「此書戰國之謀士，度時君之所能行，不得不然。」之觀點，斷定其過失在「惑於流俗，而不篤於自信者也。」兩相比照，闡明「法以適變」，「道以立本」之理。並指出戰國游士背離道本，尚詐言戰，「利」少「害」多，「得」寡「失」衆，甚而「亡身」「滅國」，「爲世之大禍」，而「俗猶莫之寤也」，發出無限歎惋！

後截，自「或曰」至「固不可得而廢也」，轉入正題。採用一問一答方式，說明「戰國策」不應放絕泯滅。並提出禁止邪說橫行之法，在「使當世之人，皆知其說之不可從。」「使後世之人，皆知其說之不可爲，」而不必滅籍放絕。肯定「戰國策」有其一定的歷史價值，因此「戰國策」之校訂，亦有其必然的意義。

由於布局謹嚴有序，論敘層次井然，遂使本文顯現出「窮盡事理」以及「氣味爾雅深厚」的獨特韻致（此爲清劉熙載《藝概、文概》語）。

次由其行文氣勢方面言：南宋呂祖謙《古文關鍵》說：「曾文節奏從容和緩，且有條理，又藏鋒不露。」正足以說明子固爲文氣韻的特點，由於他恪遵儒家的「中庸」思想，所以在文勢上，明明是和劉向的觀點勢同水火，明明是通篇與之論辯，但卻在篇首摘出劉向觀點之後，再不作窮追猛打之勢，再不劍拔弩張地加以聲討，而只是在字裡行間暗打暗收，不露跡象。呂氏說他「藏鋒不露，」以爲「南豐之文，長於道古，故序古書尤佳」的評語，想必是從「行文氣勢」這方面著眼的。

在遣詞造句方面，作者交叉運用了駢散結合、設問、對比以及長短相間的句法來表達。遂收到抑揚起伏，說理透闢之效。如論戰國之游士一段：「論詐之便，而諱其敗；言戰之喜，而蔽其患。其相率而爲之者，莫不有利焉，而不勝其害也；有得焉，而不勝其失也。」其中有對偶，有比較，有正、有反，有長，有短，參差錯綜，讀來琅琅上口，觀之淋漓酣暢，眞如銀河倒掛，一瀉千里。同時他還善於用虛字。如「夫孔孟之時」的「夫」字，「蓋法者所以適變也」的「蓋」字，「惟先王之道」的「惟」字，有的是提振語氣，有的是承接連詞，有的用作副詞，適當其時，適當其位，一經應用，文義豁然明晰。它如關鍵之處的幾次設問，各段之間的聯繫，各段之間的對比，無不恰到好處。

本文首尾單寫有關「戰國策」一書的考訂、辨證，這是目錄序所必須交代的內容，至於文中對先王之道的褒獎，對戰國游士的批駁，都體現了曾鞏的思想。但肯定了「戰國策」的歷史價值，肯定了「法」「道」之間，「流俗」與「自信」之間的關係，使曾鞏的認知更見突顯。曾鞏爲文又常能翻新取巧，使全文「於無出色處求出色」，有「豐不餘一字，約不失一辭」的藝術特點。

# (二)列女傳(一)目錄序

首段，揭明向作《列女傳》本旨。並循「書序」成法，落墨於劉向所敘《列女傳》之篇目次第。

劉向(二)所敘《列女傳》，凡八篇，事具《漢書》(三)向列傳。而《隋書》(四)及《崇文總目》(五)皆稱向《列女傳》十五篇，曹大家(六)注。以《頌義》(七)考之，蓋大家所注，離其七篇爲十四，與〈頌義〉凡十五篇，而益以(八)陳嬰母(九)及東漢以來凡十六事，非向書本然(一〇)也。蓋向舊書之亡久矣。嘉祐(一一)中，集賢校理(一二)蘇頌(一三)始以〈頌義〉爲篇次，復定其書爲八篇，與十五篇者，並藏於館閣(一四)。而《隋書》以〈頌義〉爲劉歆(一五)作，與向列傳不合。今驗〈頌義〉之文，蓋向之自敘。又〈藝文志〉有向《列女傳．頌圖》(一六)，明非歆作也。自唐之亂(一七)，古書之在者少矣，而《唐志》(一八)錄《列女傳》凡十六家，至大家注十五篇者，亦無錄，然其書今在。則古書之或有錄而亡，或無錄而在者，亦衆矣，非可惜哉？今校讎(一九)其八篇及其十五篇者已定，可繕寫(二〇)。

次段，發明向書大義，歸重「躬化」，以諷切

初，漢承秦之敝(二一)，風俗已大壞矣，而成帝(二二)後宮趙衛之屬尤自放(二三)。向以謂王政必自內始，故列古女善惡，所以致興亡者(二四)以戒天子。此向述作之大意也。其言大任(二五)之娠文王也，目不視惡色(二六)、耳不聽淫聲(二七)、口不出敖言(二八)。又以謂

## 【注釋】

㈠ **列女傳** 書名，西漢劉向撰，清《四庫全書總目提要》云：「《古列女傳》七卷，《續列女傳》一卷，前七卷及〈頌〉題向名，《續傳》一卷，不署撰人。」內容凡分〈母儀〉、〈賢明〉、〈仁智〉、〈貞順〉、〈節義〉、〈辨通〉、〈嬖孽〉等七目。

㈡ **劉向** 本名更生，字子政。約生於西漢昭帝元鳳四年（西元前七七年），約卒於哀帝元年（西元前六年）沛（今江蘇省沛縣）人。漢楚元王劉交四世孫。官光祿大夫、中壘校尉。通經能文，遍校群書。著有《別錄》、《洪範五行傳論》、《列女傳》、《新序》、《說苑》等。

㈢ **漢書** 東漢班固撰。初，固父彪，以《史記》自太初以後，闕而不錄，作《後傳》數十篇，固以所續未詳，又綴集所聞，以爲《漢書》。上起高祖、下終孝平王莽之誅。其中八表及〈天文志〉未竟而卒；和帝詔固妹昭就東觀藏書踵成之。全書凡紀、表、志、傳共百篇，分一百二十卷，爲我國斷代紀傳史之祖，唐顏師古有注。

㈣ **隋書** 唐魏徵等撰，八十五卷。紀傳體隋代史。作者皆唐初名臣，文筆嚴淨，其十志尤被後人推崇。

㈤ **崇文總目** 宋王堯臣等撰，仁宗景祐元年（西元一〇三四年），以昭文、集賢、史館及崇文院秘閣所藏之書，命張觀、李淑、宋祁等詳定存廢，分類編目而成。共六十六卷，賜名《崇文總目》。原書久已失傳，今之所見，是從寧波天一圖鈔本及《永樂大典》中輯出，實非完帙。

㈥ **曹大家**　班昭，東漢才女，約生於東漢光武帝建武二十五年（西元四十九年），約卒於安帝永寧元年（西元一百二十年），字惠班，一名姬，扶風安陵（今陝西省咸陽東北）人，適曹世叔，夫亡，和帝召入宮，令皇后、貴人師事之，號曰「曹大家」，家，音ㄍㄨ，大家，女子尊稱。曾續撰《漢書》，並著有《女誡》七篇。

㈦ **頌義**　頌，文體名，有美盛德而述形容的作用。《列女傳》每篇之後皆有頌，謂之〈頌義〉，形式皆爲四言韻語。

㈧ **益**　增加。

㈨ **陳嬰母**　陳嬰的母親，秦人。其子陳嬰，於秦二世時，爲東陽令史。陳勝起義，少年殺縣令，其母謁力勸阻。後歸漢，封爲列侯。

㈩ **本然**　本來如此。

㈪ **嘉祐**　北宋仁宗的年號（由西元一〇五六年至一〇六三年）。

㈫ **集賢校理**　官名，專掌校讐書籍之職。唐有集賢殿校理，至宋，改爲秘書校理。

㈬ **蘇頌**　字子容，晉江（今福建省泉州）人，後徙居丹陽（今江蘇省丹陽），進士及第，皇祐五年（西元一〇五三年），召試館閣校勘，至和（西元一〇五五年）中，遷集賢校理。《宋史》有傳。

㈭ **館閣**　館閣之名起於宋，館，指昭文館、史館、集賢館；閣，指祕閣及龍圖閣、天章閣，皆國家收藏經籍圖書及祖宗制作之所。

㈮ **劉歆**　劉向子，字子駿，後改名秀，字穎叔、生年不詳。繼承父志，領校祕書、在《別錄》的基礎上撰定《七略》，劉氏父子爲我國校讎目錄學的鼻祖。其與當時執政大臣意見不合，出爲太守。王莽稱帝後，尊爲「國師」。地皇四年（西元二十三年），因謀誅王莽，事洩自殺。

(一六) **列女傳頌圖**　即《列女傳》篇後的圖像及頌文。《漢書・藝文志》云：「劉向所序六十七篇，《新序》、《說苑》、《世說》、《列女傳頌圖》也。」《列女傳》於每篇之末，皆爲「頌」以贊其義，圖其狀，故謂之《頌圖》。

(一七) **唐之亂**　指唐朝末年，藩鎮跋扈，天下大亂。

(一八) **唐志以下三句**　謂《舊唐書・經籍志・雜傳》中一百九十四部所錄《列女傳》十六家中，祇有劉向撰的《列女傳》二卷，並無曹大家注的十五篇。（更生案：「在《新唐書・藝文志》中方有著錄，故有『其書今在』之說。」）

(一九) **校讎**　校勘，即校對文字正誤也。（更生案：「根據李善注《文選》左思〈魏都賦〉引《風俗通》曰：『按劉向《別錄》：「一人讀書，校其上下，得繆誤爲校；一人持本，一人讀書，若怨家相對爲讎。」』」）

(二〇) **繕寫**　抄寫。

(二一) **敝**　作壞、舊解。

(二二) **成帝**　西漢元帝子，名驁，字太孫，在位二十六年（由建始元年（西元前三十三年），至元壽元年（西元前七年））

(二三) **趙衛之屬尤自放**　趙，指趙飛燕姐妹，衛，指衛婕妤。飛燕，本長安宮人，咸陽侯趙臨之女。善歌舞，因體態輕盈，改名飛燕。成帝微服出行，見而悅之，遂召入宮，大幸；有妹復召入，俱爲婕妤。專寵後宮十餘年，後立飛燕爲后。衛婕妤，名李平。爲班婕妤侍者，班進之帝，立爲婕妤，乃賜平姓衛，與飛燕姐弟皆自微賤專寵，起爲后妃，在當時是踰越禮制的。事詳《漢書・外戚傳》。放，放任、恣縱，不守禮法之意。

㉔ **所以致興亡者** 言所以導致國家興盛或滅亡的事故，原因。

㉕ **大任** 大，同太。大任即太任，姓任，王季之妃，周文王母親。性情端一誠莊，惟德之行；及有娠，目不視惡色，耳不聽淫聲，口不出敖言，君子謂大任有胎教，事詳《列女傳・母儀傳》。

㉖ **惡色** 醜惡的顏色。

㉗ **淫聲** 淫靡的聲音。

㉘ **敖言** 調笑的語言。《爾雅・釋詁》：「敖，戲也。」在此有戲謔、調笑之意。

㉙ **胎教** 言妊婦一切視聽言動悉中於禮，則胎兒自受其感化，是謂胎教，《韓詩外傳・九》、《大戴禮・保傳》均有胎教之說。賈誼《新書》專門設有〈胎教〉之篇。

㉚ **正其視聽言動** 謂端正視聽，使言行合乎禮儀。即《論語・顏淵》子曰：「非禮勿視、非禮勿聽、非禮勿言、非禮勿動。」

㉛ **大人** 稱德高望重的人。在此稱「母親」之辭。《後漢書，范滂傳》：「謂母曰：『謂大人割不可忍之恩，勿增戚戚。』韓愈《柳子厚墓誌銘》：「子厚泣曰：播州非人所居，而夢得親在堂，吾不忍夢得之窮，無辭以向其大人，且萬勿母子俱往理。」

(二二) **有道者** 稱有學問道德者，在此指當政的帝王。

(二三) **顧** 用在動詞前面作反而解。表示行爲違犯常情。參見王引之《經傳釋詞》卷五

(二四) **師傅保姆之助** 言有師傅保姆之從旁輔助。根據《禮記・內則》，師傅保姆，擔任貴族女子道德教養，生活陪侍的人。

(二五) **詩書圖史之戒** 言有《詩》、《書》圖史的警戒。詩書，指《詩經》、《尚書》，圖史，指聖賢之像，女史之筆。《漢書・谷永傳》：「永對曰：『《書》曰：湎用婦人之言，自絕於天。《詩》曰：赫赫宗周，褒姒滅之。』」（更生案：「以上是《詩》、《書》之戒。）《漢書・外戚傳》：「班倢伃曰：觀左圖畫賢聖之君，皆有名臣在側；三代末主，乃有嬖女。」《後漢書・后妃紀序》：「女史彤管，記功書過。」（更生案：「以上是圖史之戒。」）

(二六) **珩璜琚瑀之節** 言有珩璜琚瑀以爲行止的節制。珩璜琚瑀，均佩玉名。珩，音ㄏㄥˊ，形似磬而小；璜，形似玉環而缺；琚，形長博而方；瑀，似玉之石。蓋左之君子，身必佩玉；而佩時玉分左右。上雙珩，下雙璜，上下左右，以組相交，中綴琚瑀，而懸衝牙（更生案：「據《禮記・玉藻》的說法，衝牙，雜佩，玉爲三角形，左右兩角似牙，行動時，與璜相觸故也。」）下垂於兩璜之間，走動時相觸成聲，起節制行止的作用。

(二七) **威儀動作之度** 言有雍容儀態來束己自律。威儀，容止。動作，儀容。均指外表的穿着。

(二八) **具** 用具。指上文所述四種教育子女修身養性的方法。

(二九) **身化** 言用以身作則的方法感化人，即今之所謂「身教」。

㊵ **家人之義二句**　謂〈家人〉的卦義，是給妻子作榜樣，在家中得到敬威的人，才能反身而誠，著信於外，威被四海。家人，指《周易》〈家人〉卦上九之〈象傳〉：「威如之吉，反身之謂也。」反身，反求諸己，就知施於人。

㊶ **二南之業二句**　是說觀〈周南〉、〈召南〉這兩組詩的內容，都是歌頌文王之化，后妃之德的。文王首先是對妻子進行教化，由內及外，由近及遠，故天下仁信，成就王道之大業。二南，即〈周南〉、〈召南〉。是《詩經》「十五國風」中周公、召公統治區域的詩歌。〈詩序〉云：「〈關雎〉、〈麟趾〉之化，王者之風，均繫之周公。南，言化自北而南也。〈鵲巢〉、〈騶虞〉之德。諸侯之風也，先王之所以教、故繫之召公。〈周南〉，〈召南〉正始之道，王化之基。」〈關雎〉是〈周南〉的首篇，〈麟趾〉是末篇；〈鵲巢〉是〈召南〉的首篇，〈騶虞〉是末篇。

㊷ **躬化**　即身化。躬，自身，親自。

㊸ **關雎之行**　指由〈關雎〉之詩，知后妃之德，有風天下而正夫婦的懿行。關雎，《詩經・周南》篇名，參閱本文注㊶。

㊹ **商辛之昏俗**　此指《詩經・召南・行露》篇言，謂南國之人，服文王的教化，有以革除商辛時淫亂的婚俗。商辛，商紂王名辛，商朝末代君主。在他統治時期，婚俗淫亂。

㊺ **江漢之小國**　言文王澤德廣被，能轉移南方江漢流域那些小國的民風習俗。《詩經・周南・漢廣》篇，言文王德廣，被於南國，化行江漢之域，無思犯禮，求而不得也。被，作加、及解。

㊻ **兔罝之野人**　指由於文王的教化，民心向善，連山野網兔的獵人都是有用之才。兔罝，《詩經・

周南》篇名。盲，音ㄐㄩ，捕獸的網。

㊼ **莫** 稱代詞，作沒有人、沒有誰解。

㊽ **身修故家國天下治者也** 是說只有努力提高自身的道德修爲，而後才能專治其家庭，家庭整治好了，才能治理全國，才能達到天下太平的理想政治。語出《禮記・大學》：「身修而後家齊，家齊而國治，國治而後天下平。」又見《禮記・中庸》：「知所以修身，則知所以治人，知所以治人，則知所以治天下國家矣。」

㊾ **多徇於外物二句** 言大多不顧一切地追求身外之物，不安於自身的道德操守。徇，通殉，以身從物之謂。外物，身外之物，如功名利祿。守，道德操守。

㊿ **苟於自恕** 言隨便寬恕自己。苟，草率、隨便。

(51) **顧利冒恥** 言見到對自己有利的事，就冒犯着不顧廉恥的心去追求。冒，觸犯。

(52) **反己** 自我反省之意。

(53) **以家自累** 指把家庭妻兒的生活，當做自己的負擔。累，負擔。俗稱「家累」。

(54) **身不行道二句** 指自身不依道德行事，還想讓別人實行道德，就是他的妻子兒女也不肯聽從的，因爲他們沒有效法的榜樣。語出《孟子・盡心下》：「身不行道，不行於妻子，使人不以道，不能行於妻子。」

(55) **南鄉天下之主** 指一國的君主。語出《周易・說卦》：「聖人南面而聽天下，嚮明而治。」因國君之位南嚮而坐，故云。

(五六) **篤**　誠篤，純厚。

(五七) **此傳二句**　指《列女傳》同於《詩經．芣苢．柏舟．大車》等三首詩的解說，與〈毛詩序〉不同。〈芣苢〉，音ㄈㄨˊ ㄧˇ，《詩經．周南》篇名。《列女傳．貞順傳》謂此詩乃蔡人之妻，因夫有惡疾，母勸其改嫁，不聽，故作〈芣苢〉之詩，而〈詩序〉則謂芣苢，后妃之美也。和平，則婦人樂有子矣。〈柏舟〉，《詩經．邶風》篇名。《列女傳．貞順傳》謂衛宣夫人，本齊侯之女，嫁於衛，至城門而衛君死，保姆令返齊，女不聽，入城，守三年之喪畢，新君立，欲以女爲妻，齊兄弟亦勸女改嫁，女終不聽，乃作此詩。而〈詩序〉則說，此詩言衛頃公之時，小人在側，仁人不遇也。〈大車〉，《詩經．王風》篇名，《列女傳．貞順傳》以爲是楚伐息，破之，虜其君，使守門，而將以息夫人爲妻，楚王出遊，夫人遂出見息君，以死自誓，而作此詩，〈詩序〉則謂是刺周大夫也。乖異，背異。乖，違背。

(五八) **式微**　《詩經．邶風》篇名。詩云：「式微式微，胡不歸，微君之故，胡爲乎中露。」〈詩序〉認爲是黎侯寓於衛時，其臣下勸他回去的詩。而《列女傳．貞順傳》則說是黎莊公的夫人賢而失意，她的傅姆勸她，乃作詩曰：「式微式微，胡不歸。」夫人答曰：「婦人之道，一而已矣。」乃作詩曰：「微君之故，胡爲乎中露。」（更生按：「如依此說，這首詩乃莊公夫人與傅姆二人的聯吟」，胡爲，爲什麼。）

(五九) **其言象計謀殺舜五句**　《列女傳．母儀傳》載：舜父瞽瞍和異母弟象，合謀殺舜。他們命舜整治糧倉，卻抽梯燒倉；命舜疏井，又掩蓋井口；舜都設法幸免於難。最後，瞽瞍又命舜飲酒，想趁醉殺他。舜歸告娥皇、女英二妃，二妃給他一種藥，舜終日飲酒也不會醉。而《孟子・萬章上》有治倉、疏井，未載飲酒事。此即《孟子》所不道者。

(六〇) **擇** 區別。

(六一) **編校館閱書籍臣曾鞏序** 更生根據李震《曾鞏年譜》載：「宋仁宗嘉祐五年（西元一〇六〇年）鞏年四十二歲，冬，被召編校史館書籍，後於嘉祐七年，遷館閱校勘。直到神宗熙寧二年（西元一〇六九年）始離開京師，出判越州。

## 【賞析】

本文是曾鞏任館閣校理時所寫，清代桐城方苞盛讚曾鞏散文，長於道古，故序古書尤佳」，「目錄序尤勝」。曾鞏之所以「目錄序尤勝」，是因爲他長期擔任校勘、校理、修撰的工作，曾先後整理、校勘《戰國策》、《說苑》、《新序》、《列女傳》、《陳書》、《李太白集》等，廣泛披閱古籍，精心校勘，有會心之處，一旦發而爲文，便顯得精闢獨到。所以曾鞏不僅是頗有政聲的文學家，而且也是整理古籍的學者。《列女傳目錄序》便兼有此數者之所長。

《列女傳》的編著者劉向，是西漢末年的經學家、文學家、目錄學家。本名更生，字子政，沛（今江蘇沛縣）人，自二十歲擢爲諫議大夫後，歷任政府要職，因彈劾外戚宦官專權誤國，二度入獄，免官數年。成帝即位，乃復重用，更名向，官至中壘校尉。向目睹世奢俗淫，宮穢闈亂，想到「王道由內及外，自近者始。」於是採《詩》、《書》所載的賢妃與貞婦興國顯家，可供法則者，分類纂成《列女傳》八篇，奏於朝廷，以戒天子。《列女傳・目錄序》的內容，在辨別其眞僞，勘校其正誤，確係難事。而本文即體現了曾鞏一絲不苟，嚴肅認眞的治學態度，與實事求是，精理密察的科學精神。尤其「序」的首尾兩段，更充分說明了這一點。

首段，陳述對劉向《列女傳》目錄進行辨別、校正的過程及結果。劉向所著《列女傳》，一名《古列女傳》，今本七卷，分「母儀」、「賢明」、「仁智」、「貞順」、「節義」、「辯通」、「孽嬖」七類，列記古代婦女事蹟一百零五則。曾鞏比較了《漢書》、《隋書》、《崇文總目》關於《列女傳》篇目的記載，指出《漢書・劉向列傳》說《列女傳》有八卷，《隋書》、《崇文總目》卻說是十五卷，由曹大家注釋。《漢書》、《隋書》爲歷史著作，《崇文總目》是宋代王堯臣奉敕編撰的一部重要書目，原書六十六卷，現存十二卷，是目錄學著作。曹大家即班昭，曾嫁曹世叔，世叔死，被漢和帝召入宮廷，令皇后、貴人師事之，號曹大家，其兄班固著《漢書》未成而死，皇帝命她續撰之。曾鞏發現他們說法不一，究竟何者最爲正確？他用《頌義》進行考證，認爲班昭所注，有七卷不同於《漢書》所載，共十四卷，《頌義》載十五卷。而其中陳嬰母及東漢以來凡十六事，均爲後人所增，不是劉向《列女傳》本來就有的，這大概是因爲劉向《列女傳》遺失很久的緣故。從這個問題的考訂可以看出，曾鞏從古籍記載之異同中，推引出正確的結論。

宋仁宗嘉祐年間，擔任集賢校理職務的蘇頌，依照《頌義》的目次，又把《列女傳》定爲八卷，與十五卷本一起藏於館閣。在此，《頌義》是訂正、考據的重要依據，有必要對它進行辨別。因此文章在辨明《列女傳》卷數的基礎上，進一步考證《頌義》的作者是誰。《隋書》認爲《頌義》的作者是劉歆（西元前五三～二三），歆字子駿，後改名秀，字潁叔，沛人，是劉向的兒子，西漢著名的經學家、目錄學家。他繼父業，撰爲《七略》，此乃我國歷史上第一部圖書分類目錄。《隋書》的記載與《漢書》劉向列傳不合，以《頌義》的原文加以驗證，便會知道這大概是劉向的自敘。又根據《藝文志》有劉向的《列女傳頌圖》，說明不是劉歆所著。曾鞏慨歎「自唐之亂，古書之在者少矣。」由於古籍的亡佚，對其考訂就顯得十分重要。《唐志》錄《列女傳》共十六家，到班昭所注的十五卷，也沒有目錄，但這本書當時還保存著。根據這些材料，曾鞏得出的結論是古籍中，有的有目錄，書都佚亡了，有的沒有目錄，而書還保存著，這種情況是相當普遍的。這是很可惜的呵！現在曾鞏校讎《列女傳》八卷，另十五卷已定稿，可繕寫。這便是對《列女傳》進行辨識、考證的結果。從首段可以看出，曾鞏每作出一個判斷，都經過多方考證，深思熟慮，表現出嚴謹的治學態度和善於從事整理、校勘工作的才能。

末段言敘《列女傳》的緣由，以這些事實爲依據，曾鞏得出一個結論：凡後世諸儒談論經傳的，有的提及，有的不曾提及，讀者但取其有益，判明是非就可以了。

做爲一篇書序，首、尾兩段，提出了自己的學術見解。但在第二段裡，卻抒發政見，對治國之道表示關注，提出「王政必自內始」以及胎教、身教等一系列看法。從這個角度看，此不僅論述了劉向著《列女傳》的目的，且闡發了對女子與政治關係反覆揣摩之所得。

序文指出劉向作《列女傳》的背景是漢承秦敝，風俗大壞，漢成帝後宮趙飛燕、趙合德姐妹，尤其放蕩。劉向的創作意圖在於警戒皇帝，「王教由內及外，自近者始」，所以他「採取《詩》、《書》

所載賢妃貞婦，寫成《列女傳》。按劉向讚揚周文王之母身懷周文王時，「目不視惡色，耳不聽淫聲，口不出傲言」，並認爲，如果天下的女子都能「正其視聽言動」，那是多麼興盛之事！爲此，作者特別舉《詩經》的例子來說明。內外相輔而相成。而後世之士，失去與家庭相輔相成之道。今世之士，苟且放寬對自己的要求，爭名逐利，不顧羞恥，往往都由於家庭的拖累。所以說「身不行道，不行於妻子！」這裡以後世之士與古之君子相比較，從正反兩方面說明君王與后妃，丈夫與妻子實行仁道，相輔相成之理，雖「要其歸必止於仁義」，但其中包含重視自身的示範作用，重視家庭（后妃）對政治的影響作用，還是有一定的借鑑意義的。

《列女傳目錄序》的文章，平淡自然，考證詳實，議論深入酣暢，《詩》《書》之言，信手拈來，無不運用得體，爲歷代古文家所激賞。清代浦起龍也說：「使程、朱執筆持論，無以過之。」儲欣更推之爲「日月不刊之書。」評價極高。其結構完整嚴謹而又紆徐委曲，渾然一體，十分緊密。且節奏明快，舒緩不迫。雖偶爾穿插個別反詰的感嘆句，但全文主要由陳述句組成，給人一種不緊不慢，娓娓而談的感覺。這種從容和緩，融考據，說理爲一體的文字，古拙樸實，更具有一番說服讀者的魅力。

# (三)先大夫(一)集後序

公所爲書(二)，號《西陲要紀》(三)者十卷，《清邊前要》(四)五十卷，《廣中台志》(五)八十卷，《爲臣要紀》三卷(六)，《四聲韻》五卷，總一百七十八卷，皆刊行於世。今類次(七)詩、賦、書、奏一百二十三篇，又自爲十卷，藏於家。

方五代(八)之際，儒學既擯(九)焉，後生小子，治術業於閭巷(一〇)，文多淺近。是時公雖少，所學已皆知治亂得失興壞之理。其爲文閎深雋美(一一)，而長於諷諭(一二)，今類次樂府(一三)以下是也。

宋既平天下(一四)，公始出仕。當此之時，太祖、太宗已綱紀大法矣(一五)，公於是勇言當世之得失。其在朝廷，疾當事者(一六)不忠，故凡言天下之要，必本天子憂憐百姓、勞心萬事之意，而推大臣從官(一七)執事(一八)之人，觀望懷奸，不稱天子屬任之心，故治久未治。至其難言(一九)，則人有所不敢言者。雖屢不合而出(二〇)，其所言益切，不以利害禍福動其意也。

始公尤見奇於太宗(二一)，自光祿寺丞(二二)、越州監酒稅(二三)召見，以爲直史館(二四)，

首段，詳列其先大夫曾致堯著作目錄、卷數及編集體制。

二段，突顯其先大夫於五代時已知治亂得失興壞之理，爲下文「勇言得失」張本。

三段，敘其先大夫開始出仕，在太祖、太宗時，就「勇言當世之得失」。

四段，言其

遂爲兩浙轉運使[25]。未久，而眞宗[26]即位，益以材見知，初試[27]以知制誥[28]，及西兵起[29]，又以爲自陝以西經略判官。而公嘗激切論大臣[30]，當時皆不悅，故不果[31]用。然眞宗終感其言，故爲泉州[32]，未盡一歲，拜蘇州[33]，五日，又爲揚州[34]，將復召之也。而公於是時又上書[35]，語斥大臣尤切，故卒以齟齬[36]終。

公之言，其大者：以自唐之衰，民窮久矣，海內既集[37]，天子方修法度，而用事者[38]尚多煩碎，治財利之臣又益急。公獨以謂宜遵簡易，罷筦榷[39]，以與民休息[40]，塞天下望[41]。祥符[42]初，四方爭言符應[43]，天子因之，遂用事泰山[44]，祠汾陰[45]。而道家之說[46]亦滋甚，自京師[47]至四方，皆大治宮觀[48]。公益諍[49]，以謂天命不可專任，宜絀[50]姦臣，修人事，反覆至數百千言。嗚呼！公之盡忠，天子之受盡言[51]，何必古人。此非傳之所謂王聖臣直[52]者乎？何其盛[53]也！何其盛也！

公在兩浙，奏罷苛稅二百三十餘條。在京西[54]，又與三司[55]爭論，免民租，釋逋負之在民者[56]。蓋公之所試[57]如此，所試者大，其庶幾矣[58]。

公所嘗言甚衆，其在上前[59]及書亡者，蓋不得而集；其或從或否[60]，而後常可思者，與歷官[61]行事，廬陵歐陽公[62]已銘公之碑特詳焉，此故不論，論其不盡

先大夫於太宗，眞宗朝，均因言論激切不合，再進再黜之經過。

五段，敘其先大夫勇言得失之大者：即強調與民休息，和反對符瑞之說。

六段，簡述其先大夫在外任官時的行事。

七段，言本文內容皆先大夫文集和歐公撰寫的

載者。

公卒以齟齬終，其功行或(六三)不得在史氏記；藉令(六四)記之，當時好公者少，史其果可信歟？後有君子欲推而考之，讀公之碑與其書，及予小子之序其意者，具見其表裡(六五)，其於虛實之論可覈(六六)矣。

公卒，乃贈(六七)諫議大夫(六八)。姓曾氏，諱(六九)某，南豐(七〇)人。序其書者，公之孫鞏也。至和(七一)元年十二月二日謹序。

神道碑，所不盡載者。八段，言其先大夫終以齟齬終，以見當時毀譽虛實之難信，及作此後序之必要。末段，交代文集作者姓氏，官職及序文寫作的時間。

## 【解題】

本文是曾鞏為已故祖父曾致堯的文集作的後序，寫於宋仁宗至和元年（西元一〇五四年）十二月二日。

曾致堯字正臣，宋仁宗太平興國八年（西元九八三年）進士，歷任秘書丞，兩浙轉運使，尚書戶部郎中；眞宗祥符五年（西元一〇一二年）五月辭世。曾鞏先請王安石作〈戶部郎中贈諫議大夫曾公墓誌銘〉，後又請歐陽修作〈尚書戶部郎中贈右諫議大夫曾公神道碑〉。歐、王二人的一碑一銘，已將曾致堯生平事跡敘述殆盡，因此，〈先大夫集後序〉唯有突破歐、王，出以新意，方能醒人耳目。這就是作者行文之前面臨的難點。所以曾鞏獨闢蹊徑，扣緊「勇言當世得失」這一點，來鉤勒全文，逐項敘述他仕宦政績，和忠君愛國，不為利害禍福所動的思想品德；刻劃他為人剛率、直言敢諫的形象，表現出他

「卒以齟齬終」的悲劇命運，而於其他均一筆帶過，使本文於歐、王一碑一銘之外，成爲一篇別具一格的人物傳論。

作者在全篇整飭、統一、聯貫的結構中，亦注意到字、詞的選用和文句章法。行文之間，敘事說理，感歎詰問，其虛字、疊詞的利用，不但自然適時，且作者喜在心裡，笑在臉上的感情，亦洋溢於腕底筆端的那分良苦的用心，確實是經過精思極研，使讀之者，忠孝之思，不禁油然而生。

## 【注釋】

㈠ **先大夫** 鞏自稱其祖父致堯。致堯字正臣，宋太宗太平興國八年（西元九八三年）進士，官秘書丞，出爲兩浙轉運使，性剛直，好言事，累遷禮部郎中，改吏部，卒。

㈡ **所爲書** 所著的書。

㈢ **僊鳧羽翼** 王安石〈贈諫議大夫曾公墓誌銘〉作《雙鳧羽翼》，疑誤。《崇文總目》入類書類。《宋志》入子部類事類。《至海》卷五十五〈藝文〉引《中興書目》云：「淳化（按宋太宗年號）中，光祿丞曾致堯采經史子集中可爲詩賦論題者集之，據本經注解其下，取興國八年御賜進士詩名篇。」

㈣ **清邊前要** 《崇文總目》入兵書類，《宋志》入史部故事類。

㈤ **廣中台志** 《宋志》入史部傳記類，《至海》卷五十七〈藝文〉載李筌《中台志》十卷，引《中興書目》云：「景德（按宋仁宗年號）中，曾致堯以筌敘事簡略，褒貶未當，乃爲《廣中台志》

八十卷。自黃帝得六相而下，至於唐末，類事爲二十四類。」

(六) **爲臣要紀三卷** 《玉海》卷五十七稱十五篇。

(七) **類次** 分類依次編列。

(八) **五代** 指後梁、後唐、後晉、後漢、後周五個朝代，自西元九〇七年，至西元九六〇年，共五十四年。

(九) **擯** 音ㄅㄣˋ，排斥，拋棄。

(一〇) **閭巷** 猶言鄉里、街巷。《史記・游俠列傳》：「至爲閭巷之使，脩行砥名。」

(一一) **閎深雋美** 博大精深，雋永華美。

(一二) **諷諭** 即諷諫。《風俗通・過譽》：「不及諷諭。」《文選・班固兩都賦序》：「或以抒下情而通諷諭。」

(一三) **樂府** 詩歌之譜入音律者。漢武帝定郊祀之禮，乃立樂府，以李延年爲協律都尉，樂府之名始此。其後朝廟所用樂章，皆稱之爲樂府，又其後歌曲皆稱樂府，如唐宋之長短句，金元之南北曲，亦樂府之變體。

(一四) **宋既平天下** 言宋趙匡胤受後周禪，國號宋，天下復歸平治。

(一五) **太祖太宗已綱紀大法矣** 言太祖、太宗已將治國的法紀基本制定了。太祖，趙匡胤（自西元九二七年至西元九七六年），涿郡（今河北省涿縣）人，仕後周爲殿前都撿點，歸德節度使。率軍拒契丹，兵至陳橋驛，發生兵變，擁之南還，受周禪（按時爲後周世宗七年，西元九六〇年），即皇帝位，國號宋，在位十七年（按由西元九六〇年，至西元九七五年）。太宗，即宋太宗趙炅（音ㄐㄩㄥˇ），太祖弟，初名匡義，後改光義。即位後，又改名炅，在位二十一年（按由西元九七六年，至西元九九七年）。綱紀，治絲者張之爲綱，理之爲紀，《詩》云：「綱紀四方。」猶今之所謂治理、管理之意。大法，基本規範。

㈥ **疾當事者** 痛恨當權的人。疾，痛恨，當事者，當權的人。

㈦ **從官** 古時親近皇帝的隨從官員。

㈧ **執事** 古時指侍從左右，專供使令的人。

㈨ **難言** 這裡指詰責論難的話。

⑽ **出** 出爲京師以外的地方官員。

⑾ **始公尤見奇於太宗** 言開始時，先祖父特別被太宗所重視。歐陽脩所撰《尚書戶部郎中贈右諫議大夫曾公神道碑銘幷序》：「太宗奇之，召拜著作佐郎，直史館，使行視汴河漕運，稱旨。」

⑿ **光祿寺丞** 官名，《宋史‧職官志》，光祿寺設卿、少卿、丞、主簿各一人，卿掌祭祀、朝會、宴饗、酒醴、膳羞之事，修其儲備而謹其出納之政，少卿爲之貳（副職），丞參領之。」

⒀ **越州監酒稅** 越州，地名，今浙江省紹興縣，宋初屬江南東道，太宗至道三年（西元九九七年），改爲兩浙路。監酒稅，主管酒稅的官。《宋史‧職官志》：「監，當官，掌茶、鹽、酒稅場務征輸及冶鑄之事，諸州軍隨事置官。」

⒁ **直史館** 官名，無常員，以京官以上充任，掌修日曆及典司圖籍之事。

㉕ **兩浙轉運使** 宋置兩浙路，當今浙江及江蘇丹徒縣以東之地。太祖置諸道轉運使，其始，專掌軍需糧餉，嗣後邊防盜賊刑訟金穀按廉之任，皆委之轉運使，俾之分路而治，於是轉運使遂爲一路之監司，亦稱爲漕司。

㉖ **眞宗** 趙恒，太宗第三子，沈溺於封禪之事，朝政不舉，在位二十五年（是由西元九九八年，至西元一〇二二年）。

㉗ **試** 任用。

㉘ **知刑誥** 官名，唐置，原爲中書舍人之職，凡翰林學士入學士院一歲，則遷知制法，專掌內命，典司詔誥，宋初沿襲之，元豐時罷，仍歸中書舍人，爲一清要之職。

㉙ **及西兵起二句** 西兵，指西夏軍隊。北宋時常侵擾西部邊境，宋眞宗咸平五年（西元一〇〇二年），西夏兵圍靈武，時朝中有人主張割地求和，曾致堯力爭以爲不可，兵久不解，眞宗命宰相張齊賢爲涇原、邠寧、環慶等州經略使，選曾致堯爲判官，宋置陝西路，以其在陝原之西，故名，陝西之名始此。經略判官，官名，經略安撫使的僚庸。宋時，經略、節度、觀察、轉運諸使都置有判官，以判公事。

㉚ **切論大臣** 指論丞相向敏中事。王安石《戶部郎中贈諫議大夫曾公墓誌銘》云：「會召賜金紫（按指加賜金印紫綬，特升爲高階官員）。公曰，『丞相敏中以非功德進官，臣論其不可用。今臣受命，事未有效，不敢以冒賜。』固辭，由此貶公爲黃州團練副使。」《宋史》本傳也載有此事。

㉛ **不果** 沒有成爲事實。

(三二) **泉州**　治所在晉江縣（今屬福建省晉江縣），宋屬福建路。

(三三) **蘇州**　治所在吳縣，今屬江蘇省蘇州市。

(三四) **揚州**　治所在江都縣，今屬江蘇省揚州市。

(三五) **公於是時又上書二句**　王安石《戶部郎中贈諫議大夫曾公墓誌銘》云：「天子方崇符瑞，興昭應諸宮，而出幸祠。公疏言王者受命，必修人事以稱天所以命之之意，不舉屬之天以怠人事也。終曰『陛下始即位，以爵祿待君子，近年以來，以爵祿畜盜賊。』大臣愈不懌。」二句蓋指此事。

(三六) **齟齬**　音ㄐㄩˇ ㄩˇ　齒不正而參差出入也，引申爲意見不合，彼此相惡之義。

(三七) **集**　通輯，安定，輯睦。

(三八) **用事者**　指當權之人。

(三九) **筦榷**　筦，音ㄍㄨㄢˇ，本作管，主管。榷，音ㄑㄩㄝˋ，專利，專賣。

(四〇) **休息**　即休養生息。此乃古代帝王爲了保養民力，增殖人口，恢復和發展經濟的一種政策。

(四一) **塞天下之望**　滿足天下人民的願望。塞，滿足。

(四二) **祥符**　即「大中祥符」，宋眞宗趙恒的年號。

(四三) **符應**　謂天降符瑞，以與人事相應，叫做「符應」，又叫「瑞應」。據《宋史・眞宗本紀》：「大中祥符初年，四方爭言天書下降，臣民均請封禪。

(四四) **用事泰山**　指帝王到泰山舉行封禪大典。築土爲壇於泰山之上以祭天，叫「封」。在山南梁父山上開基祭地，叫「禪」。泰山，東嶽，爲五嶽之一，亦曰岱宗，在山東泰安縣北。《五經通義》

云：「易姓而王，致太平，必封泰山。」用事，即帝王到泰山舉行封禪之事。

㊺ **祠汾陰** 即祠后土祭地。汾陰，在今山西省榮河縣北，漢武帝始立后土祠於此。眞宗大中祥符元年（西元一〇〇八年）十月，奉天書，發京師，至泰山，享昊天上於圜（音ㄩㄢˊ）台，陳天書於左。四年二月，至汾陰脽（音ㄓㄡ）壇，祀后土地祇。

㊻ **道家之說** 此處專指求神仙、煉仙丹、求長生…諸說，皆所謂「道家之說」。

㊼ **京師** 北宋建都於汴，爲宋之京師，今屬河南開封。

㊽ **大治宮觀** 言大興土木，營造道宮、道觀。宮觀，指道教的道宮、道觀。眞宗祥符年間建有至清昭應宮、會靈觀、鴻慶觀、天慶觀等。

㊾ **諍** 諫諍。

㊿ **絀** 音ㄔㄨˋ，與黜同。罷黜、廢免。

(51) **盡言** 極言，毫無保留的話。《國語》：「惟善人能受盡言。」

(52) **主聖臣直** 言君主聖明，故臣敢直言。《漢書・薛廣德傳》：「上欲御樓船，廣德當乘輿免冠頓首曰，宜從橋。光祿張猛進曰：臣聞主聖臣直，御史大夫言可聽。」

(53) **何其盛也** 言這是多麼美好，令人羨慕的事啊！何其，多麼。盛，美好。

(54) **京西** 路名，宋置京西路，其地東及汝潁，西距崤函，南逾漢沔，北抵河津，即今河南省洛陽以東，黃河以南全境，致堯曾任京西轉運使，治所在今河南省洛陽市。

(55) **三司** 理財之官，即鹽鐵、度支、戶部三個主官國家財政的中央部門。宋時天下財計，歸之三司，時人號稱計相，元豐後廢止。

(56) **釋逋負之在民者**　言釋放因積欠稅賦而被關押的人。逋（音ㄅㄨ）負，拖欠，引申為凡應償而未償者，亦謂之逋負。

(57) **試**　當「作為」解。

(58) **其庶幾矣**　或許可以稱之為賢人了。其，表推測的副詞，作「或許」解，庶幾，賢人之稱，源出孔子稱讚顏回的話，《論語・先進》：「子曰：『回也其庶乎，屢空。』」《周易・繫辭下》：「顏氏之子，其殆庶幾乎？」

(59) **其在上前**　指留在御前，皇帝沒有發還的奏章。

(60) **或從或否**　指被皇帝或採納，或否定的奏章。從，聽從、採納。否，否定、駁回。

(61) **歷官**　歷任各種官職。

(62) **廬陵歐陽公**　廬陵，縣名，宋屬江南西路，今江西省吉安縣。歐陽脩，字永叔，舉進士甲科，仁宗時拜參知政事，徙青州，與王安石不合，以太子少師致仕。脩博極群書，以文章冠天下，卒諡文忠。

(63) **或**　或許、也許。

(64) **藉令**　即使、縱然。藉，假設之詞。

(65) **表裡**　指言行和思想。表，外表言行。裡，內在思想。

(66) **覈**　音ㄏㄜˊ，與核通。考驗，有考事得實之意。

(67) **贈**　指皇帝對官員們的賜給誥敕，凡生前曰封，身後曰贈。

㈥ **諫議大夫** 官名，掌議論，宋置左右諫議大夫，為諫議之長。

㈦ **諱** 生曰名，死曰諱。《左傳・疏》：「自殷以往，未有諱法，諱始於周，周人尊神之故，為之諱名。」

㈧ **南豐** 縣名，宋屬江南西路建昌軍，在今江西省。

㈨ **至和** 宋仁宗年號。

## 【賞析】

曾氏向以書序善長，目錄序以外之名作佳篇為〈范貫之奏議集序〉、〈李白詩集後序〉、〈張文叔文集序〉、〈齊州雜詩序〉，以及本文〈先大夫集後序〉等，無一不是記人事、論古今、言治亂、關盛衰的妙品；而且語言新穎，情摯意深，發人之所未發。以〈先大夫集後序〉為例，他用「勇言當世得失」六字，概括其先祖父曾致堯文如其人的悲苦一生，抒盡祖孫兩代「直不見容」宦途坎坷。突顯了南豐先生「紆徐而不煩，簡奧而不晦」的風格特質。

本文內容除開頭輯錄先祖父的著作名稱外，對著作之內容、性質、價値全不議論，只對先祖父的生平言行，道德風範特加之意。至於行文筆法，以敘為主，以議為輔，構成了本文敘中夾議，敘多於議的特色。

首段，旨在分門別類地記述先祖父曾致堯「刑行於世」或「藏於家」的著作名稱、卷帙，綜覽其將近一百八十八卷的作品數量，不謂不多。內容涉及了政治、史地、語言，文學每個不同的面向，不謂不廣。作者雖未點明先祖父才高學博，但其字裡行間，已隱寓此意。

二段，先以殘唐五代之際，儒學遭受當道排斥，後生小子治術業於閭巷者，似不知經史爲何事，於是爲文大多淺近俚俗；而其先祖父卻不因年少蹉跎，潛心學問，深得治亂得失興壞之理。其文章不但深閎雋美，且長於諷諭。爲下文「勇言當世得失」奠立基礎。

接著第三段以下，歷敘先祖父出仕以後的情形。先言其出仕的歷史背景，即中國一統，太祖、太宗已「綱紀大法」，次言先祖父敢於直言當世過失。在朝廷之上，他以忠於皇帝，愛護人民爲出發點，指責大臣、從官、執事之人的「不忠」、「觀望」、「懷奸」、「不適任」，以致造成久治未治的重要原因。爲此「見奇」於太宗，「見知」於眞宗，遂由光祿寺丞，越州監酒稅召見，以爲直史館、兩浙轉運使、知制誥，又爲自陝以西經略判官，其先祖父更「激切論大臣」，皇帝雖「感其言」之可信，但在當時群臣「皆不悅」的情況下，遭到一貶再貶，最後「卒以齟齬終」，結束了自己一生宦場的悲劇。繼而集中闡述其先祖父的諫諍精神與利民政績。如五代之亂垂五十多年。民窮財盡、天子方修明法度，而用事者多煩碎擾民，於是提出「簡易」與「取消專賣徵稅」的制度與民休息，以滿足天下人民的願望。至於在眞宗祥符初年，符瑞兆應，和求神煉丹之道家術數之說甚囂塵上，封泰山、祠后土、治宮觀，成一時風氣，獨其先祖父以爲「天命不可專任，宜絀姦臣，修人事。」反反覆覆上了數百千言，這種盡言直諫的精神，和皇帝納諫的胸懷，可謂「主聖臣直」。「何其盛也！何其盛也！」連用排比咏歎句法，掀起了感情上的巨大波瀾。

另外一個側面，是稱頌其先祖父的生前行事。爲在浙任內，罷苛指雜稅二百三十餘條，在京西，蠲免民租，和開釋久欠租稅的百姓，並說服他站在造福地方的立場，即令是「與三司爭論」，亦在所不惜的精神，給予了高度的評價。

最後，說明其先祖父生前所「言」所「行」甚多，至今所以散佚的原因，有的是滯留上前，難見其詳，有的書亡，不得而集，幸廬陵歐公有〈曾公神道碑〉在，可以備參。希望讀者能因本文的寫作，得見先祖父的言行舉止及是非曲直的眞象。文末，交代先祖父謝世後，政府追贈的官銜、姓名、籍貫，以及爲文集作後序的作者姓名。以收煞文情作結。

綜觀本文，作爲孫輩的，爲自己先祖父作序，其敬謹尊重之情可以想見。但作者於下筆行文之時，卻表現得特別沈穩、準確，掌握分寸。凡所敘事，皆有根有據；凡所議論，皆據事出發，大而時代背景，小而具體數字，遠而邊疆禦敵，近而切論大臣，毫無偏激之辭，讓人爲之折服。作者既要與王安石、歐陽脩所寫的碑銘不重複，又要準確地勾勒出先祖父的言行思想與性格特質，就不能不在選材上、結構上、語言上刻意拿捏，所以作者既不介紹其先祖父著作的內容，也不談先祖父的生平瑣事，只緊扣先祖父最國切的國計民生這一重點作深入刻畫，顯得把握重心，內容充實，有全然不與人同的筆法。

從全文看，絕大部分是記敘文字，偶爾有一點議論，皆畫龍點睛之筆。正是這種敘議的巧妙結合，使文章能於平靜中有波瀾，委曲處有起伏，可謂斂氣蓄勢，藏鋒不露的典範之作。以不到一千字的篇幅，簡述了先祖父的一生，這種效果之所以取得，當然得力於作者準確、質樸、凝鍊、厚重的語言運用。《宋史》本傳說他：「立言於歐陽脩、王安石間，紆徐而不煩，簡奧而不晦，卓然自成一家，可謂難矣！」正說明曾鞏文章風格。

# 三、雜記文選讀

在曾鞏的《元豐類稿》裡，有以「記」爲題的作品三卷。若從內容上歸類：大致有記亭、臺、樓、堂的如〈醒心亭記〉等十八篇；有記佛老寺觀的如〈分寧縣雲峰院記〉等七篇；有關係水利建設的如〈廣德湖記〉等三篇；有寫人事的如〈禿禿記〉等二篇；有言學記、興造記的各二篇，共得三十四篇。在這三十四篇以「記」爲題的作品中，有熱情贊頌之辭、有實刻批判之言、有詳考細證之著、有周辯審析之論、有委敘宛述之文、有抒志感懷之章。呈現出多彩多姿的面貌，不僅可代表曾鞏散文的創作風格，同時，也具有較高的文學水準。

按照潘昂霄《金石例》的說法，「記者，記事之文也。」唐代以前的雜記文，以敘事爲主。唐宋以後，雜以議論。至歐陽脩、曾鞏、蘇氏父子，有的文章雖專以議論爲記。但他們對雜記文兼有議論的處理，往往同生動的形象相融合，或在形象的基礎上加強說理。

曾鞏的雜記文，沒有一篇是爲記事而記事的篇章。〈曾鞏行狀〉說他「公未嘗著書，其所論述，皆因事而發」。他善於通過客觀事物的描述，表達自己所要宣達的道理。清人劉熙載《藝概》說：「文無論奇正，皆取明理。」又說：「論事敘事，皆以窮盡事理爲先。」曾鞏的〈墨池記〉，就是一篇敘事明理的作品。通篇沒有空洞的說教，沒有抽象的議論，它把情和理都托寓於事件之中，理和事融爲一體。事件交代清楚了，其思想傾向自然流露而出，說理精確深刻，回味無窮。

曾鞏雜記文，善於選材，取舍得當。所敘的事件，能明確表達主題思想。即令是記一山一水，一石一木，俱入理趣，能起到敘事以明理的作用。如〈越州趙公救菑記〉，趙公即趙抃，宋仁宗景祐初任殿中侍御史，彈劾不避權貴，聲譽凜然，人們目之爲「鐵面御史」。後任越州知州，本文就是詳細記載趙公在越州救災的業績。肯定趙公救災辦法值得推廣的文章。雖然記事瑣細，但寫得有條不紊。絲理髮櫛而且無一不入機杼。不但於此體現了曾鞏雜記的章法特點，更可以深知其藉事說理的思想。

曾鞏的雜記文，沒有曲折的情節，也沒有大事件，大場面的描寫；他能從一般的、細屑的事件敘述中，挖掘出人們不易體察的情感，暗示出極爲深刻的哲理。如〈道山亭記〉，本爲頌揚前太守程師孟的政績，不眷戀城市的繁華，而高興到遙遠的閩中任職，爲了體現此一主題，他用大量筆墨，描寫閩中山川的奇險，烘托人跡既稀，仕者畏難不去；而程師孟卻不避萬難，欣然赴任，途中垂崖如一髮，細徑出於不測之溪，水流皆自高而下，怪石錯出其間，如林立，如士騎，水行隙間，其艱險之狀，難可以言喻。這段文字，以偏僻荒遠之景，表現了勇往直前的壯志，越發顯出人的精神可貴，景物記述中不僅寓有人的思想、感情，且還有人的精神風貌。

曾鞏的雜記文，由於使用了托物寓理的表現手法，增強了作品的藝術感染力。如〈醒心亭記〉可謂其中的代表。試問「亭」既以「醒心」爲名，則「亭」何以能使醉者復醒呢？作者便抓住了醒心亭「群山之相環、雲煙之相滋、曠野之無窮、草樹衆而泉石佳」，這些優美景色，用全力去描寫。由於來遊者被這清靜、淡雅、優美的山光水色所陶冶，遂使「其心灑然而醒」，「俯仰左右，顧而樂之，」所以說作者的寫景，不是無謂的，而是爲寓理而寫。

曾鞏的雜記文，景物與事理的出現，沒有固定的格式。有的二者分開來寫，上文側重景物，下文側重事理，即所謂有感而發。如仁宗嘉祐三年（西元一〇五八年），池州太守王君「治其後堂，北向而命之曰『思政之堂』」，曾鞏即受託爲之作〈思政堂記〉。此文於言作記之緣起後，隨及寫「思政堂」之建築及其景觀：所謂「涼臺清池，游息之亭，微步之徑，皆在其前；平畦淺檻，佳花美木，竹林香草之植，皆在其左右。君於是退處其中，拚心一意，用其日夜之思者，不敢忘其政。則君之治民之意勤矣乎！」點出「思政」的題旨，接著再就「思」「政」二字生發議論，最後又稱頌王君的學問和施政，並特意指出其爲政之暇，「自以爲不足而思之於此」。全文於「思政」二字，反復致意、對王君勇於思過和學以致用的精神，正是感物興情的證明。

曾鞏的雜記文，一般而言，皆篇幅短小，不但一篇一事，且一篇只闡明一個觀點，其所以如此，這和他有高度駕馭語言的能力有關。他主張「文以明道」，「道者所以立本也，不可不一，此理之不易者也。」所以他一有機會，就爲復興儒家思想吶喊，且觀點明確，毫不隱晦。如〈筠州學記〉。作者以爲暴秦之後，儒學衰落，漢朝在思想理論，學術研究方面十分混亂。「言道德者矜高遠而遺世用，說政理者卑俗近而非師古。先王之道不明，而學者靡然溺於所習。」而「今之學者，雖然在學術上、認識上有許多爲漢代學者所不及，但社會風尚鄙俗，道德修養每況愈下。兩相比較，各方偏差。究其所以如此的根本原因，一方面是朝廷選拔人才的標準、方法上有偏頗，另一方面是割裂了道德教育和知識教育之間的聯系。所以作者認爲能夠糾正「知行」不一的方法，就在於「《大學》之道」，關鍵是如何引導。來改變一般人「玩思於空言，以干世取祿」的不良現象。

曾鞏是語言大家，能運用準確的語言藝術，來深刻地表達哲理。他在〈南齊書目錄序〉說，優秀作家，不僅「其明必足以周萬事之理，其道必足以通天下之用，其智必足以通難知之義。」而且「其文」更「必足以發難顯之情。」這樣的人，才稱得上是優秀作家。讀他們的作品，能「使誦其說者如出於其時，求其旨者如即乎其人。」這就是他為文的標準。在這裡選讀了他的〈宜黃縣學記〉、〈筠州學記〉等十篇雜記題作品，當時王安石評曾鞏說：「曾子文章衆無有，水之江漢星之斗」，雖稍嫌過譽，然亦可藉此略窺曾鞏確有與衆不同的行文特色。

# (一)宜黃縣學記

首段，從正面論述古代建立學校，創辦教育的內容、目的、任務，及其對社會的重要作用和貢獻。

古之人，自家至於天子之國皆有學[一]；自幼至於長，未嘗去[二]於學之中。學有《詩》《書》六藝[三]，弦歌[四]洗爵[五]俯仰之容[六]、升降之節[七]，以習其心體、耳目、手足之舉措[八]；又有祭祀、鄉射、養老之禮[九]，以習其恭讓[十]；進材、[十一]論獄、[十二]出兵授捷[十三]之法，以習其從事[十四]。師友以解其惑，勸懲[十五]以勉其進，戒其不率[十六]，其所以爲具如此[十七]。而其大要，則務使人人學其性[十八]，不獨防其邪僻放肆[十九]也。雖有剛柔緩急之異，皆可以進之於中[二十]，而無過不及。使其識之明，氣之充於其心，則用之於進退語默[二十一]之際，而無不得其宜；臨[二十二]之以禍福死生之故[二十三]，而無足動其意者。爲天下之士，而所以養其身之備如此。則又使知天地事物之變，古今治亂之理，至於損益廢置[二十四]、先後終始之要，無所不知。其在堂戶之上[二十五]，而四海九州之業[二十六]，萬世之策皆得；及出而履天下之任[二十七]，列百官之中，則隨所施爲，無不可者。何則？其素所學問然也。蓋凡人之起居、飲食、動作之小事，至於修身爲國家天下之大體[二十八]，皆自學出，而無斯須[二十九]去於教也。其動於視聽四支[三十]者，必使其洽[三十一]於內；其謹於初[三十二]者，必使其要於終[三十三]。馴之[三十四]以自然，而待之以積久。噫！何其至(三五)也！故其俗之成，則刑罰措；(三六)其材之成，則三公(三七)百官得其士；其爲法之永(三八)，則中材可以守；其入人之深，則雖更(三九)衰世而不亂。爲教之極至此，鼓舞天下，而人不知其從之，豈用力也哉(四〇)？

次段，從反面論述後世廢學帶來的種種弊病。

及三代(四一)衰，聖人之制作盡壞，千餘年之間，學有存者，亦非古法。人之體性(四二)之舉動。唯其所自肆，(四三)而臨政治人之方，固不素(四四)講。士有聰明樸茂之質(四五)，而無教養之漸(四六)，則其材之不成，固然。蓋以不學未成之材，而爲天下之吏，又承衰弊之後，而治不教之民，嗚呼！仁政之所以不行，盜賊刑罰之所以積(四七)，其不以此也歟？

三段，記敘宜黃縣立學的始末。

宋興幾(四八)百年矣。慶曆三年(四九)，天子圖當世之務，而以學爲先，於是天下之學乃得立。而方此之時，撫州之宜黃，猶不能有學(五〇)。士之學者，皆相率(五一)而寓於州，以群聚講習。其明年(五二)，天下之學復廢，士亦皆散去。而春秋釋奠(五三)之事以著於令，則常以廟祀孔氏，廟廢不復理。

四段，記敘立學是人心所向。

皇祐元年(五四)，會令(五五)李君詳至，始議立學。而縣之士某某。與其徒，皆自以謂得發憤於此，莫不相勵(五六)而趨(五七)爲之。故其材不賦(五八)而羨(五九)，匠不發(六〇)而多。其成也，積屋之區(六一)若干，而門序(六二)正位，講藝之堂、棲士之舍皆足。積器之數若干，而祀飲寢食之用皆具。其像(六三)孔氏而下，從祭之士皆備。其書經史百氏(六四)，翰林子墨(六五)之文章，無外求者。其相基會作之本末(六六)，總爲日若干而已。何其周(六七)且速也！當四方學廢之初，有司(六八)之議，固以謂學者人情之所不樂。及觀此學之作(六九)，在其廢學數年之後，唯其(七〇)令之一唱，而四境之內響應而圖之，如恐不及。則夫言人之情不樂於學者，其果然也歟？

宜黃之學者固多良士。而李君之爲令，威行愛立(七一)，訟清事舉(七二)，其政又良也。夫及良令(七三)之時，而順其慕學發憤之俗，作爲宮室(七四)教肄之所(七五)，以至圖書器用之須，莫不皆有，以養其良材之士。雖古之去今遠矣，然聖人之典籍皆在，其言可考，其法可求，使其相與學而明之，禮樂節文(七六)之詳，固有所不得爲者。若夫正心修身，爲國家天下之大務，則在其進之而已(七七)。使一人之行修，移之於一家，一家之行修，移之於鄉鄰族黨，則一縣之風俗成，人材出矣。教化之行(七八)，道德之歸，非遠人也，可不勉歟！縣之士來請曰：「願有記。」故記之。十二月某日也。

末段，贊美宜黃縣之立學，並勸勉人們努力向學。

## 【解題】

本文又題作〈宜黃縣縣學記〉。宜黃縣宋時屬撫州臨川郡，今是江西省中東部的一個小縣。縣學，即興裡興辦的官學。宋仁宗皇祐元年（西元一〇四九年），縣令李詳，熱心教育事業，積極倡議立學，創辦了一所縣立官學，縣學建成後，宜黃縣讀書人請曾鞏作記，於是曾鞏欣然命筆，便寫下了這篇著名的教育專篇。

本文主旨在說明教育的重要性。認爲從飲食起居的小事，到社交禮儀，以至治國理民的大事，都不能離開學習、作者從傳統的儒家觀念出發，引《六經》爲依據，強調「俗成刑措」和「教化大行」的理想。故作者站在歷史文化的高度，首先詳細敘述了古代學校教學的內容、方法及其培養人才的成績；接著指出後代慶而不學的惡果；然後歸結到宜黃縣的立學始末，並加以衷心贊美；最後提出了自己的期望，勸勉人們當努力向學。全篇層次清楚，條分縷析，舉證確鑿，章法嚴謹，語言平實而有說服力，其不繁、不晦處，正見南豐本色。

茅坤於《唐宋八大家文鈔・南豐文鈔》七云：「子固記學，所論學之制，與其所以成就人材處，非深於經術者不能，此韓、歐、三蘇所不及處。」我國近代於教育完全移植西方理論。論教育制度、教材、教法、教科用書，少有學者回顧中國三千多年來的教育史實，甚而從事教育的學者專家及行政人員，似不知中國傳統尚有教育可資借鑑。讀南豐〈宜黃縣學記〉，如能擴大胸襟，觀瀾索源，反求諸《六經》史傳，並進一步借古人之長，藥今日之短，亦可以不負南豐爲文之用心了。

## 【注釋】

㈠ **古之人三句**　語本《禮記・學記》：「古之教者，家有塾、黨有庠、術有序、國有學。」文中「術」當為「遂」，庠序皆指學校，《漢書・儒林傳序》：「鄉里有教，夏曰校，殷曰庠，周曰序。」黨，古代地方組織，五百家為黨。遂，一萬二千五百家為遂，為遠郊之地的行政區劃。國，國都。西周於王城及諸侯國都設立的學校，稱「國學」。足見中國上古教育制度已十分完整。

㈡ **去**　離開

㈢ **《詩》《書》六藝**　《詩》，《詩經》。《書》，《尚書》。六藝，即禮、樂、射、御、書、數，此乃介紹上古學校教育使用的教材。

㈣ **弦歌**　音樂，猶言「弦誦」。《禮記・文王世子》：「春誦夏弦。」鄭注：「誦謂歌樂也，弦謂以絲播詩。」此即今日所謂之「音樂教育」。

㈤ **洗爵**　洗滌酒器，再斟酒獻客，為古時鄉射，鄉飲酒時，在庠序所行的一種禮儀，《詩經・大雅・行葦》：「洗爵奠斝。」鄭箋：「進酒於客曰獻，客谷之曰酌，主人洗爵酬客，客受而奠之，不舉也。」爵，斝，都是酒器。斝，音ㄐㄧㄚˇ。此即今日所謂之「生活教育」。

㈥ **俯仰之容**　舉止儀容。俯仰，一舉一動。容，儀容，此亦今日所謂之「生活教育」。

㈦ **升降之節**　應對進退的規矩，節，節文、規矩、法度。

㈧ **舉措**　舉止動作。

(九) **祭祀鄉射養老之禮** 此言古時在學校學習日常生活中三種禮儀。《禮記・文王世子》：「凡祭與養老乞言、合語之禮，皆小樂正詔之於東序。」鄭注：「學以三者之威儀也。養老乞言，養老人之賢者，因從乞善言之可行者也。合語，謂鄉射，鄉飲酒、大射、燕射之屬也。」孔疏：「一是祭，二是養老乞言，三是合語之禮。」祭祀，指祭天神、地祇、人鬼等儀式。鄉射，即周代州長春秋二季，以禮會會民而射於州序。養老，即對年老而有德行的人享以酒食，稱爲「養老」。

(一〇) **習其恭讓** 言訓練學生恭敬謙讓。

(一一) **進材** 舉薦才能之士。材，通「才」。

(一二) **論獄** 討論獄訟之事。

(一三) **出兵授捷** 出兵，出征。授捷，出征獲勝而返，以戰利品獻於先聖先師。《詩經・魯頌・泮水》：「在泮獻馘（音ㄍㄨㄛˊ，殺敵所割之左耳。）

(一四) **從事** 此指辦事能力。

(一五) **勸懲** 勸，獎勵。懲，處罰。

(一六) **不率** 不遵從教誨。率，遵從，順服。

(一七) **其所以爲具如此** 言學校之所以有這些科目設施，原因就在於此。

(一八) **學其性** 是說用學習的手段，來恢復其善良的本性。性，本然的善性。

(一九) **邪僻放肆** 指學生言行不走正道而爲所欲爲。邪僻，不正當。放肆，放縱，不受約束。

(二〇) **進之於中** 使其可以進入正途。中，不偏不倚，即無過不及的中庸標準。

⑪ **進退語默**　猶言應對進退。《論語・子張》：「子夏之門人小子，當灑掃應對進退，則可矣。」語默，即應對之意。

⑫ **臨**　面對。

⑬ **故**　變故。

⑭ **損益處置**　指應當增減或應當停止，和應當舉辦的事。損，削減。益，增添。處置，停辦或舉辦。

⑮ **堂戶之上**　指家門以內。堂屋之中，意爲坐在家中，足不出戶。堂戶，庭戶，門庭之內。

⑯ **四海九州**　泛指整個國家及域外廣大地區。四海，四方，天下。九州，中國古時分爲九州。

⑰ **履天下之任**　指擔負天下重大的任務。履，實踐，擔負。

⑱ **大體**　大事。

⑲ **斯須**　須臾，頃刻，一會兒。

⑳ **視聽四支**　指人的耳目手足。視聽，眼睛和耳朵。四支，兩手兩足，支，同「肢」。

㉑ **洽**　協調，和合。

㉒ **謹於初**　言開始時很謹慎。

㉓ **要於終**　指貫徹到底，要，音ㄧㄠ，有堅持，貫徹之意。

㉔ **馴之**　即順之自然。

㉕ **至**　周至，周到。

㉖ **刑罰措**　刑罰擱置不用。指已無作奸犯科之人。

㊲ **三公**　周代以太師、太傅、太保爲三公。西漢以大司馬、大司徒、大司空爲三公，東漢改大司馬爲太尉，與司徒、司空爲三公。這裡泛指掌握大權的宰相之材。

㊳ **永**　長久。

㊴ **更**　經歷。

㊵ **豈用力也哉**　難道是使用強力逼迫的結果嗎。

㊶ **三代**　指夏、商、周三代。

㊷ **體性**　即性格。

㊸ **唯其所自肆**　言只是讓人能放縱自己，爲所欲爲。

㊹ **不素講**　平常不講授，素，平常，平素。

㊺ **樸茂之質**　樸實忠厚的本質。樸，樸實。茂，美。質，本質。

㊻ **教養之漸**　教養的熏陶漸染。漸，熏染，潛移默化。

㊼ **盜賊刑罰之所以積**　言盜賊和犯法受刑的人，所以增多的原因。積，增加。

㊽ **宋興幾百年矣**　北宋從宋太祖建隆元年（西元九六〇年），到仁宗皇祐元年（西元一〇四九年），凡九十年。幾，接近，差不多。

㊾ **慶曆三年**　慶曆，宋仁宗年號。三年，疑當爲四年（西元一〇四四年）《宋史・仁宗紀・選舉制三、〈職官志〉七，作「慶曆四年」。〈職官志〉云：「慶曆四年，詔諸路、州、軍、監，各令立學。學者二百人以上，許更置縣學。自是州郡無不有學。」

㊿ **猶不能有學**　學生人數不到二百的縣，根據前注所引《宋史・職官志》，宜黃爲小縣，還沒有達到設立縣級官辦學校的條件。

(51) **相率**　大家一道。

(52) **其明年三句**　根據《續資治通鑑長編》卷一百五十五：「慶曆五年三月辛未詔曰：『頃者嘗詔方州，增置學官，而吏貪崇儒之虛名，務增空屋，使四方游士競起而趨之，轉去鄉閭，浸不可止。自今有學州縣、毋得輒輸容非本土人士入居聽習。』」所以這裡說「學復廢」，「士亦皆散去」。

(53) **釋奠**　是說古代學校中的一種典禮，設置酒食以祭祀先聖先師。《禮記・文王世子》：「凡學，春，官釋奠於其先師，秋冬亦如之。」又說：「凡始立學者，必釋奠於先聖先師。」

(54) **皇祐元年**　即宋仁宗皇祐元年（西元一〇四九年），宜興縣學校於是年始立。

(55) **會令**　會，適逢。令，縣令。

(56) **相勵**　互相勉勵。

(57) **趨爲之**　急著辦這件事。趨，急。

(58) **其材不賦**　建校所用的木材，不向百姓徵收。材，木材。賦，徵收。

(59) **羨**　多餘。

(60) **匠不發**　建築工匠不徵調。發，徵調。

(61) **積屋之區**　累計建屋的面積。積，累計。區，區域。指校舍面積言。

(62) **門序**　指學舍門戶和東西牆壁的布列。序，堂的東西牆，其義見《爾雅・釋宮》。

㊅㊂ **其像三句**　根據《文獻通考・學校四》：「宋初增修先聖及亞聖十哲塑像，七十二賢及先儒二十一人，皆畫像於東西廊之版壁。」像。塑像，畫像。

㊅㊃ **百氏**　指諸子百家。《漢書・藝文志》載：許子共一百八十九家，此言「百氏」，舉其成數。

㊅㊄ **翰林子墨之文章**　這裡泛指文士們的詩賦。《漢書，揚雄傳》：「其〈序〉有云：「雄從，至射熊館，還，上〈長楊賦〉，聊因筆墨之成文章，故藉翰林以爲主人，子墨爲客卿以風。」而通篇賦均以子墨客卿與翰林主人的對話寫成。

㊅㊅ **相基會作之本末**　指選擇基地，會合工匠，以及從開工到落成的時間。相基，選擇地基。相，看，選擇。會作，會合工匠。作，匠作，工匠。本末，開工完工日期。

㊅㊆ **周**　周到，細緻。

㊅㊇ **有司**　主管官員。

㊅㊈ **作**　興辦。

㊆㊀ **唯其**　只是。

㊆㊀ **威行愛立**　指縣令李詳威嚴莊重，命令得以貫徹；愛心建立、受到百姓擁戴。

㊆㊁ **訟清事舉**　言獄訟清明決斷，政事次第舉辦。訟，獄訟。舉，興辦。

㊆㊂ **良令**　賢明的縣令。

㊆㊃ **宮室**　古時房屋的通稱。

㊆㊄ **教肄之所**　教與學的地方。教，教學。肄，學習。所，地方。

㊅ **禮樂節文**　指禮樂儀節的種種規定。禮樂，皆爲「六藝」之一，古代學生學習的科目。節文，禮節儀文。

㊆ **進之而已**　努力進取就是了。進，進取。前進。

㊇ **敎化之行三句**　言教化的施行、道德的歸附，和人們的距離不是很遙遠的。遠，形容詞作動詞用，距離遙遠。此三句出自《禮記・中庸》：「道不遠人，人之爲道而遠人、不可以爲道。」

## 【賞析】

在唐宋古文八大家的作品中，以興教爲首，啓迪後生。昌明師道，闡揚教材教法的教育論文專著很多，但其中眞能膾炙人口，流傳至今的也只有少數幾篇，如韓愈的〈師說〉、〈進學解〉〈答李詡書〉，柳宗元的〈答韋中立論師道書〉，蘇軾的〈李氏山房藏書記〉、蘇轍的〈上韓太尉書〉，王安石的〈慈溪縣學記〉，曾鞏的〈南豐縣學記〉〈筠州學記〉〈宜黃縣學記〉〈學舍記〉等。如果拿這些教育論文的內容加以比較、又眞能針對學校教育的沿革、發展、制度、教材教法，教育理論，以及教育和歷史文化，治國理民，與品德修養的關係，作深入探討，廣泛涉獵的，曾鞏之外，不作第二人想。而在曾鞏的教育論文中，又當推〈宜黃縣學記〉爲代表。所以南宋朱熹嘗稱南豐宜黃、筠州二學記，說得古人教學意思出。本文寫作的特色，王從其持論的觀點、文學的風格、現實的結合及行文的技巧四個層面進行賞析：

在持論觀點方面：本文思致精審，觀點高遠：文章雖以〈宜黃縣學記〉爲題，作者偏不就事論事，在宜黃縣學設立的規模、籌建的過程，以及倡導的人身上多用筆墨，而是由點及面，由一個縣立的官學，推到全國整個的教育事業。其文章的核心思考，放在國家應以發展全民教育爲重的思想上，強調「當世之務」，要「以學爲先」。其意義便遠遠超出對宜黃縣學的評述與贊揚。作者這種從立國的根本大計上著眼、就教育問題的作宏觀性的思考方向，其先決條件，是作者必須具有貫通歷史文化的學養，穿透古今興亡盛衰的識見，高瞻遠矚的目光，以及對時代背景有澈底認知，才能將這種宏觀的審視，借著細膩生花的妙筆，寫來鞭辟入理，發揮其藉古藥今的作用。

在文章風格方面：本文的寫法，雖然由事生議，但并不泛泛而論。他首先指出上古三代的時候，建學興教的卓越成就，譬如在建校就讀的普及性方面，由家到黨、到遂、到國等各級地方行政單位皆有學。自幼至長，各個年齡階段的人，都必須接受學校教育。至於教材內容和學習方法：有《詩》、《書》、六藝、弦歌、洗爵，俯仰之容，升降之節，以訓練學生的舉止動作；有祭祀、鄉射、養老的禮儀，以訓練學生的恭敬謙讓。有進薦人才，決罪斷獄，出征獻捷之法，以訓練學生的辦事能力。然後再延請老師學友來解除他們的疑惑，運用獎懲之法來鼓勵他們上進，和懲戒他們不遵從教誨的偏差言行。充分表現了教材內容的全面性，學習方法的多樣性，特別是把學生們的能力，放在具體活動中培養，使理論與實踐結合，充分體現教育和生活的關係。至於對教育目的、作用和效果的論述，作者認爲教育絕不僅僅是消極地防止學生邪僻不正的言行，其根本宗旨在於通過潛移默化的教育手段，改變人的精神氣質，使人有清明的識見、高尚的品格、完美的道德，以及生活上的技能。所以他說：「凡人之起居、飲食、動作之小事，至於修身，爲國家天下之大體，皆自學出，而無斯須去於教也。」這樣造就出來的人材就可以「履天下之任」，使天下鼓舞，「更衰世而不亂。作者幾乎佔了全篇一半的文字，來建立思想的核心，爲下文各點的敘述，提供了堅實基礎。其取材全由經典中來，字字有據，言不空發。顯示了作者豐厚的學養，和雅潔的表達工夫，表現了曾鞏文章典實平易的文風。

在與現實結合方面：作者論宜黃縣興學，而著力於上古三代。即今觀之，好像過於迂闊。其實此文表面上寫上古三代，而在骨子底層，卻處處和現實環境結合，在含光內斂中，暗藏著對北宋現實鼓育的針砭。他說：「出而履天下之任，列百官之中，則隨所施爲，無不可者」，「其材之成，則三公百官得其士」，「蓋以不學未成之材，而爲天下之吏」，遂造成仁政不行，盜賊罪犯增加等，這都是針對當時吏治腐敗而發。其所以如此者，蓋因曾鞏本人素以儒家的發政施仁，修身自潔，嚴以律己，其在地方官如任越州通判，知齊、襄、洪、福等州知州時，注意爲民除害，平雪冤獄，治疾救災，深深了解人民疾苦，以及貪官酷吏之殘民以逞的嚴重性，和治國理民的基本辦法在教育。惟其如此，所以這篇文章言教育，就特別強調對培養人材要增加力度，對吏治清明心存渴望，對民生疾苦寄予關注。所以我們讀本文，不可忽視隱涵於字裡行間的現實意義。

在行文技巧方面：全文的結構布局不同於一般「記」體散文、清孫梅《四六叢話》說，以「記」名篇的散文、內容廣泛，千變萬化，歷來並無成法。所謂「似賦而不侈，如論而不斷，擬序而不事揄揚，比碑則初無頌美。」而「學記一體，最不易爲。」觀曾鞏此文、全篇以「縣學」爲題，生發開拓，正反兩論，對比鮮明。由「學」而「身」而「家」而「國」，從自幼至於長，未嘗去於學之中論起，對古代學習的內容有《詩》《書》《六藝》；進而由「學」而「教」，傳述上古學者「教得其宜」。

他以說理起筆，論中有敘，以敘述結篇，雜以辨析。不僅如此，在句法方面，曾氏善用詠歎語詞結句，如文中各段段尾的收句，每每落墨於唱歎。或「爲教之極至此…豈用力也哉！」或「嗚呼……其不以此也歟？」或「何其周且速也！」「其果然也歟」，或「教化之行，道德之歸，非遠人也，不可勉歟！」既收束每段的段意，亦使文氣前後系聯，轉承自然。至於句法之參差變化，又可兼收停頓舒展之功！過去方苞於〈答程夔州書〉曾說：「散體文惟記難撰結……雷同鋪敘，使覽者厭倦。」讀〈宜黃縣學記〉卻因曾鞏的先敘事，次撰寫，末以議論作結，完全突破了「記」體散文敘寫人事的慣用手法，從結構上突破。又行文流暢簡明，或議或敘，反復論辯，層次分明，首尾圓合，確實令讀之者有味淡而甘的感覺。「學記」一體，非篤於經學，窺見古聖先王禮樂教化之意如曾鞏者不能作。

# (二)筠州㈠學記

首段，作者抱著「以文明道」的目的，充分表達自己的教育觀。先論古今教育「知」與「行」不能統一的偏差，次提補偏救弊之法，在「先致其知」。

周衰，先王之跡熄㈡。至漢，六藝㈢出於秦火之餘，士學於百家㈣之後。言道德者，矜高遠而遺世用；語政理者，務卑近而非師古。刑名兵家之術㈤，則狃㈥於暴詐。惟知經者爲善矣，又爭爲章句訓詁之學㈦，以其私見，妄穿鑿㈧爲說。故先王之道不明，而學者靡然㈨溺於所習。當是時，能明先王之道者，揚雄㈩而已。而雄之書，世未知好也。然士之出於其時者，皆勇於自立，無苟簡之心，其取予進退去就，必度於禮義。及其已衰，而搢紳之徒⑪，抗志於強暴之間，至於廢錮殺戮，而其操愈厲者，相望於先後。故雖有不軌之臣，猶低徊沒世，不敢遂其篡奪⑫。自此至於魏晉以來，其風俗之弊，人材之乏久矣。以迄於今，士乃有特起於千載之外，明先王之道，以寤後之學者。世雖不能皆知其意，而往往好之。故習其說者，論道德之旨，而知應務之非近；議從政之體，而知法古之非迂。不亂於百家，不蔽於傳疏⑬。其所知者若此，此漢之士所不能及。然能尊而守之者，則未必衆也。故樂易惇樸之俗微，而詭欺薄惡之習勝。其於貧富貴賤之地，則養廉遠恥之意少，而偷合苟得之行多。此俗化之美，所以未及於漢也。夫所聞或淺，而其義甚高，與所知有餘，而其守不足者，其故何哉？由漢之士察舉(二四)於鄉閭，故不能不篤於自修。至於漸磨(二五)之久，則果於義者，非強而能也。今之士選用於文章，故不得不篤於所學。至於循習之深，則得於心者，亦不自知其至也。由是觀之，則上所好，下必有甚者焉，豈非信歟！令漢與今有教化開導之方，有庠序(二六)養成之法，則士於學行，豈有彼此之偏，先後之過乎？夫《大學》之道(二七)，將欲誠意正心修身，以治其國家天下，而必本於先致其知。則知者固善之端，而人之所難至也。以今之士，於人所難至者既幾(二八)矣，則上之施化，莫易於斯時，顧所以導之如何爾。

筠爲州，在大江之西，其地僻絕。當慶曆(二九)之初，詔天下立學(三〇)，而筠獨不能應詔，州之士以爲病。至治平三年(三一)，蓋二十有三年矣，始告於知州事(三二)、尚書都官郎中(三三)董君儀。董君乃與通判(三四)州事國子博士(三五)鄭君蒨相州之東南，得亢爽之地(三六)，築宮於其上。齋祭之室，誦講之堂，休宿之廬，至於庖湢庫廄(三七)，各以序爲(三八)。經始(三九)於其春，而落成於八月之望(四〇)。既而來學者常數十百人，二君乃以書走(四一)京師，請記於予。

次段，敘述筠州設校立學的過程，及作「記」的原因。

予謂二君之於政，可謂知所務矣。使筠之士相與升降(四二)乎其中，講先王之遺

末段，回應

文，以致其知，其賢者超然自信而獨立，其中材勉焉以待上之教化，則是宮之作，非獨使夫來者玩思於空言，以干世取祿㊂而已。故爲之著予所聞者以爲記，而使歸刻焉。

上文，並強調求學非玩思空言，干世取祿而已作結。

【解題】

本文作於宋英宗治平三年（西元一〇六六年），當時作者四十八歲，曾鞏自宋仁宗嘉祐二年（西元一〇五七年），三十九歲中進士第，次年二月調太平州司法參軍。嘉祐五年（西元一〇六〇年）因歐陽脩之推薦被召編校史館書籍，任館閣校勘，這篇文字正是他身居京師時的作品。此文中所以有「二君所以書走京師，請記於予」之言。

這是曾鞏散文中重視教育，提倡辦學的代表作之一。也是中國學術史和教育史上重要文獻。文中作者以繼承和發揚儒家思想爲己任，以簡練而明確的文字，闡述了先王之道的發展過程，並緊密結合自周、秦、兩漢以迄唐宋的社會狀況，突出的說明了「知行合一」的教育觀。明代汪武曹對此文有公允的評價，說：「〈宜黃縣學記〉係就上之人學制立論，此記是就漢、宋士子學行立說，作法不同。」

【注釋】

㊀ **筠州**　唐置。宋屬江南西路，治所在今江西高安縣。

㈡ **先王之跡熄** 謂古先聖王之文化傳統已經中斷。先王，古先聖王。跡熄，指文治武功之業，熄滅中斷，後繼無人。

㈢ **六藝** 《六經》。秦始皇焚書坑儒《樂經》遂亡，《尚書》亦亡於秦火，今所存之《尚書》，為漢初伏生所口授。

㈣ **百家** 指先秦諸子。儒家以外各家的總稱。《漢書・武帝記贊》：「孝武初立，卓然罷黜百家。」注引師古曰：「百家，謂諸子新說，違背《六經》。」

㈤ **刑名兵家之術** 指法家、名家、兵家的學術。刑，法家，以尚法名刑為主。班固《漢書・藝文志・諸子略》列為九流之一。名，名家，亦九流之一，以正名分，辨義利為主。兵，兵家，講用兵之道者，不入九流，但在《漢書・藝文志・總敘》有云：「會向卒，向子歆總群書而奏《七略》」〈兵書略〉列為《七略》之一，於〈兵書略〉中分為「兵權謀」、「兵形勢」、「兵陰陽」、「兵技巧」四種。

㈥ **狃** 音ㄋㄡˇ，相沿成習，習而不知變通之意。

㈦ **章句訓詁之學** 章句，章節句讀，訓詁，同訓故，即注解文義。章句訓法之學，為漢儒所創的一種研究經典的學問，重在解釋篇章字句，而不在闡發大義。

㈧ **穿鑿** 猶牽強附會之意，尤其對義理之不可通者，生拉硬扯，強求其通。《漢書・禮樂志》：「以意穿鑿，各取一切。」亦作「穿鑿傅會」。

㈨ **靡然** 草木順風而倒的樣子，喻望風響應，聞風而動之意。

⑩ **揚雄**　字子雲，漢蜀郡成都（今四川成都）人。少而好學，不爲章句，訓詁通而已，並博覽群籍，無所不讀。唯口吃不善道說，然而好深湛之思。著有《太玄》、《法言》、《方言》等書。

⑪ **搢紳之徒**　指在朝廷任官的人。按：古代仕宦搢笏垂紳，故稱爲官的士大夫們爲搢，亦作「搢紳」。

⑫ **遂其簒奪**　成就其簒奪政權的野心。遂，成。簒奪，謂謀取國君之位。

⑬ **傳疏**　傳，解說經義著曰傳，如《春秋經》之《公羊傳》、《穀梁傳》、《左氏傳》等。疏，疏通傳義者謂之疏，如《五經疏》。

⑭ **察舉**　察選而推舉之。漢之舉孝廉及賢良方正，猶存上古鄉舉里選之遺意。

⑮ **漸磨**　謂彼此相互浸潤砥礪也。

⑯ **庠序**　古代地方設立的學校名，後亦泛稱學校。《孟子・梁惠王上》：「謹庠序之教，申之以孝弟之義。」

⑰ **大學之道**　《大學》，《禮記》篇名，宋以後爲《四子書》之一。《大學》云：「大學之道，在明明德，在親民，在止於至善。知止而後有定，定而後能靜，靜而後能安，安而後能慮，慮而後能得；物有本末，事有終始，知所先後，則近道矣。」又說：「知至而後意誠，意誠而後心正，心正而後身修，身修而後家齊，家齊而後國治，國治而後天下平。」

⑲ **幾**　將及。差不多的意思。

⑳ **慶曆**　北宋仁宗年號。

(二一) **詔天下立學**　慶曆四年（西元一〇四四年），更定貢舉法，詔天下州縣立學。士須在學三百日，乃可聽預秋試。

(二二) **治平三年**　治平，北宋英宗年號，三年，即西元一〇六六年。

(二三) **知州事**　即知州軍事的簡稱，爲州長官，或稱知州。

(二四) **尚書都官郎中**　官名，屬刑部，掌流徙配隸，刑部隸尚書省，故稱尚書都官郎中。

(二五) **通判州事國子博士**　通判，官名。宋初，爲削減藩鎮的權力，始委朝臣爲此官，授以府、州軍事權，與知州、知府共同負責轄內行政，後遂爲例。國子博士，屬國子監，常以經術教授諸生。

(二六) **亢爽之地**　高曠開朗的地方。

(二七) **庖湢庫廄**　庖，廚房。湢，浴室。庫，儲藏雜物之所。廄，音ㄐㄧㄡˋ，馬棚。

(二八) **各以序爲**　言以上建築，皆井然有序，次第爲之。

(二九) **經始**　謂土木建築開始動工，《詩經・大雅・靈臺》：「經始靈臺，經之營之。」

(三〇) **望**　農曆月之十五日謂之「望」。

(三一) **走**　本作「疾趨」解，在此作「至」講。

(三二) **升降**　猶活動也。

(三三) **干世取祿**　指求寵於世人，博取朝廷俸祿。

## 【賞析】

曾鞏任官地方，深入基層，深知教育爲立國之大本。本篇與〈宜黃縣學記〉，同爲他重視教育，興學育才的重要論文。居今於知兩宋教育發展的眞象，便不能不重視曾氏當時對教育的看法。

文中作者堅定以繼承和發揚道統爲己任的決心，先簡明闡述了先王之道的發展過程，並結合當時學術界、教育界的實況，緊抓住「知」「行」合一的教育觀。曾氏認爲先王之道，經「秦火」之後，日趨式微。時至兩漢，思想界和學術界相當混亂。所謂「言道德者，矜高遠而遺世用；語政理者，務卑近而非師古。刑名兵家之術，則狃於暴詐，惟知經者善美，又爭爲章句訓詁之學，以其私見，妄穿鑿爲說，故先王之道不明，而學此靡然溺於所習」，整個學術界、教育界陷於各是其是，各非其非，上無道揆、下無法守，學術支離，思想混亂，當時能明先王之道者，揚雄一人而已。而人又不愛讀其所著書。當時的學風雖然不良，但人們的道德修養，進退去就，皆勇於自立，無苟簡之心，甚而在東漢末年，有些搢紳之士，不畏強權，抗志於強暴之間，使不軌之臣，不敢遂其篡奪的私慾！

魏吾以來，以迄於宋，知識分子乃有特起於千載之外，明先王之道，以寤後之學者。世人雖不能知其意，而往往好之。他們不爲百家之說所亂，不被傳疏所蔽；但能遵而守之者不多。和兩漢相較，在「知」的方面，爲漢代所不及，在「行」的方面，其俗化之美，尙未及於漢。其故爲行？一言以蔽之，「教育」是也。蓋兩漢之亡，其出身多由鄉舉閭察，故想問政於朝廷的文人學士，不得不篤於修身齊家，果義強能，磨合既久，自能獲閭里之選，而爲朝廷所青睞。隋唐以下，皆以文章取士，篤意於仕進的新銳們，不得不熟讀博覽，難有困勉力學之知，卻寡於身體力行之實。這固然是「上有所好，下必甚焉」，但古今對人才養成之法，各有偏執，乃不爭之事實。

假令兩漢與今之當政者，對全國人才的培植，「有教化開導之方，有庠序養成之法，則士之於『學』『行』，豈有彼此之偏，先後之過乎？」再點明「學校教育」和「教學方法」兩者的重要性。蓋我國自古以來，當政者只知以朝廷祿位作爲士子追名逐利之鉤餌，向不言有計劃之學校教育，甚而制定教育政策，培養治事之長才，於是鄉舉里選也好，開科取士也好，皆流爲帝王網羅人才的工具而已！今曾氏此文由三代、兩漢、以迄唐宋，治數千年之教育思想於一爐，並特別將兩漢的「察舉」與唐宋的「科考」，兩者進行比較，得出「學」「行」各偏的蔽端，皆由於「學校教育」之不振，可說是在委曲婉轉的文字中，找到了問題的核心。

文末，作者回應主旨，語帶強調的口吻說：「使筠之士，相與升降乎其間，講先王之遺文，以致其知，其賢者超然自信而獨立，其中材勉焉以待上之教化，則是宮之作，非獨使來者玩思於空言，以干世取祿而已。」一方面從「學」字出發、以致其知；一方面從「行」字出發，非徒使學者玩思於空言，其「知」「行」並重的「教育觀」，在此又得到全面的強調，並喚醒筠州地方教育學者們的關注。

全文重點放在首段，次段，言筠州設校過程與作「記」原因，末段，回應主旨，布局嚴整得法。尤其作者藉著寫作「學記」的機會，把自己「以文明道」的興學育材的理想，作簡明的闡發，可說是爲當時的學校教育提出了一個理想的「教學目標」。其次，說理曲折有致。數千年的教育體制和教學內容以及歷代的教學得失，凡有關乎世道人心和人材培育之大節，可謂千頭萬緒，無從說起；而作者卻舉重若輕，只從「知」「行」二字入手，從兩漢，經魏晉以迄唐宋，把千百年來的「上有所好，下必甚焉」的得失利弊，用極簡潔委婉的語言，層層推闡，而又事事比較，說得中肯而有見地。且一再用反詰語氣，如「其故何哉?」「豈非信歟?」「豈有彼此之偏，先後之過乎?」產生一種語氣承接，過渡自然，以及深化文勢的波瀾！至於在文字方面，作者造語的雅正、凝鍊、準確，向為衆所公認的特色，本文自不例外。在章法方面，本文前一大段說理，後兩段敘事。議論時，委曲周詳，用詞厚重；敘事時，顚末梗概，交代清楚。近人林紓曾對〈筠州學記〉評曰：「一套陳舊話，卻說得深入腠理，能發明其所以然。」《宋史》本傳說他「為文章，上下馳騁，愈出而愈工，本原《六經》，斟酌於司馬遷、韓愈，一時工作文詞者，鮮能過也。」閱讀本文，當知此說之信而有徵。

## (三)徐孺子(一)祠堂記

首段，交代徐孺子所處的時代背景，並對「正道直言」「趨死不避」的黨錮諸賢，作了高度評價，為以下敘述徐孺子事迹作鋪墊。

漢元興以後(二)，政出宦者(三)，小人挾(四)其威福，相煽(五)為惡，中材顧望(六)，不知所為。漢既失其操柄，(七)紀綱(八)大壞；然在位公卿大夫，多豪傑特起(九)之士，相與(十)發憤同心，直道正言，分別是非白黑，不少(十一)屈其意，至於不容；而織羅鉤黨之獄起(十二)，其執(十三)彌(十四)堅，而其行彌勵(十五)，志雖不就(十六)而忠有餘。故及其既歿，而漢亦以亡。當是之時，天下聞其風(十七)、慕其義(十八)者，人人感慨奮激，至於解印綬(十九)，棄家族，骨肉相勉，趨死(二十)而不避。百餘年間，擅彊大，覬非望者相屬(二十一)，皆逡巡(二十二)而不敢發；漢能以亡為存(二十三)，蓋其力也。

次段，將徐孺子與黨錮諸賢反覆比論，肯定雖皆「志於仁」，但在「大木將顛」時，徐孺子更能正確處理自己的行

孺子於時，豫章(二十四)太守陳蕃、(二十五)太尉黃瓊(二十六)辟皆不就。(二十七)舉有道(二十八)，拜太原太守，(二十九)安車備禮，召皆不至(三十)。蓋忘己以為人，與獨善於隱約(三十一)，其操雖殊，(三十二)其志於仁一也(三十三)。在位士大夫，抗其節(三十四)於亂世，不以死生動其心，異於懷祿(三十五)之臣遠矣，然而不屑去(三十六)者，義在於濟物(三十七)故也。孺子嘗謂郭林宗曰(三十八)：『大木將顛，非一繩所維，何為棲棲不皇寧處？』此其意亦非自足於丘壑，(三十九)遺世(四十)而不顧者也。孔子稱顏回(四十一)：『用之則行，舍之則藏，惟我與爾有是夫。』孟子

藏進止。

末段，記述徐孺子的名字、里籍、立祠地點、時間、經過，並流明爲記的主旨。

亦稱孔子[42]：『可以進則進，可以止則止，乃所願則學孔子。』而《易》[43]於君子小人，消長進退[44]，擇所宜處，未嘗不惟其時則見，其不可而止，此孺子之所以未能以此而易彼也。

孺子姓徐名穉，孺子其字也，豫章南昌[45]人。按圖記：[46]『章水北逕南昌城，西歷白社[47]，其西有孺子墓，又北歷南塘，其東爲東湖，湖南小洲，上有孺子宅，號孺子臺。吳嘉禾[48]中，太守徐熙[49]於孺子墓隧[50]種松，太守謝景[51]於墓側立碑。晉永安中[52]，太守夏侯嵩[53]於碑旁立思賢亭，世世修治；至拓跋魏[54]時，謂之聘君亭。』今亭尚存，而湖南小洲，世不知其嘗爲孺子宅，又嘗爲臺也。予爲太守之明年[55]，始即其處結茅爲堂，圖孺子像，祠以中牢[56]，率州之賓屬拜焉。漢至今且[57]千歲，富貴湮滅者[58]不可稱數，孺子不出閭巷[59]，獨稱思至今，則世之欲以智力取勝者非惑[60]歟！孺子墓失其地，而臺幸可考而知。祠之，所以視[61]邦人[62]以尚德[63]，故并采其出處[64]之意爲記焉。

## 【解題】

此記是曾鞏於宋神宗熙寧八年（西元一〇七五年）徙知洪州（今江西省南昌）之明年，即熙寧九年撰寫的。當時他已五十八歲。

徐孺子即徐稚（東漢和帝永光九年，即西元九七年，至漢靈帝建寧元年，即西元一六八年），東漢豫章郡（今江西省南昌）人，家貧，常自耕稼，非其力不食。爲人恭儉義讓，鄉人服其德。在那個政治動盪，社會黑暗的時代，雖累被政府舉薦均不就，築室隱居，時稱「南州高士」。《後漢書》有傳。

文章首先敘述了徐稚所處的時代背景，並高度評價了在漢室頻臨危急存亡之秋，他敢於夥同「直道正言」、「趨死不避」的黨錮諸賢，向政府直道正言，漢之所以「能以亡爲存」，功勞當歸於他們。然後再將徐稚和黨人作比較，認爲徐稚選擇隱逸不仕的生活，與東漢黨人的行爲，在道德評價正是一致的。那就是「忘己以爲人，與獨善於隱約；其操雖殊，其志於仁一也。」但作者無疑更欣賞在「大木將顚」時，能正確處理「用行舍藏」的徐稚。文末記述了立祠的地點，時間及經過，點明主旨，明代的茅坤評曰：「推漢之以亡爲存，歸功於孺子輩，論有本末。」

## 【注釋】

㈠ **徐孺子** 名稚，後漢時人，家貧，常自耕稼，非力不食，恭儉義讓，所居服其德。不應朝廷徵召，時稱「南州高士」。

㈡ **漢元興以後** 漢，東漢，亦稱後漢。元興，和帝年號。

㈢ **政出宦者** 言朝政由宦官操縱。宦者，指宦官，閹人曰宦，又稱太監。和帝十七年，改年曰元興，帝即於是年崩。鄧太后以女主臨政，帷幄稱制，下令不出房闈之間，於是不得不委任宦者，朝政大權從此落入宦官手中。

(一四) **挾**　倚仗。

(一五) **煽**　煽惑、煽動。煽，音ㄕㄢ。

(一六) **中材顧望**　言中等材德的人徘徊觀望，不知所措。中材，中等材德。顧望：徘徊觀望。

(一七) **操柄**　權柄。

(一八) **紀綱**　國家的典章制度。倫理綱常。

(一九) **特起**　突出的，傑出的。

(二〇) **相與**　一起，共同。

(二一) **少**　稍，略微。

(二二) **織羅鉤黨之獄起**　言羅織罪名，誣陷善良之冤獄出現了。此指東漢黨錮之禍。漢桓帝延熹九年（西元一六六年）司隸校尉李膺殺宦官所善術士張成，被誣爲與太學游士，諸郡生徒，共爲部黨，誹訕朝廷。膺與杜密等二百餘人下獄，次年獲釋，仍書名三府，禁錮終身。是爲第一次黨錮之禍。漢靈帝建寧二年（西元一六九年）宦官諷有司奏「鉤黨」，捕殺李膺，杜密等百餘人，妻子徙邊。天下豪傑及儒學有行義者，均被指爲黨人，死、徙、廢、禁又六七百人，是爲第二次黨錮之禍。詳見《後漢書‧黨錮傳》。織羅，即羅織，謂虛構罪名，陷害無辜。鉤黨，相互牽連，引爲同黨。

(二三) **執**　操守，操持。

(二四) **彌**　更加。

(一五) **勵** 振奮，努力。

(一六) **不就** 不成功。

(一七) **風** 風采。

(一八) **義** 節義。

(一九) **解印綬** 解除官職。印綬，印和繫印的絲組，爲任官的標誌。

(二〇) **趨死** 即赴死。趨，奔赴。

(二一) **相屬** 一個接一個，屬，相連。

(二二) **逡巡** 欲進不進，遲疑不決的樣子。逡，音ㄑㄩㄣ。

(二三) **漢能以亡爲存** 是說後漢自和帝元興以後，紀綱大壞，梁冀弒質帝，旋伏誅，迨董卓行廢立，曹操自進爲魏王；然獻帝猶虛擁帝號三十年，實亡而名存焉。

(二四) **豫章** 南昌，漢時置南昌縣，爲豫章郡治，今屬江西省。

(二五) **陳蕃** 東漢平輿（今屬河南省汝南縣平輿）人，字仲舉（西元一六八年），東漢桓帝時爲豫章太守，後任太尉，與李膺等反對宦官奪權，爲太學生所敬重。漢靈帝立爲太傅，勸外戚竇武誅宦官，謀泄被殺。

(二六) **黃瓊** （西元八六年～一六四年）字世英，江夏安陸（今屬湖北省）人。漢桓帝時爲太尉，因反對外戚梁冀奪權，奏劾貪污，爲人敬仰。

(二七) **辟** 徵召，薦舉。辟，音ㄅㄧˋ。

⑱ **舉有道**　漢安帝建光元年（西元一二一年）今郡國守相舉有道之士各一人，後遂爲例。按漢初詔舉賢良方正，州郡察舉孝廉，亦貢士之方也。中興以後，復增淳朴有道賢能直言獨行高節質直清白淳厚之屬，而取士之途遂濫。

⑲ **太原**　郡名，治晉陽（今山西省太原）。

⑳ **安車備禮召皆不至**　言用安車，備厚禮，前往徵召，孺子皆辭不至。安車，古代一馬駕駛的小車，可以安坐。用來優老待賢，非常人所能乘坐。桓帝曾以安車玄纁，備禮徵召，孺子辭不至。

㉑ **與獨善於隱約**　言與在窮愁憂困中而潔身自好的人。獨善，即獨善其身，不干預世事。這是儒家窮則獨善其身的一種處世哲學。隱約，隱居困約，窮愁憂困。

㉒ **其操雖殊**　此承上句文意爲說，指處世的態度雖然不同。操，操守，這裡指處世態度。殊，不同。

㉓ **其志於仁一也**　言他們志在實行仁道是一致的。一，一致。

㉔ **抗其節**　堅持高尚的志節。抗，通「亢」，高，高尚。

㉕ **懷祿**　指貪圖功名利祿。祿，古代官吏的俸給。

㉖ **去**　去位，棄官。

㉗ **濟物**　猶言救世濟民。濟，有利，有益。

㉘ **孺子嘗謂郭林宗曰**　郭林宗（西元一二八年～一六九年）名泰，東漢名士、太原介休（今屬山西省）人。博通墳典，居家教授弟子，至數千人。嘗舉有道，不就。善品題海內人士，然不爲危言覈論。故黨禍起而泰獨免。

㊴ **丘壑** 山水幽深之處，在此指隱者棲息之所。

㊵ **遺世** 超然世外。

㊶ **孔子稱顏回四句** 語出《論語・述而》。顏回，字子淵，春秋魯人，孔子弟子。

㊷ **孟子亦稱孔子四句** 語出《孟子・公孫丑上》

㊸ **易** 即《周易》，《六經》之一。

㊹ **消長進退** 「小人道消，君子道長。」言以君子小人之道的消長，為進退的依據。

㊺ **南昌** 縣名，漢置，為豫章郡轄。即今江西省南昌市。

㊻ 「圖記」以下一段引文 均為酈道元《水經注》中語。章水，源出江西聶部山，為江西贛江之西源。

㊼ **白社** 地名。在南昌城南

㊽ **吳嘉禾中** 指在三國時孫吳嘉禾時，吳，孫吳。嘉禾，吳帝孫權的年號（西元二三二～二三八年）

㊾ **徐熙** 三國吳湖南長州人，官豫章太守（見《水經注》，在郡有治績）。

㊿ **隧** 墓道。

(51) **謝景** 三國時吳宛（今屬河南省南陽）人，字叔發，孫權立登為太子，以謝景為賓客，官豫章太守，有治績，吏民稱之。

(52) **晉永安中** 指在西晉惠帝永安年間。永安，晉惠帝年號，僅一年，即西元三〇四年。

(53) **夏侯嵩** 據《水經注》載，晉梁郡人，曾官豫章太守。

(七四) **拓跋魏**　即北魏（西元二九八～五三四年），又稱後魏。拓跋，後魏姓，鮮卑語「土」爲拓，謂「后」爲跋。魏自稱黃帝的苗裔，黃帝以土德王，故以拓跋爲氏。拓跋，亦作「托跋」「托拔」（見《魏書・官氏志》）。

(七五) **明年**　即第二年。

(七六) **中牢**　即「少牢」。祭祀時只用羊豕二牲。《漢書・昭帝紀》：「有不幸者，賜以衣被一襲，祠以中牢。」

(七七) **且**　將近。

(七八) **堙滅**　埋沒。

(七九) **閭巷**　街巷，鄉里。

(八〇) **世之欲以智力取勝者非惑歟**　言社會上想憑藉著智謀和暴力取勝的人，不是太糊塗了嗎。智力，智謀暴力。惑，迷惑。

(八一) **視**　通示。宣示，宣布。

(八二) **邦人**　鄉人。

(八三) **尚德**　崇尚道德修爲。

(八四) **出處**　出仕和退隱。

## 【賞析】

通觀《元豐類稿》五十卷，在他七百八十多篇散文裡，以「記」爲題的有三十八篇，三十八篇中，專門以「祠堂」爲記的僅兩篇：一是〈撫州顏魯公祠堂記〉，另一是〈徐孺子祠堂記〉。兩文雖同爲曾鞏紀念前賢的力作，但其內容所述卻截然不同。〈撫州顏魯公祠堂記〉，記的是一位爲國犧牲的烈士，〈徐孺子祠堂記〉記的是一位抱道自重的隱士。烈士與隱士的處世態度斷然有別，所以曾鞏就從不同角度去立說評價，由於他在落筆之前，懷著「與古人同在」的思想感情來寫，所以兩篇以祠堂爲記的作品，收到了異曲同工的效果。

〈徐孺子祠堂記〉從寫作技巧看，全文可分前後兩截，前截重議論，後截重敘事。於議論敘事的同時，字裡行間，滲透了濃厚的感情，突顯了作者的內心世界！

在前半截中，作者首先言時代背景，爲以下敘述徐孺子的生平行事作鋪墊。在行文運思上、作者先拿政由宦出，挾其威福，相煽爲惡的小人，和發憤同心，直道正言的公卿大夫相比；最後，得出即令羅織鉤黨之獄起，他們仍奮不顧身，孰彌堅，行彌厲，天下開風慕義者爲之感概奮激，趨死不避，使那些覬覦非望的小人，皆逡巡而不敢發。所以漢之所以能以亡爲存者，蓋其力也。接著，再拿徐孺子和黨錮諸賢相比？以爲一是「忘己以爲人」，一是「獨善於隱約」，其間操持雖殊，而「其志於仁」，並無二致。至於黨錮諸賢之所以抗其節於亂世，懷祿不去者，義在濟物。而孺子卻以爲大木將顛，非一繩可維，是以何必棲棲，不皇寧處？彼此間的進退行止，在所宜處方面，都是惟其時則見，其不可則止。鍾鼎山林，各有所好，既不能以此易彼，亦不必強人所同。

後半截採倒敍手法，根據酈道元《水經注》，敍徐孺子遺跡的變遷，先聘君亭，再孺子宅，孺子臺，然後於爲太守之明年，又結茅爲堂，圖孺子像，祠以中牢、率賓屬拜，最後，以回龍顧主之法，點醒漢朝至今且千歲，富貴煙滅者不可勝數，獨孺子不出閭巷，被人稱思至今。正見世之圖以智術暴力取勝者，皆令人大惑不解也！文勢至此陡然一轉，說「祠之，所以視邦人以尚德」，突顯作「記」的主旨，將太守之職責與以德化民的教育意義，更藉此加以發揮。

## (四)越州趙公救菑記

首段，記趙公在災前的調查準備工作。

熙寧八年㊀夏，吳越㊁大旱。九月，資政殿大學士㊂、右諫議大夫㊃知㊄越州趙公，前民之未饑㊅，為書㊆問屬縣㊇，菑所被㊈者幾鄉，民能自食者有幾，當廩⑩於官者幾人，溝防構築⑪可僦⑫民使治之者幾所，庫錢倉粟可發者幾何，富人可募⑬出粟⑭者幾家，僧道士食之羨粟⑮書於籍者⑯其幾具存⑰，使各書以對⑱，而謹其備⑲。

次段，記趙公根據不同情況，採取了給粟、平糴，以工代賑、醫病、瘞死等具體措施，使災民各得其所。

州縣吏錄⑳民之孤老疾弱不能自食者二萬一千九百餘人以告㉑。故事㉒，歲廩窮人，當給粟三千石而止。公斂㉓富人所輸㉔，及僧道士食之羨者，得粟四萬八千餘石，佐其費㉕。使自十月朔㉖，人受粟日一升，幼小半之。憂其眾相蹂㉗也，使受粟者男女異日，而人受二日之食。憂其且流亡也，於城市郊野為給粟之所，凡五十有七，使各以便㉘受之，而告以去其家者㉙勿給。計官為不足用㉚也，取吏之不在職而寓於境者，給其食而任以事。不能自食者，有是具㉛也；能自食者，為之告富人，無得閉糴㉜。又為之出官粟㉝，得五萬二千餘石，平其價㉞予民。為糴粟之所，凡十有八，使糴㉟者自便，如受粟㊱。又僦民完城㊲四千一百丈，爲工三萬八千，計其傭與錢(三八)，又與粟再倍之(三九)。民取息錢(四〇)者，告富人縱予之(四一)，而待熟(四二)，官爲責其償(四三)。棄男女者(四四)，使人得收養之。

明年春，大疫(四五)。爲病坊(四六)，處(四七)疾病之無歸(四八)者。募僧二人，屬(四九)以視(五〇)醫藥飲食，令無失所恃(五一)。凡死者，使在處(五二)隨收瘞(五三)之。法(五四)，廩窮人，盡三月當止，是歲盡五月而止。事有非便文者(五五)，公一以自任，不以累(五六)其屬。有上請者(五七)，或便宜多輒行(五八)。公於此時，蚤(五九)夜憊(六〇)心力不少懈(六一)。事鉅細必躬親。給病者藥食，多出私錢。民不幸罹(六二)旱疫，得免於轉死(六三)。雖死，得無失斂埋，(六四)皆公力也。

三段，表彰趙公勇於負責，勸謹無私的作風，及其救災成績作爲救災記實的總束。

是時，旱疫被(六五)於吳越，民饑饉疾癘(六六)，死者殆半(六七)，菑未有鉅於此也。天子東向憂勞(六八)，州縣推布(六九)上恩，人人盡其力。公所拊循(七〇)，民尤以爲得其依歸。所以經營(七一)綏輯，(七二)先後終始之際，委曲纖悉(七三)，無不備者。其施(七四)雖在越，其仁(七五)足以示天下；其事雖行於一時，其法足以傳後。蓋菑沴(七六)之行，治世(七七)不能使之無，而能爲之備。民病(七八)而後圖(七九)之，與夫先事(八〇)而爲計(八一)者，則有間(八二)矣；不習而有爲(八三)，與夫素得之者，則有間矣。予故采(八四)於越，得公所推行，樂爲之識(八五)其詳，豈獨以慰越人之思，將使吏之有志於民者，不幸而遇歲之菑，推公之

四段，點明作記意圖；在供天下後世效法。

所已試，其科條(八六)可不待頃(八七)而具，則公之澤(八八)，豈小且近乎！公元豐二年以大學士加太子少保(八九)致仕(九〇)，家於衢。其直道正行在於朝廷，豈弟之實(九一)在於身者，此不著(九二)，著其荒政(九三)可師(九四)者，以爲越州趙公救菑記云。

末段，交代趙公晚年狀況，並將其德行與救災工作相聯系，表明對趙公的肯定與贊揚。

## 【解題】

越州，今浙江省紹興縣。趙公，指趙抃（音ㄅㄢˋ），字閱道，北宋衢州西安（今浙江省衢縣）人。宋仁宗景祐初，官至殿中侍御史，爲人清廉正直，彈劾不避權幸，人們稱他爲「鐵面御史」，卒諡清獻。蘇軾〈趙清獻公神道碑〉記載趙抃在越州的政績時曾說：「吳越大饑，民死者過半，公盡所以救荒之術。」本文採實錄手法，記述趙抃的調查和準備，救災的措施，本人的作風，以及救災取得的成果等，逐一寫來，其過程極爲詳盡周匝，最後再借趙抃其人其事，抉發大義，深化文章的主題。此不僅反映了百姓的疾苦，歌頌趙抃的愛民，也提供了日後官吏救災的良好示範。

## 【注釋】

(一) **熙寧八年** 熙寧，宋神宗的年號，即西元一〇七五年。

(二) **吳越** 春秋時期吳國、越國的地域。吳，在今江蘇省南部；越，在今浙江省北部。後稱江、浙等地爲「吳越」。

(三) **資政殿大學士**　資政殿在龍圖閣東序。大學士，位在翰林大學士承旨之上。宰相罷政者多授此官。

(四) **右諫議大夫**　官名，掌議論、彈劾，宋置左右諫議大夫，爲諫議之長。

(五) **知**　主管。

(六) **前民之未饑**　在人民還沒發生缺糧之前。

(七) **爲書**　寫信。

(八) **屬縣**　越州管轄的各縣。當時有會稽、山陰、剡、諸暨、餘姚、上虞、蕭山、新昌等縣。

(九) **被**　殃及。音ㄆㄧ。

(一〇) **廩**　指由官府供給糧食。原意是倉庫，這裏作動詞用，指開啓官倉，發放救濟糧。音ㄌㄧㄣˇ。

(一一) **溝防構築**　溝渠堤防及工程建築。

(一二) **僦**　雇用。音ㄐㄧㄡˋ。

(一三) **募**　勸捐。

(一四) **出粟**　捐糧。

(一五) **羨粟**　餘糧。羨，結餘之意。

(一六) **書於籍**者　登錄在簿籍上的。

(一七) **其幾具存**　言實存的有多少。

(一八) **對**　回答，在此有向上呈報之意。

(一九) **謹其備**　言把救災工作做好周密準備。

(10) **錄** 登記。

(11) **告** 報告，呈報。

(12) **故事** 舊辦法。指按照賑災的陳規往例。

(13) **歛** 收集、募集。

(14) **輸** 捐獻、上繳。

(15) **佐其費** 補助救災的耗費。佐，補助。

(16) **朔** 即農曆月之初一。

(17) **相蹂** 互相擠壓踐踏。蹂，音ㄖㄡˊ。

(18) **便** 方便。

(19) **去其家者** 指離家外流的人。

(20) **計官爲不足用** 估計辦理發糧的官吏，人數不夠分配。

(21) **有是具** 有這些設施。具，設施。

(22) **無得閉糶** 不准停售或囤積。糶：賣出米糧。音ㄊㄧㄠˋ。

(23) **官粟** 官倉中公家儲存的糧食。

(24) **平其價** 把高價拉平，即賤價。

(25) **糴** 買進米糧。音ㄉㄧˊ。

(26) **受粟** 指前文提到的領救濟糧的人。

㊲ **完城**　修築城牆。完，修治、修補。

㊳ **計其傭與錢**　計算他們工作的多少發給工錢。傭，這裡指作的工。

㊴ **再倍之**　指工錢之外，還加發食米，其值與工錢相等。即作工一項，得錢又得米，等於得兩份工錢，故曰「再倍」。

㊵ **民取息錢**　老百姓借用有息貸款。取，借取，息，利息。

㊶ **縱予之**　儘量地借給他們。縱，任意地，盡量地。

㊷ **待熟**　等待莊稼有了收成。熟，莊稼成熟。

㊸ **官爲責其償**　由官府責成債務人一定償還。

㊹ **棄男女者**　指被拋棄的男孩女孩。

㊺ **大疫**　發生大瘟疫。

㊻ **病坊**　收養病人的處所，如現在的醫院或收容所。

㊼ **處**　安置，收容。音ㄔㄨˇ。

㊽ **無歸**　無家可歸或無人照管。

㊾ **屬**　囑託，音ㄓㄨˇ。

㊿ **視**　照料。

(51) **恃**　原作「時」，茲據章鈺校本，傳增湘校本改。

(52) **在處**　就地。

(五三) **瘞**　埋葬，音ㄧˋ。

(五四) **法**　指根據過去的規定，法令。

(五五) **事有非便文者**　言凡事有不合法定程序而不便見之於公文的。

(五六) **累**　牽累。

(五七) **有上請者**　有下屬向上級提出請求的。

(五八) **或便宜多輒行**　言有些事只要對救災有利，大多馬上批准執行。便宜，利益，好處。《南齊書．顧憲之傳》：「愚以為便宜者，蓋謂便於公，宜於民也。」

(五九) **蚤**　同「早」。

(六〇) **憊心力**　勞心勞力。

(六一) **不少懈**　一點都不懈怠。少，通「稍」，音ㄕㄠ。

(六二) **罹**　遭受，遭遇。音ㄌㄧˊ。

(六三) **轉死**　因輾轉流離而死。

(六四) **歛埋**　收歛理葬。

(六五) **被**　遍及。

(六六) **饑饉疾癘**　穀不熟謂饑，蔬不熟為饉。這裡泛指飢餓。癘，瘟疫。

(六七) **殆半**　將近一半。殆，幾乎，將近。

(六八) **天子東向憂勞**　言皇帝望著東方的吳越災區而憂慮。北宋的國都在開封，吳越在其東南，故云「東向」。

(六九) **推布** 推廣布達。

(七〇) **拊循** 撫慰，安撫。拊，通撫。

(七一) **經營** 規劃。

(七二) **綏輯** 救濟，安撫。綏，安。輯，聚集。

(七三) **委曲纖悉** 周到，無微不至。

(七四) **施** 措施。

(七五) **仁** 這裡指仁德的精神。

(七六) **菑沴** 在此泛指自然災害。沴，音ㄌㄧˋ。

(七七) **治世** 指政治清明的太平盛世。

(七八) **病** 憂患。

(七九) **圖** 設法挽救。

(八〇) **先事** 事發之前。

(八一) **為計** 治定計劃。

(八二) **有間** 有差別。間，音ㄐㄧㄢˋ。

(八三) **不習而有為** 沒有經驗就去做。

(八四) **采** 考察，訪詢。

㉕ **識** 記錄。識，通「誌」。音ㄓˋ。

㉖ **科條** 規章條例。

㉗ **不待頃** 不片刻。頃，一會兒。

㉘ **澤** 恩澤，恩惠。

㉙ **太子少保** 官之加虛銜。宋制，官未至僕射及樞密使致仕，隨本官高下除授太子少師、少傅、少保。

(九〇) **致仕** 古時官吏告老退休。

(九一) **豈弟之實** 通「愷悌」。指平易近人的君子風度。豈，音ㄎㄞˇ。實，指德行、風度。

(九二) **此不著** 這裏不再詳述。

(九三) **荒政** 救濟災荒的政績。

(九四) **師** 效法。

## 【賞析】

本篇主旨：記趙公的先災而救，防範未然，方法值得師效。全文共分五段：首段，敘趙公先飢爲備，和救飢的方法；二段，記趙公救災的方法；三段，讚美趙公的先災救卹；四段，指出趙公救災的方法，可以提供其他官吏未來做參考。末段，交代趙公的晚年狀況。曾鞏這篇文章的特色是翔實、順暢，而且富有感情。作者在敘述中引用了許多數字，將十分複雜瑣碎的救災情況，寫得有條不亂，層次分明，顯然是經過一番剪裁的功夫；同時在具體事實的敘述之後，作者更寫出了趙公做事周密，勇於承擔的勤政風範，令人欽佩。

文章首先寫災前的準備工作。起句開門見山：「熙寧八年夏，吳越大旱。」旱情之「大」，可以想見其嚴重程度，但是作者卻一筆略過，不去詳談，因爲他之所以寫災，目的是爲了突出救災，所以點明災情後，立即進入救災實況，文字簡練乾淨，而且更能突顯救災工作的急切和緊張。接著，描述趙公的著手準備救災：他在百姓還沒感受到饑荒的威脅之前，就事先向各屬縣做了七項調查，實際上便包括了之後救災的七種工作，例如災情蔓延的地方有多少？老百姓能自己找到糧食的有多少？不枝不蔓，都一一開列出來。在這裏，作者只是用平易的筆調，詳而不繁地錄下事實，不須再多加任何評論，就把一位辦事幹練，深謀遠慮的父母官形象具體的呈現在讀者眼前。以下寫救飢的措施，又分「不能自食者」和「能自食者」兩個層次。趙公首先關注的，當然是那些自己沒法子生活的孤老病弱，自然便突顯了主人翁愛民憂民的高貴品質。從向富戶募糧，規定隔日領糧，廣設發糧處所，加派發糧人手，平抑糧價，方便借貸，以工代賑，收養棄兒等種種救飢辦法，作者均寫得簡明扼要；雖然不加評騭，但趙公的處事周密細緻，和一股濃郁的關心民瘼的眞情，自然洋溢在字裡行間。

第三段，寫的是救疫，趙公同樣做得周密，而曾鞏也寫得具體；不過敘完救疫之後，作者筆鋒一轉，便通過「法廩窮人盡三月當止，是歲盡五月而止」，這樣的具體事例，表揚了趙公敢於打破規定，勇於任事，日夜操勞的爲政精神，與縝密的救災措施相結合，更相得益彰；結尾一句「皆公力也」，顯然飽蘸了多少的敬佩深情，同時也具有收束的作用。以上兩大段記救飢救疫；飢是主，疫是從，寫得詳略有致。

第四段，作者更進一步把趙公的行事放到更廣闊的空間，更長的時間來觀察，而得出「其仁足以示天下」，「其法足以傳後」的結論，這便大大提高了趙公的救荒政績，到達不朽的地步。所以第四段說「公之澤，豈小且近乎！」也就由於趙公之措施值得推廣，曾鞏才這麼熱切地「樂爲之識其詳」。文章到此算是點明了作意。

最後一段，曾鞏對趙公的晚景做了交代，把他的德行與這次救災工作相聯繫，表明了對趙公的讚揚態度。關於趙公在朝廷的正直敢言，和平素的君子風範，當然還有可以大書特書，值得表揚的地方，不過作者只輕輕帶過，就加以省略，一則可以留給讀者想像的空間，同時也可以避免橫生枝節，足見剪裁功夫。結尾雖無驚人之筆，但是意盡而止，乾淨俐落，耐人尋味。

## (五)學舍記

予幼則從先生受書，然是時，方樂與家人童子嬉戲上下，未知好也(一)。十六七時，闚《六經》(二)之言與古今文章，有過人者，知好之，則於是銳意(三)欲與之並。而是時，家事亦滋出(四)。

首段，以開門見山之筆，點明幼時「受書」知學，並未知好的事實。

自斯(五)以來，西北則行陳、蔡、譙、苦、睢、汴、淮、泗(六)，出於京師(七)；東方則絕江舟漕河之渠(八)，逾五湖(九)，並(一〇)封、禺、會稽之山(一一)，出於東海上(一二)。南方(一三)則載大江(一四)，臨夏口(一五)而望洞庭(一六)，轉彭蠡(一七)，上庾嶺(一八)，繇湞陽之瀧，至南海上(一九)。此予之所涉世(二〇)而奔走也。蛟魚洶湧(二一)，湍石之川(二二)，巔崖莽林(二三)，貙虺之聚(二四)，與夫雨暘寒燠風波霧毒不測之危(二五)，此予之所單遊遠寓(二六)，而冒犯以勤也(二七)。衣食藥物，廬舍器用，箕筥碎細之間(二八)，此予之所經營以養(二九)也。天傾地壞(三〇)，殊州(三一)獨哭，數千里之遠，抱喪而南，積時之勞，乃畢大事(三二)，此予之所遘禍(三三)而憂艱(三四)也。太夫人(三五)所志(三六)，與夫弟婚妹嫁，四時之祠(三七)，屬人外親之問(三八)，王事之輸(三九)，此予之所皇皇(四〇)而不足也。予於是力疲意耗，而又多疾，言之所序，蓋其一二之粗(四一)也。得其閒時(四二)，挾書以學，於夫為身治人，

次段，以自傳式的行文方式，寫自己的少長出處，因一生坎坷，仕途崎嶇，故語多激奮。

世用之損益[43]，考觀講解，有不能至者。故不得專力盡思，琢雕文章[44]，以載私心難見之[45]情，而追古今之作者為並，以足予之所好慕[46]，此予之所自視而嗟也。

今天子至和[47]之初，予之侵擾多事故益甚，予之力無以為，乃休於家，而即其旁之草舍以學。或疾[48]其卑[49]，或議其隘[50]者，予顧而笑曰：「是予之宜也。予之勞心困形，以役於事[51]者，有以為之矣。予之卑巷窮廬，冗衣[52]礱飯[53]，芑莧[54]之羹，隱約[55]而安者，固予之所以遂其志[56]而有待也。予之疾則有之，可以進於道者，學之有不至。至於文章，平生所好慕，為之有不暇[57]也。若夫土堅木好高大之觀[58]，固世之聰明豪雋挾長而有恃者[59]所得為，若予之拙，豈能易而志彼哉？」遂歷道其少長出處[60]，與夫好慕之心，以為《學舍記》。

末段，寫自己的好慕之心，說明他的生活態度，道德追求和文章愛好，胸襟坦蕩，意志堅定。

## 【解題】

本文是宋仁宗至和元年（西元一〇五四年），曾鞏居家讀書時，所作的自傳性質的文章。當時作者三十六歲。

古代學者為自己的書齋、居舍、處所、樓閣而命名、題記、勒銘、志碑的很多，具為後世留下了許多優秀作品。曾鞏的〈學舍記〉傳佈士林，但與上述各類有兩點不同：一是曾氏並未給自己的學舍題名匾額，二是作者撰記的宗旨，既在學舍之內，又出學舍之外。

蓋曾鞏幼喪生母，其父曾易占知信州玉山縣時、因受人誣告，被參返鄉。歸而不仕者十二年。當時曾鞏上奉繼母，下養弟妹，家貧口衆，生計艱難。而曾鞏本人的仕途極不順遂，又自幼多病，家事的拖累，使他「力疲意耗」，儘管爲此，他還是力學不怠。以草屋爲學舍，期能透過苦學，實現其「追古今之作者爲並」的大志，這在〈學舍記〉中均有反映。所以說本文既是作者「歷道其少長出處」的自傳文，又是表明其「好慕之心」的明志之作。

明王愼中評此文說：「此亦是先生獨出一體，在韓、歐未有。然大意亦自〈醉翁亭記〉、〈眞州東園記〉二篇佳處中變出，又自不同也。」

## 【注釋】

㈠ **好**　愛好，喜好。

㈡ **闚《六經》之言**　看了《六經》上的言論。闚，同窺，認眞地看。《六經》，六部經典，即《易》、《書》、《詩》、《禮》、《春秋》等五經，再加上《莊子・天運》篇所說的《樂經》，即後世儒家所稱的《六經》。

㈢ **銳意**　堅決立意，下定決心。

㈣ **滋出**　滋生漫延，層出不窮。

㈤ **斯**　副詞，指示代名語，作這、此解。

(六) **陳蔡譙苦睢汴淮泗** 陳，州名，隋置，宋屬京畿路，今河南淮陽縣。蔡，州名，唐置，宋屬京西路，今河南汝南縣。譙，春秋時陳之焦邑，秦置縣，今安徽亳縣。苦，春秋時爲楚邑，秦置苦縣，今河南鹿邑縣。睢，古稱睢陽郡，今河南商邱縣。汴，水名，在河南境內，南流入淮。淮，水名，源於河南省的桐柏山，經安徽，江蘇入洪澤湖後，又東流入海。泗，水名，源出山東省泗水縣之蒙山；西流入運河後，又南流入淮。

(七) **京師** 北宋國都開封。

(八) **絕江舟漕河之渠** 言橫渡長江，舟行漕運之河。絕，穿過，越過。江，長江。舟，作動詞用，指航行。漕河，漕運的河道，又稱漕渠。係人工開鑿，用以運糧的河道。宋代以開封的中心，東南和西北的糧食分由汴、黃、惠民、廣濟四河輸入，南北有大運河貫通。

(九) **踰五湖** 越過五湖。踰，同逾，越過。五湖，在此爲太湖的別稱。〈禹貢〉謂之震澤，《周禮》謂之具區，《左傳》謂之笠澤，《史記・河渠書》：「於吳則通渠三江五湖。」故亦稱五湖。此湖跨江蘇、浙江二省。

(一〇) **並** 音ㄆㄤ，依傍。

(一一) **封禺會稽之山** 封、禺、會稽，皆山名。封、禺，在今浙江德清縣西南。會稽，在今浙江紹興、嵊縣、諸暨、東陽間，相傳夏禹至苗山大會諸侯，計功封爵，始名會稽。會，音ㄏㄨㄟˋ。

(一二) **東海** 在長江口以南，台灣海峽以北，凡福建、浙江及江蘇南部之海岸線，皆其區域。

(一三) **南方** 此句以下，記曾鞏南行所到之處。

⑭**載大江**　即乘舟於大江。大江，長江。

⑮**臨夏口**　即到夏口。夏口，古地名，在今湖北武昌縣西黃鵠山上，三國時孫權於此築夏口城。

⑯**望洞庭**　遠望洞庭。洞庭，在湖南省境內，湘、資、沅、澧諸水皆匯於此。再注入長江，為我國第二大淡水湖。

⑰**轉彭蠡**　轉道彭蠡。彭蠡，鄱陽湖，在江西省北部、為我國最大的淡水湖。

⑱**上庾嶺**　即登大庾嶺。庾嶺，即大庾嶺，亦稱梅嶺，五嶺之一。在今江西大庾縣和廣東南雄縣交界處，為南北交通要道。

⑲**繇湞陽之瀧二句**　言由湞陽的瀧水，到南海之上，這是我經歷世事，奔走謀生的歷程。繇，由。湞陽，縣名。在今廣東省英德省。瀧，音ㄕㄨㄤ，水名，即武水，源出湖南，經廣東省流入南海。涉世，經歷此事。

⑳**蛟魚洶湧**　言蛟魚出沒，水勢洶湧。蛟，古人以為龍屬，能興大水，均以蛟魚比喻水勢洶湧。

㉑**湍石之川**　言急流轉石的河川。湍，音ㄊㄨㄢ，湍石，急流轉石。

㉒**顛崖莽林**　言高山危崖，叢莽深林。莽，草木茂盛。

㉓**貙虺之聚**　指毒蛇猛獸聚居之地。貙，音ㄔㄨ，獸名，大如狗，紋如貍。虺，音ㄏㄨㄟˇ，毒蛇的一種。

㉔**雨暘寒燠風波霧毒不測之危**　言情雨寒熱，風波毒霧等不可預測的危險。暘，音ㄧㄤˊ，日出，指晴天。燠，音ㄠˋ，天熱。不測，不可預料。

㉕**單遊遠寓**　言孤身遠遊，寄寓他鄉。

⑯ **冒犯以勤** 言冒犯風險，操勞公事的情況。冒犯，冒險犯難。勤，操勞公務。

⑰ **箕筥碎細之間** 指簸箕、籮筐等繁瑣細微的家務事。箕，揚末去糠的簸箕。筥，盛物用的圓形籮筐。

⑱ **經營以養** 言籌畫營謀，養家活口。

⑲ **天傾地壞** 指父親亡故，猶如天崩地陷。按：鞏父易占，於宋仁宗慶曆七年（西元一〇四七年）病逝南京（今河南商邱）。

⑳ **殊州** 異鄉。

㉑ **大事** 指辦理父喪之事。

㉒ **遘禍** 即遭禍。遘，音ㄍㄡˋ。

㉓ **憂艱** 稱父母去世叫丁憂，也稱丁艱。

㉔ **太夫人** 母親的尊稱。父親去世後，稱母時加「太」子。曾鞏的生母吳氏早亡，繼母朱氏在家。

㉕ **志** 願望。

㉖ **祠** 謂家祭。此處泛指祭祀。

㉗ **屬人外親之間** 言族人和外戚之間的相互問候。屬人，謂同宗親屬。外親，指母系、妻系方面的親戚。問，問候，饋贈亦叫問。

㉘ **王事之輸** 言向國家繳納的賦稅。王事，為君王服務的公事。輸，繳納。

㉙ **皇皇** 內心不安的樣子。皇皇，即遑遑，心不定之意。

㊵ **言之所序**　指以上所述。序，同敘，敘述。

㊶ **得其間時**　言得到空閒時間。

㊷ **損益**　增減，興革。

㊸ **琢雕文章**　即雕琢文章。雕琢，修飾文句之意。司馬遷〈難任安書〉：「能自雕琢曼辭以自飾」。

㊹ **難見**　難以表現。見，音義同「現」，表現，顯露。

㊺ **好慕**　愛好羨慕。

㊻ **至和**　北宋仁宗年號。

㊼ **疾**　不滿意，批評。

㊽ **卑**　低矮簡陋。

㊾ **隘**　音ㄞˋ，窄狹。

㊿ **役於事**　指以往為家事、國事的驅使而奔走。役，驅使。

(51) **冗衣**　粗劣的衣服。冗，音ㄖㄨㄥˇ，庸劣。

(52) **礱飯**　粗糙的食物。礱，音ㄌㄨㄥˊ，磨穀去皮的工具，這裡作形容詞，有粗糙的意思。

(53) **芑莧**　音ㄑㄧˇ ㄒㄧㄢˋ，皆菜名。芑，狀如苦菜、莖青白色，摘其葉，白汁出，可以生食。莧，菜名，長尺餘，葉橢圓形，有青、赤二種，嫩時可供食用。

(54) **隱約**　窮困無聞之意。

(55) **遂其志**　實現我的志願。遂，實現，達到。

㊺ **暇** 閒暇。

㊼ **觀** 在此讀作ㄍㄨㄢˋ，樓臺、樓觀。

㊽ **挾長而有恃者** 倚仗自己的長處而有所倚靠。挾，依仗。恃，依靠。

㊾ **歷道其少長出處** 言一一敘說我從小到大，做官和隱居在家的經過。出處，進退去就。出，出仕為官。處，退隱居家。

## 【賞析】

曾鞏〈學舍記〉是一篇傳布士林，頗具藝術特色的作品。因為它既是作者「歷道其少長出處」的自傳文；又是表明其「好慕之心」的明志篇。當他回憶半生的顛沛辛勞，兼以「闔門待哺」，「教四第」「嫁九妹」，「自委廢單弱之中」，在公務與家事的重壓下，作者尚安於一簡陋短窄的學舍中，置「力疲」，「意耗」於不顧，鍥而不舍，潛心苦讀，他這種安貧樂道，孜孜不倦的胸襟與追求，千年之下，猶令人肅然起敬。

在布局方面：全文可分三段。首段，開門見山，從「受書」知學，並「未知好」，點明幼時只知「嬉戲上下」，萌悟較晚的事實。末一句「而是時家事亦滋出」，文章在平舖直敘之後，陡起波瀾；既總結了作者幼時「受書」啓蒙之不聰，亦順勢引出下文的「自斯以來」，承先啓後，別開新局。

次段，文勢蓄聚，盤旋而下，文思泉湧如浩渺江水，一瀉無餘。從「涉世奔走」，「單遊遠寓」，「冒犯以勤」，以及「經營以養」，「遘禍憂艱」，「皇皇而不足」，歷數家務與公事的繁忙，與自己的盡心操勞，直至「力疲意耗，而又多疾」。這一段引文，感情激奮，頗多神采。作者按其行經的幾個方向：由「西北」而「東方」而「南方」。從多處地點，羅織出作者的辛勞之態。「此予之所涉世而奔走也」，一筆挽盡上文作意。接著，又以「此予之所經養以養也」，「此予之所遘禍而憂艱也」，「此予之所皇皇而不足也」，「此予之所自視而嗟也」。四組雷同的句型，淋漓酣暢地描述自己長期所遭受的困厄苦難。由於繁瑣、沈重的家事糾纏、困擾，給他帶來了「不能專力盡思，琢雕文章，以載私心難見之惜，而追古今之作者爲並，以足予之所好慕」。雖止不住自傷自歎於人後，但其「慨然有志於天下事」的意願，卻愈挫愈奮，一意追求。作者的高風亮節，經歷了艱難歲月的磨煉，此後人所謂「先生所際如是。所學所行如是，所從來所抱負又如是，其文足以鳴世（引說見姜洪《重刊元豐類稿・序》。此說信可以作爲本爲內容的總結。

三段，是敘述〈學舍記〉寫作的緣由。文字一改上文激憤直洩的方式，運用和緩、委婉、從容不迫的語調，作正面的議論。由「今天子至和之初」輕轉筆鋒，用問答法闡明自己的生活態度，理想的追求和對道德文章的夙願。爲了擺脫繁雜的事務，作者「乃休於家，而即其旁之草舍以學」。引文的旨趣，已由「學舍」之外，轉到「學舍」之內，從當初「久徙在外」，只能憑「得閒」，「挾書以學」，到近居「休於家」，「草舍以學」。有人或「疾其卑」，或「議其隘」，但作者卻以「顧而笑曰，是予之宜也」，作回答。充分表現了他篤志好學，奮發努力的精神，並甘於居住「卑巷窮廬」，穿「冗衣」，吃「礱飯」。喝「芑莧之羹」，而心安理得。表明了他「所以遂其志而有待」的決心。過去劉禹錫作〈陋室銘〉，以其「可以調素琴，閱金經」，「無絲竹之亂耳，無案牘之勞形」，而唱歎於「斯是陋室」。白居易則因其「廬山草堂」的「外適內和，體寧心恬」，而左手引妻子，右手抱琴書」，陶醉於物我兩忘的境界。陸放翁作〈書巢記〉，以「閱者不如見者，見者不如居者」，闡明了探求大道的奧妙哲理，但曾鞏之〈學舍記〉，既無劉氏自炫自得之心，又無白氏閑散隱逸之念，更無陸氏驚人之語；他完全以淡然平實的語氣，講述自己學習修道之「有疾」。「有不至」，以自身之「拙」，比「世之聰明豪雋」，以學舍之「卑隘」「窮陋」，比「土堅木好高大之觀」。更突顯了作者「不戚戚於貧賤，不汲汲於富貴」，潛心苦讀，鄙夷世俗，甘於寂寞的胸襟大志，皆融於字字見心的筆觸中。

全篇以「遂其志而有待」爲宗旨，由學舍之外，寫到學舍之內，由學、舍分述，寫到合爲一處，文章不落俗套，而別具一格。文末，又以「遂歷道其少長出處」收束全文，尤見作者運筆的用心。

在語言方面：最富平淡古雅和平易流暢的風格。文中多用排比句式，巧作文句的綰聯；至於其運筆謀篇，鍛詞煉句，無不簡潔明淨，時有創新，至於作者在記敘與議論之中，汲取辭賦的長處，韻散相間，巧設鋪排，恰可見其「窺《六經》之言與古今文章」的獨得之妙。凌文嘉注曾文時，引南宋葉適〈留耕堂記〉說：「但存方寸地，留於子孫耕」，拿葉氏所引的謠諺，來看曾鞏的〈學舍記〉，其勤勉治學的精神，鍥而不捨的毅力，堅執不懈的恆心，正可以起到勸世勵俗的作用。

# 六墨池記

臨川(一)之城東，有地隱然(二)而高，以臨(三)於溪，曰新城。新城之上，有池窪然(四)而方以長，曰王羲之(五)之墨池者，荀伯子(六)《臨川記》云也。羲之嘗慕張芝(七)，臨池學書，池水盡黑。此為其故跡，豈信(八)然邪？

方羲之之不可強以仕(九)，而嘗極(一〇)東方，出滄海(一一)，以娛其意於山水之間，豈其徜徉肆恣，而又嘗自休於此邪？羲之之書晚乃善(一二)，則其所能(一三)，蓋亦以精力自致(一四)者，非天成(一五)也。然後世未有能及者，豈其學(一六)不如彼邪？則學固豈可以少哉(一七)！況欲深造道德者邪？

墨池之上，今為州學舍(一八)。教授(一九)王君盛恐其不章(二〇)也，書「晉王右軍墨池」之(二一)六字於楹間(二二)以揭(二三)之，又告於鞏曰：「願有記。」推(二四)王君之心，豈愛人之善(二五)，雖一能(二六)不以廢(二七)，而因以及乎其跡邪(二八)？其亦欲推其事(二九)以勉學者邪？夫人之有一能，而使後人尚(三〇)之如此，況仁人莊士(三一)之遺風餘思(三二)，被(三三)於來世者如何哉！

慶曆八年(三四)九月十二日，曾鞏記。

首段，點明墨池的位置、形狀及其命名的由來。

二段，言羲之書法藝術造詣很深的原因。並進一步推論，欲深造道德，更須努力於學。

三段，言紀念墨池的重大意義：不但教育後人學習先賢一技之長，且由此啓發，還應學習仁人莊士遺風餘思，期能流芳百世。文末，點明本文寫作時間，並照應上文「願有記」。

## 【解題】

曾鞏二十三歲，也就是北宋仁宗慶曆元年（西元一〇四一年），他第二次赴京應進士考試，結果名落孫山，傷心之餘，捧著自己十萬言的文稿，晉見歐陽修於廣文館。歐陽修看了他的作品後，大爲驚奇，以爲「過我門者百千人，獨於得生爲喜。」於是在〈送曾鞏秀才序〉中說，曾生之文，「大者固已魁壘，小者亦可以中尺度，而有司棄之，可怪也。」對曾鞏的考場失意，甚感不平。後來，歐陽修又在〈送吳生南歸〉的這首詩中，對曾鞏的文章作過評價說：「我始見曾子，文章初亦然。崑崙傾黃河，渺漫盈百川。決疏以導之，漸斂收橫瀾。東溟知所歸，識路到不難。」把他的文章比之於黃河下瀉、漫盈百川，如果稍加收斂，則如大海東歸，不難到達理想的顛峰。〈墨池記〉正是曾鞏橫瀾未斂、水漫百川的早期作品。

〈墨池記〉寫於宋仁宗慶曆八年（西元一〇四八年）九月，當時作者雖然剛剛步入而立，還沒有得到一官半職；但是根據《宋史》本傳和《曾南豐年譜》的記載，曾鞏十二歲時能文，出語驚人，日試六論，援筆立成。十七歲，窺《六經》之旨與古今文章有過人者，就銳意學習，想和他們媲美。二十三歲入太學，有〈上歐陽學士第二書〉，歐陽公一見其文而奇之，二十六歲又有〈上歐陽舍人書〉，二十九歲，也就是慶曆七年（西元一〇四七年），歐陽修因范仲淹事謫守滁州，曾鞏應歐公之邀，爲作〈醒心亭記〉。慶曆八年（西元一〇四八年），這時他正在江西臨川（今江南省撫州市），因父喪居家守孝，事奉繼母，撫養四弟、九妹於委廢單弱之中，當時生活十分艱苦。所以曾鞏在三十六歲寫的〈學舍記〉

中，回憶過去自己「力疲意耗而又多疾」的處境，可以說是以淚洗面，傷心欲絕，而同鄉親友又對他的屢試不中，給予無情的嘲諷。說他和曾焯（曾鞏的弟弟）是「三年一度舉場開，落殺曾家兩秀才。有似檐間雙燕子，一雙飛去一雙來。」當時眞如雪上加霜，困頓之極。不過，不管怎麼說，曾鞏的才名卻不受落第的影響，早已風行海內，遠近皆知了。就在此時，江西臨川的州學教授王盛，請他爲「墨池」作記，而曾鞏也因爲感懷身世，有意借古人的故跡來勉勵後學。於是寫下了這篇有慧眼匠心，傳世不巧的名篇。

曾鞏〈墨池記〉屬「雜記」體散文。此種文體起源甚早，如《尙書》中的〈禹貢〉、〈顧命〉二篇，雖不名爲記，實爲雜記之體無疑。漢魏以前，作者很少，自唐以後，始盛行文壇。「雜記」文體主要用於敘事，間或雜以議論；衍變到後來，議論成分雖然逐漸增多，但一般的「雜記」文仍不脫敘事色彩。不過，有的「雜記」並非實敘事物，往往即事生情，託物言志，如本文〈墨池記〉即是個中顯例：有的在文前有序，序後仿金石之體以韻文爲記的，如韓愈〈汴州東西水門記〉；有在篇後繫以詩歌的，如范仲淹〈桐廬嚴先生祠堂記〉；有記臺閣名勝的，如韓愈〈新修滕王閣序〉；有記山水的，如柳宗元的〈永州八記〉；也有純粹以敘事爲主的，如劉禹錫的〈救沉記〉等。「雜記」體的寫作，一般說來，大多講究文采藻飾，描繪工巧，富於眞實感，熔敘事、抒情、說理於一爐，具有強烈的藝術感染力。篇幅方面，可長可短，靈活變化。語言方面，簡煉精美，不拘一格。所以作者以「雜記」體爲文，最能抒發性靈，得心應手。對有心從事寫作或仿作「雜記」小品者言，曾鞏〈墨池記〉，無論是全篇的結構、文章的修辭、思路的開拓、意境的深遠，在在都是一篇可圈可點的範文。

## 【注釋】

㈠ **臨川** 縣名，宋江南西路撫州臨川郡，今屬江西省臨川縣。

㈡ **隱然** 不顯露的樣子。此處用來形容地雖高但不陡峭。

㈢ **臨** 靠近。這裡有居高臨下之意。

㈣ **窪然** 低深的樣子。窪，音ㄨㄚ。

㈤ **王羲之** 著名書法家，家逸少，東晉琅邪臨沂（今山東省臨沂縣）人。穆帝時，官至右軍將軍，會稽內史，故世稱王右軍。草書學張芝，正書學鍾繇。後又吸收民間用筆圜轉之書風，而形成新的風格。《晉書・王羲之傳》說：「論書者稱其筆勢，以為飄若浮雲，矯若驚龍。」為歷代書家所尚，尊之為「書聖」。

㈥ **荀伯之** 南朝時劉宋潁陰（今河南省許昌市）人。曾任臨川內史。著有《臨川記》六卷，今佚，樂史《太平寰宇記》卷一百一十載：「荀伯子《臨川記》云：『王羲之曾為臨川內史、置宅於郡城東高坡，名曰新城。旁臨回溪，特據層阜，其地爽塏（音ㄎㄞˇ）。山川如畫。今舊井及墨池猶存。』」除臨川墨池外，浙江省永嘉縣積谷山中也有一個水池，池旁鐫有米芾所題『墨池』二字，廬山歸宗寺內也有王羲之的洗墨池，此外湖北蘄、水（蘄春、浠水一帶）等地亦有類似遺跡。

㈦ **張芝** 字伯英，東漢酒泉（今屬甘肅省酒泉市）人。一說為弘農（今屬河南省靈寶縣）人。著名書法家。長於草書，有「草聖」之稱。王羲之〈與人書〉云：「張芝臨池學書，池水盡黑，使人耽之若是，未必後之也。」事見《晉書，王羲之傳》。

(八) **豈信然耶**　難道這是眞的嗎？信然，眞的如此。

(九) **方羲之之不可強以仕**　言當王羲之辭官後，不能勉強他再出仕的時候。《晉書・王羲之傳》載：「驃騎將軍王述，少有聲譽，與羲之齊名，羲之甚輕之。述後於察會稽郡，辯其刑政，主者疲於簡對，羲之深恥之，遂稱病去郡，與東土人士，盡山水之游，弋釣爲娛；又與道士許邁共修服食，採藥石，不遠千里，遍遊東中諸郡，窮諸名山，泛滄海。」方，當。強（音ㄑㄧㄤˇ）勉強。

(一〇) **嘗極東方**　曾經遍遊東方。極，完全遊遍之意。東方，指當時的浙東、浙中諸郡。

(一一) **出滄海**　出遊東海。滄海，海水呈蒼青色，故稱滄海。或謂滄海，指東海。

(一二) **豈其徜徉肆恣**　莫非他在縱情山水時。豈其，莫非。徜徉，自由遊逛。肆恣，放縱、任情。

(一三) **羲之之書晚乃善**　言王羲之書法到晚年才特別好。根據《晉書・王羲之傳》載：「羲之書在始未有奇，殊不勝庾翼、郗愔；迨其末年，乃造其極。嘗以草答庾亮，亮以示翼，翼歎服。因與羲之書云：『吾昔有伯英章草書十紙，過江亡失，常痛妙跡永絕，忽見足下答家兄書，煥若神明，頓還舊觀。』」

(一四) **能**　才能、擅長。這裡專指擅長書法。

(一五) **致**　達到。

(一六) **天成**　天然生成。天才所致。

(一七) **豈其學不如彼耶**　是說莫非是因爲刻苦學習的精神不如他吧。學，指學習精神。

(一八) **則學固豈可以少哉** 是說刻苦學習的精神，本來是不可以少的！

(一九) **州學舍** 即撫州官學的校舍。按《宋史．職官志七》：「仁宗慶曆四年詔諸路、州、軍、監，各令立學。⋯⋯自是州郡無不有學。」

(二〇) **教授** 宋朝路學和州學中主管教育的官員。

(二一) **不章** 不爲人們所知。章，彰顯、明白。

(二二) **之** 指事代名詞，作「這樣」解。

(二三) **楹間** 兩柱之間。楹，房屋前面的柱子。

(二四) **揭** 揭示、懸掛。

(二五) **推** 推測。

(二六) **善** 長處。

(二七) **一能** 一技之長。

(二八) **廢** 廢棄、埋沒。

(二九) **跡** 遺跡，指墨池。

(三〇) **推其事** 推廣王羲之勤學苦練的事跡。

(三一) **尙** 推崇。

(三二) **仁人莊士** 指品德高尙，學問淵深的人。

(三三) **遺風餘思** 流傳下來的優良作風和思想精神。

㉔ **被**　通披，有及、廣及、影響之意。

㉕ **慶曆八年**　慶曆，宋仁宗年號。八年，即西元一〇四八年。

## 【賞析】

〈墨池記〉是一篇寓意深長，風格平易，而又委婉有致的優秀散文。在內容主旨方面：這篇文章正確地指出了王羲之在書法藝術上的卓越成就，是由於「以精力自致」，而不是來自「天成」。文章即以此爲基礎，進一步闡明了「深造道德」的重大意義，特別是以「仁人莊士之遺風餘思，被於來世」作結，主旨一經點明，又戛然而止，斂氣蓄勢，藏鋒不露，給讀者留下玩味的餘地。正如清人沈德潛《唐宋八大家讀本》所歎：「用意或在題中，或出題外，令人徘徊賞之。」

在篇章結構方面：作者運用雙線交錯法，作爲架構全文的線索：一線是敘事的轉換，一線是論點的推進。先談敘事的轉換：敘事的轉換過程，可由四個自然段看出來：第一段，自「臨川之城東」，至「豈信然耶」，點明墨池的位置、形狀及其命名的由來。第二段，自「方羲之之不可強以仕」，至「況欲深造道德者耶」，說明王羲之的書法藝術造詣很深的原因，並推進一層，點出「欲深造道德」，更須努力於學。第三段，自「墨池自上」，至「願有記」，言州學教授王君題字表彰王羲之墨池，和向曾鞏索文的經過。第四段，自「推王君之心」，至「被於來世者何如哉」，點明紀念墨池的重大意義，不但教育後人要學習先賢的一技之長，同時，更要由此啓發學習仁人莊士的遺風餘思，流芳百世。至於文末注明寫作時間、作者姓名，這是雜記體文字的通行格式，目的在照應上文「願有記」，和文章主旨關係不大，所以在分析論點的推進時，就不把它當作正文來談了。

次講論點的推進：先看文章的第一段，這裡雖然只有六十九個字，但作者卻運用「全景鏡頭」，將墨池的地理位置、外形特點、得名由來三方面的情況，清楚而扼要地加以勾勒。接著，作者又收攏視線，把鏡頭的焦距縮小；突出在「新城之上」，「窪然而方以長」的王羲之的墨池，其中「窪然而方以長」六字，可以說是墨池的「特寫鏡頭」，而「曰王羲之之墨池者」，這個判斷，是借古人荀伯子的口說出，作者並不親自道破。以下再轉述荀伯子《臨川記》之言「羲之嘗慕張芝學書，池水盡黑，此爲其故蹟，豈信然耶？」用最精煉的詞彙，廖廖數筆，便介紹了王羲之臨池學書，池水盡黑的一個極富教育意義的故事。最後，用「豈信然耶？」以推測的口吻作反詰，難道這是眞的嗎？雖有疑問，但卻未加深究，便就此打住，可是在其曲折有致，縝密構思的文字中，已引起了人們無限遐想！而「臨池學書，池水盡黑」八個字，給王羲之平時學書的刻苦專一的眞象，提出了注腳。這既是下文的伏筆，也是他論點推進的基調。

行文至此，如果是拙手的話，一定會順勢闡發，展開議論，可是曾鞏卻以搖蕩之筆，閒散之情，追敘王羲之罷官歸隱後的一段經歷。所謂：「方羲之之不可強以仕，而嘗極東方，出滄海，以娛其意於山水之間。豈其徜徉肆恣，而又嘗自休於此邪？」前四句通過王羲之不願爲官，而嘗「極東方，出滄海，以娛其意於山水之間」，刻畫他厭惡污濁的官場，喜愛明山秀水，追求自在閒適的生活樂趣。筆調飄逸，似從天外飛來。後兩句「豈其徜徉肆恣，而又嘗自休於此邪？」用設問的語氣，推測他曾到過臨川一帶，這不僅間接解釋了臨川城東，新城之上爲甚麼會留下墨池故蹟的原因，也補充說明了臨川墨池的來歷。文章於幾經渟蓄之後，開始由墨池遺蹟生發出一番富有哲理的議論。所謂：「羲之之書晚乃善，則其所能，蓋亦以精力自致者，非天成也。」作者抓住「晚乃善」三字，為立論的依據，因而無需再旁徵博引，就直截了當地作出了「則其所能，蓋亦以精力自致者，非天成也」的正確論斷。為了使文意進一步向縱深方面開拓，作者接著又用「然」字引出下文：「然後世未有能及者，豈其學不如彼耶？則學固豈可以少哉！況欲深造道德者邪？」突出全文的重心所在「學」字。可是作者寫作本文的目的，並非強調單純的學習，在他看來，提高道德修養尤為重要，於是在段末又補上一句「況欲深造道德者邪？」強調想要深造道德，學習尤不可廢之意，已呼之欲出。這種移步換形的手法，眞是層層深入：「豈其學不如彼邪？」「況欲深造道德者邪？」都是以反詰代替肯定。如好友晤對，在那吐納之間，蘊藏著無限至理。

理論推進到第三段之後，作者調轉筆鋒，折回上文所講的墨池，「墨池之上，今為州學舍」二句有兩個作用：一在補敘墨池的現況，一在引出州學教授王盛索文的經過。所謂：「教授王君盛恐其不章也，書『晉王右軍墨池』之六字於楹間以揭之。又告於鞏曰：『願有記！』」這裡作者用極其謙恭而樸素的語言，反映了王盛表彰王羲之的深意，還交代了本文寫作的緣起，眞是要言不煩，充分表現曾文的本色。

以下文章分作兩層來推究王盛的用心：第一層，是「推王君之心，豈愛人之善，雖一能不以廢，而因以及乎其跡邪？」這是就州學教授王盛仰慕王羲之的書藝，恐其不彰而發。第二層，是「其亦欲推其事，以勉其學者邪？」這是就王盛的特殊身分加以聯想，勉勵那些州學生員而發的。兩層意思全屬臆測，因而都用設問語氣。由此可見作者心思之縝密，連這些細微末節也不輕易放過。而「勉其學者」四字，從結構上說，一方面點出了王盛的苦心，同時也深化了作者作「記」的精意，與上文「學豈可以少哉」遙相呼應。

最後，作者再借「王君之心」，即事生情，深入發議說：「夫人之有一能而使後人尚之如此，況仁人莊士之遺風餘思，被於來世者何如哉！」這裡的第一句「夫人之有一能而使後人尚之如此」是總結上文「義之之書」、「王君之心」，接著便就此加以引申，推到「仁人莊士之遺風餘思，被於來世」，一方面關照「深造道德」，同時也擴大了「勉其學者」的廣度。以「何如哉」三字作結最妙，妙在意在言外，絕不道破，由讀者自己體會，大有清音悠遠，繞樑不絕的韻味，同時也收到了突出主題，激勵志氣的藝術功效。

作者以「學」字為凝聚理論的焦點，一面記敘，一面議論。在記敘和議論交錯遞進的運行下，記敘墨池的目的，完全在揭示「學」的重要。所以記敘的部分比較簡單，而即事明理的部分卻委婉宏富。李扶九在《古文筆法百篇》說，此文「題甚枯窘，文能從學書推到學道，又推到仁人莊士之流風遺澤，較墨池更為感人，使讀者忘其為題之窘。」曾鞏此文能突破「枯窘」之體，從墨池會得羲之學書，從此落筆，又推到學道，以及仁人莊士之流風餘思被於後世，這便是由小及大，窄題寬作的最佳範例。

在語言藝術方面：本文的最大特色，是作者不求詞藻的華麗，不用冷僻的字眼，不作驚人之筆，而以質樸無華，精煉含蓄的詞藻，充分表達他那周密的思維和熾烈的感情。通篇多用設問句、反詰句、感嘆句。其中設問句和反詰句就有六處之多：如「豈信然耶？」、「而又嘗自休於此邪？」、「豈其學不如彼邪？」、「況欲深造道德者邪？」、「因以及乎其跡邪？」、「其亦欲推其事以勉其學者邪？」最後又以一句感嘆句作結：「況仁人莊士之遺風餘思，被於來世者何如哉！」由於這些句式的大量運用，不僅使本文平添了一唱三嘆的情韻，同時更好像和久別的老友促膝談心，那種溫馨懇摯、不疾不徐的語態，全部體現了曾文深切往復，紆徐委曲的風格。

通篇全用長短不齊、錯落有致的散句：短句如「曰新城」、「極東方」、「出滄海」、「晚乃善」、「願有記」，每句只有三字；長句如「書晉王右軍墨池之六字於楹間以揭之」，有十六字之多。由於曾氏長於運用參差不整的句型，因而產生了錯綜、反復、變換等多種修辭的藝術魅力。通篇喜用轉折字：如豈、而、則、蓋、然、況、其、夫等聯絡照應的詞彙。尤其是第二段，幾乎是一句一個轉折，每一轉折又都能萌發新意，令人讀來，如置身山陰道上，有繁花競豔，好鳥爭鳴之感！

# (七)醒心亭記

首段，記歐陽公先築豐樂亭，後築醒心亭的時間、地點，以明本文寫作緣起。

滁州之西南(一)，泉水之涯(二)，歐陽公(三)作州(四)之二年，構(五)亭曰「豐樂」，自爲記，以見其名之意。既(六)又直(七)「豐樂」之東幾百步，得山之高，構亭曰「醒心」，使鞏記之。

二段，記登醒心亭遠眺所見所感，以及亭名的由來。

凡公與州之賓客者遊焉，則必即(八)「豐樂」以飲。或醉且勞矣，則必即「醒心」而望。以見夫群山之相環，雲煙(九)之相滋(一〇)，曠野之無窮，草樹衆(一一)而泉石嘉，使目新乎其所睹，耳新乎其所聞，則其心灑然(一二)而醒，更欲久而忘歸也。故即其所以然(一三)而爲名，取韓子退之〈北湖〉(一四)之詩云。噫！其可謂善取樂於山泉之間，而名之以見其實，又善者(一五)矣。

三段，由亭及人，言歐陽公寄意於醒心亭者遠大宏闊的政治抱負。

雖然，公之樂，吾能言之。吾君優游(一六)而無爲(一七)於上，吾民給(一八)足而無憾(一九)於下，天下學者皆爲材且良，夷狄(二〇)鳥獸草木之生者皆得其宜，公樂也。一山之隅(二一)，一泉之旁，豈公樂哉？乃公所以寄意(二二)於此也。

四段論歐陽公之「賢德」「難遇」

若公之賢，韓子歿數百年而始有之。今同遊之賓客，尚未知公之難遇也。後百千年，有慕公之爲人，而覽公之跡，思欲見之，有不可及之嘆，然後知公之難遇也。則凡同遊於此者，其可不喜且幸歟？而鞏也，又得以文辭託名㊂於公文之次，其又不喜且幸歟！

慶曆七年八月十五日記。

㊂，及託名於公文之喜且幸。

## 【解題】

本文作於宋仁宗慶曆七年（西元一〇四七年）八月十五日，是應其宗師歐陽脩的託吋而寫。據考：曾鞏作此記時，已二十九歲，正就讀於京城之太學。前此，歐陽脩因支持新政，貶知滁州，鬱悶頻生，常借公務之暇，率衆出遊，寄懷於滁州的山青、水秀、林深、谷幽之間，他開築二亭，一曰「醉翁」，一曰「豐樂」、並連撰二記，抒情寫志於「醉翁之意」「與民共樂」之間，及至「仰而望山，俯而聽泉」，醒心明目，「久而忘歸」，遂有三亭獨缺一「記」之憾。於是歐陽公「使鞏記之」，以補郊遊宴樂之缺篇。

本文由歐陽脩築豐樂亭，醒心亭寫到「公之樂」不在於「一山之隅」，「一泉之旁」，而在於以天下為己任的賢人達士之樂。正為韓愈〈北湖〉詩說的「聞說遊湖棹，尋常到此回。應留醒心處，准凝醒時來。」此不僅道出了歐公築亭題名的含意，不僅為使人「灑然而醒」，同時，更藉此以警世人不可過分沉湎於太平盛世之中，來突顯本文主旨所在。

文章由小處落墨，大處著眼，將「醉」「樂」「醒心」三者加以串連，既避免了與前面二記的重複，又能使文字步步深入，翻出新意。

## 【注釋】

㈠ **滁州之西南** 滁州，今安徽省滁縣一帶。州治在今滁縣。其西南有瑯玡山，林壑幽美，蔚然深秀。

㈡ **涯** 水邊。

㈢ **歐陽公** 歐陽脩（西元一〇〇七年～一〇七二年），字永叔，號醉翁，晚年更號六一居士，吉州廬陵（今江西吉安縣）人。北宋著名的政治家、古文家。

㈣ **作州** 任知州，歐陽脩於宋仁宗慶曆五年（西元一〇四五年），為范仲淹推行新政事，遭讒辯證，不為當政者所容，貶知滁州。第二年，遊滁州西南之瑯玡山，於釀泉得僧智仙所作亭，名之曰「醉翁亭」，並為之作記，又於幽谷上作亭，名之曰「豐樂亭」，亦為之作記。

㈤ **構** 建築。

㈥ **既** 不久。

㈦ **直** 通「值」，作當、在解。

㈧ **即** 往就之意。

㈨ **雲煙** 雲霧。

㈩ **滋** 滋生，繁殖。

⑪ **眾** 多，這裡作茂盛解。

㉒ **灑然**　驚奇的樣子，在此有不受拘束之意。《莊子・庚桑楚》：「吾灑然異之。」

㉓ **即其所以然**　言根據這個緣故。即，根據。其，元刻本「其」下有「事之」二字。

㉔ **韓子退之〈北湖〉**：韓子，韓愈，字退之。〈北湖〉，韓愈詩，此為〈奉和虢州劉給事使命三堂新題二十一詠〉之一，詩云：「聞說遊湖棹，尋常到此回。應留醒心處，准擬醒時來。」

㉕ **而名之以見其實又善者**　元刻本、《義門讀書記》無此十字。陳杏珍、晁繼周點校《曾鞏集》引《義門讀書記》云：「宋本無此十字，有此便與後『豈公樂哉？乃公所以寄意於此』二句違犯。」

㉖ **優游**　悠閑，閑暇自得的樣子。

㉗ **無為**　順應自然，無為而治。

㉘ **給**　供給。

㉙ **無憾**　沒有不滿意。憾，心感不足，不滿意。

㉚ **夷狄**　泛指少數民族。夷，我國古代對東方少數民族的統稱。狄，對北方少數民族的稱謂。

㉛ **隅**　角落。

㉜ **寄意**　寄託思想感情。

㉝ **託名**　依託他人而揚名。

## 【賞析】

曾鞏之撰〈醒心亭記〉，究其搦筆染翰之初，已有數處為難：一是宗師命題作文，內容能否圓滿周備，內心難免惶恐不安。二是有〈醉翁〉、〈豐樂〉二記在前，文壇大家之手筆，何能與之試比？三是從感情「醉翁之意不在酒」，到唱歎「天下之年久矣」，文章醞藉之意包羅殆盡，爲何別出心裁，自開戶牖？有此三難，故曾氏在受命寫作之前，不得不擺脫「醒心亭」周邊環境與築亭之背景材料，以避免與「醉翁」「豐樂」二記相重複。除對所記景物作精心剪裁外，於「醒心」二字的故實、命名、涵義著力揭示，指出「醒心亭」於三亭之中的獨特功用。所謂「豐樂以飲」「醒心而望」，對歐陽公之出遊而言。「醒心亭」乃其終遊之勝景。「飲少輒醉」也好，「豐年之樂」也好，歐陽公之遊興所至，「或醉且勞」，唯「醒心」二字能得其眞詮。

不過，曾氏將筆墨所以濃聚於「醒心」二字，其目的在力圖循歐陽脩的「自爲記以見其名之意」的宗旨。所以他結撰全篇時，很注意層次的轉折：「豐樂以欽」，「或醉且勞」，「醒心而望」，將郊遊宴樂的過程分解爲「樂」「醉」「醒心」三個階段。「飲樂」與「勞醉」，不專費口舌，唯在「醒心」二字上來小題大做。

作者即以「吾能言公之樂」，另起文章之旨趣。蓋歐公之前二記，先以「醉翁太守」之筆，抒發了「達則兼濟天下，窮則獨善其身」的傳統思想，繼又以「宣上恩德，與民同樂」之唱歎，作「天下之平久矣」的稱美。而曾氏則於此獨發機杼，以「吾能言公之樂」而語出驚人。他以爲公之樂，不在「一山之隅」「一泉之旁」，而公之所以寄意於醒心亭者，乃是更爲遠大宏闊的政治抱負；即「吾君優游而無爲於上，吾民給足而無憾於下，天下學者皆爲材且良，夷狄鳥獸草木之生者皆得其宜。」這樣偉大抱負，以曾氏看來，除唐之韓愈能與之比肩外，可說是「前無古人，後無來者。」故曰：「若公之賢，韓子歿數百年，而始有之……後百千年，有慕公之爲人，而覽公之跡，思於見之，有不可及之歎，「然後知公之難遇也。」

曾氏筆觸，由淺入深，其運用一組排比句法，道出公之樂的所在。「君優遊」「民給足」「學者皆爲材且良」，萬物「生者皆得宜」由「能言」又翻作四層，君民的「無爲」「無憾」，學者與萬物「皆材」，層層生發，想像奇特，推理自然，堅持小處落墨，大處著眼，使段落與文句的結合，綿密而緊湊，錯落而有致，使人讀來親切，味之雋永，而語詞的豐富內涵，更給人以啓發。確能使百千年後，讀此文而慕歐公爲人，與「思欲見之」而「不可及也」之歎！

# (八)禿禿記

首段，記孫齊給娶周氏，周氏恚孫求絕，以明事之起因。

禿禿，高密(一)孫齊兒也。齊明法(二)，得嘉州司法(三)。先娶杜氏，留高密。更給娶(四)周氏，與抵蜀。罷(五)歸，周氏恚(六)齊給，告縣。齊貲謝，(七)得釋。授歙州休寧縣尉(八)，與杜氏俱迎之官(九)；再期(一〇)，得告歸(一一)。周氏復恚，求絕(一二)；齊急曰：「爲若(一三)出(一四)杜氏。」祝髮(一五)以誓。周氏可(一六)之。

二段，言孫齊又納陳氏，間周氏，周氏失子訴官，不聽，遂以布衣書里姓聯訴。

齊獨之休寧，得娼陳氏，又納之。代受(一七)撫州(一八)司法，歸，間(一九)周氏，不復見，使人竊取其所產子，合杜氏、陳氏，載之撫州。明道二年(二〇)正月。至是月，周氏亦與其弟來，欲入據其署；吏遮以告齊(二一)。齊在寶應佛寺受租米，趨歸，捽挽(二二)置廡(二三)下，出僞券曰：「若傭也，何敢爾！」辨於州，不直(二四)。周氏訴於江西轉運使(二五)，不聽(二六)。久之，以布衣書里姓聯訴事，行道上乞食。

三段，敘周氏引子爲據，孫齊與陳氏殺子滅證。

蕭貫(二七)守饒州(二八)，馳告貫。饒州，江東也，不當受訴(二九)。貫受不拒，轉運使始遣吏祝應言爲覆(三〇)。周氏引產子爲據，齊懼子見事得(三一)，即送匿(三二)旁方政舍(三三)。又懼，則收以歸，扼(三四)其咽，不死。陳氏從旁引(三五)兒足，倒持之，抑(三六)其首甕(三七)水中，乃死，禿禿也。召役者鄧旺，穿寢後垣下爲坎(三八)，深四尺，瘞(三九)其中，生五歲云。獄上[40]更赦[41]，猶停齊官，徙濠州[42]，八月也。

慶曆三年十月二十二日，司法張彥博[43]改作寢廬[44]，治地得坎中死兒，驗問知狀者，小吏熊簡對如此。又召鄧旺詰之，合獄辭[45]，留州者皆是[46]，惟殺禿禿狀蓋不見。與予言而悲之，遂以棺服斂之，設酒脯[47]奠焉。以錢與浮圖人[48]昪倫，買磚爲壙[49]，城南五里張氏林下瘞之，治地後十日也。

四段，記張彥博作寢廬，治地見屍，禿禿案白得斂。

嗚呼！人固擇[50]於禽獸夷狄[51]也。禽獸夷狄於其配合孕養[52]，知不相禍也，相禍，則其類絕也久矣。如齊何議焉[53]？買石刻其事，納之壙中，以慰禿禿，且有警也。事始末，惟杜氏一無忌言[54]。二十九日，南豐曾鞏作。

末段，寫作者對此事的感想，和作記宗旨。

## 【解題】

本文作於宋仁宗慶曆三年（西元一〇四三年）十月廿九日，作者以寫實手法，記述了一位五歲小兒禿禿生母，被生父遺棄，自己又遭生父和庶母凌虐致死的故事。全文僅五百餘字，卻將孫齊的犯法，給娶、揹謝、納娼、造假、匿兒、凌虐、殺害等曲折的過程，通過簡潔的語言，動人的情節以及飽含感情的文字，寫出了孫齊這樣一個禽獸不如的基層官吏，玩法弄權的醜惡形象，令人爲之髮指。

在曾鞏的題記散文中，〈禿禿記〉可說是最能代表其創作風格和藝術特色。元朝劉壎在其《隱居通議》卷十四說：「公之文，源流經術、議論正大。然〈禿禿記〉則自《史》《漢》中來也。」又說：「此記筆力高妙，文有法度，而世之知者益鮮、予獨喜之不厭。昔嘗詔蜀中士大夫，其論與予合。一日與范忠文家子弟評文，誦此記甚習，且云：『蜀文士多誦之』。余因嘆西州之士，猶能知曾文之所以妙，而生南豐之鄉者，口耳乃未嘗及，可不愧耶？讀書無眼目，何名爲士。」曾氏文不虛作，語皆有據，更何況藉閱讀本文，可以使讀者了解在北宋當時政壇上的官官相護，貪贓枉法的情形，即令有一二嶙峋人物若饒州守蕭貫，和撫州司法張彥博者，或時過境遷，或獄上更赦，只做到停齊官，徙濠州而已，罪犯仍然逍遙法外。曾鞏以〈禿禿記〉，揭發了一件當世奇冤。至今讀之，猶有不平之氣。

## 【注釋】

(一) **高密** 縣名，在今山東省膠縣西北。

(二) **明法** 唐宋時科舉考試的科目之一，主要考試有關法令方面的知識。

(三) **嘉州司法** 擔任嘉州負責獄訟的官員。嘉州，州名，治所在今四川省樂山縣。司法，即司法參軍的簡稱，負責州里獄訟之官。

(四) **紿娶** 用欺騙手段娶妻。紿，音ㄉㄞˋ，欺騙。

(五) **罷** 免除官職。

(六) **恚** 音ㄏㄨㄟˋ，怨恨。

(七) **貲謝** 指用錢財打點官府，希望藉此脫罪。貲，音ㄗ，與「資」通。謝，認錯。

(八) **歙州休寧縣尉** 歙州，州名，治所在今安徽省歙縣。歙，音ㄒㄧˋ。休寧，在歙縣西。縣尉，官名，始於秦，兩漢沿置。大縣二人，小縣一人。主捕盜賊，負責治安的任務。

(九) **迎之官** 迎接到任所。之，往，到。官，官署。官員辦公之所。

(一〇) **再期** 即兩周年。期，周年。

(一一) **告歸** 官吏告假返鄉。

(一二) **絕** 斷絕。在此指解除婚姻關係。

(一三) **若** 你。

(一四) **出** 離棄。古時休妻曰「出」。《孟子・離婁下》：「出妻屏子，終身不養焉。」

(一五) **祝髮** 斷髮。《穀梁傳・哀十三年》文：「祝髮文身。」注：「祝，斷也。」

(一六) **可** 許可，同意。

(一七) **代受** 即代任。

(一八) **撫州** 州名，治所在今江西省撫州。

(一九) **間** 隔離，疏遠。

(二〇) **明道二年** 即西元一〇三三年。明道，宋仁宗年號。

(二一) **遮以告齊** 即「遮之以告齊」的省文。意思是說攔阻他們，並且報告了孫齊。遮，阻攔。以，連詞，作「而」解。

(二二) **捽挽** 揪著頭髮。捽，音ㄗㄨㄛˊ，拉也。挽，音ㄨㄢˇ，拉也。

(二三) **廡** 音ㄨˇ，堂下四周的走廊。

㉔ **不直**　指不伸理冤屈。直，伸冤。

㉕ **江西轉運使**　官名，主管軍需糧餉水陸轉運之事。又稱漕司，後亦兼理邊防、盜賊、獄訟、錢穀諸事。當時分路爲治，爲府州以上的行政長官。江西，即江南西路，治所在今江西南昌（古稱洪州），撫州，屬江南西路。

㉖ **不聽**　不處理。聽，處理，判斷。

㉗ **蕭貫**　字貫之，臨江軍新喻（今江西省新喻）人。舉進士甲科。仁宗時，出知饒州，遷兵部員外部，召試知制誥，未及試而卒。《宋史》卷四四六有傳。貫能文章，尚氣概，臨事敢作敢爲，不苟合於時，有文集行世。

㉘ **饒州**　州名，治所鄱陽，今屬江西省波陽縣。

㉙ **不當受訴**　謂按理不應當受理屬於西路的訴狀。宋時饒州屬江西東路，撫州屬江南西路，饒州太守按理不應當受理屬於江南西路的訴狀。

㉚ **爲覆**　擔任審查工作，爲，作。此處有擔任、負責之意。覆，審查、察看。

㉛ **子見事得**　兒子被發現，案情即可得到眞象大白。見，通現，顯現。得，得到眞象。

㉜ **匿**　隱藏。

㉝ **方政舍**　公事房。即今之辦公室。

㉞ **扼**　雙手握緊。

㉟ **引**　牽，拉。

㊱ **抑**　向下按。

㊲ **甕**　一種陶製的容器，這裡指水缸。

㊳ **穿寢後垣爲坎**　在臥室後面的牆下挖地爲穴。寢，臥室。垣，牆。坎，墓穴。

㊴ **瘞**　音ㄧˋ，埋葬。

㊵ **獄上**　案子呈報上級。

㊶ **更赦**　再次得到赦免。

㊷ **徙濠州**　流放到濠州。徙，古代一種流刑，即把罪人流放到邊遠地區。濠州，故治在鍾離，今屬安徽省鳳陽縣東。

㊸ **張彥博**　字文叔，事跡詳見王安石撰的〈尚書司封員外郎張君墓誌銘〉，和曾鞏所撰〈張文叔文集序〉。

㊹ **作寢廬**　改造寢室。

㊺ **合獄辭**　驗合案件的供辭。

㊻ **皆是**　都認爲是這麼回事。

㊼ **脯**　乾肉。此處泛指肉類。脯，音ㄈㄨˇ。

㊽ **浮圖人**　僧人，和當。浮圖，佛教名詞，梵文音譯作「浮屠」、「浮圖」、「佛陀」等。《後漢書・西域傳》：「修浮圖道，不殺伐，遂以成俗。」注：「浮圖，即佛也。」

㊾ **壙**　音曠，墓穴。亦指墳墓。

㊿ **擇** 區別。

(51) **夷狄** 中國古代稱東方少數民族為「夷」，北方少數民族為「狄」。這裡泛指一切未開化的野蠻民族。

(52) **配合孕養** 配合，配偶後代。孕養，孕育生養的後代。

(53) **如齊何議焉** 言像孫齊這種的人，還有什麼可說的呢？意即不屑評論。議，評論，非議。

(54) **忌言** 指顧忌隱瞞。

【賞析】

本文是曾鞏通過五歲的幼兒禿禿，被自己的生父和庶母聯手害死，被埋葬在官邸寢室的後牆下，後任官員張彥博因為改建住房，整理地基，發現這幅死兒的骸骨。經調查，才揭發了這狀駭人聽聞，令人為之髮指的冤案。作者即將此一事件發展始末，對幾類人物的精心刻畫，反映了作者對善惡是非的褒貶，和強烈愛憎的刻畫，並從事情的幾個側面，反映出北宋吏治的黑暗，和基層官員那種官官相護，欺壓善良，讓人民有冤難訴，求告無門的痛苦。

本文在寫作上有幾個重大特點：首先，是準確的命題：命題的準確與否，關係著一篇文章的重心。依本文內容的記敘，是以高密人孫齊為主線，從其家庭的組合、到事業的發展，及其身敗名裂為旁支，「禿禿」只是其生平行事中的一個最小環節，但孫齊成矛榮辱的最大關鍵，就在「禿禿」這個五歲稚齡的身上。孫齊為了打贏這場家庭糾紛的官司，必須掩滅對自己不利的證據。於是和小妾陳氏攜手害死了親生的幼兒。由於這是一件傷天害理的倫理慘劇，所以作者就抓住了事情的重點，以〈禿禿記〉作爲本文的命題，可望畫龍點睛，爲讀者提供了一個閱讀導向。

其次，是對比的手法：通過事件情節的對比，往往可以使人物形象更加鮮明。例如作者對孫齊囂張拔扈的描繪，對周氏爲了爭取自己在家庭地位與名分，屢次上告官府的敘述。孫齊雖然曾「祝髮爲誓」，不但不能痛改前非，且仗勢欺人，有恃無恐。爲「納」妓女陳氏，拐走周氏所生的兒子「禿禿」，當周氏上門質問時，孫齊更揑造僞證說：「若佣也，何敢爾！」一種盛氣凌人，無法無天的架勢，眞令人扼腕！這時的孫齊和前面「祝髮爲誓」的孫齊相較，前躬後踞，判若兩人。「何敢爾！」三字，更是形象地把孫齊自私、虛僞、奸詐的性格特徵，講得唯妙唯肖，入木三分！至於周氏的屢次上訴，先「告縣」，次「求絕」，再「辯於州，不直。」又「訴於江西轉運使，不聽。」最後「以布衣畫里姓聯訴事，行道上乞食」，作街頭請願，付之輿論。前兩次周氏告狀，孫齊還要「眥謝得釋」，「祝髮爲誓」，可是接下來，各個衙門或「不直」，或「不聽」，讓一個弱質女流，處處鳴冤，卻處處碰壁。官場的黑暗不言而喻，情節的發展，愈發凝重，人物的性格，更見突出。而孫齊與周氏，此一官場和冤民，在彼此映襯對比下，十分明顯。

再其次，是人性的掘發：「虎毒不食子」，即令兇殘的畜牲，還有親子之間的基本道德，但孫齊和他的小妾陳氏，卻泯滅人性，爲了怕官府根據周氏的訴狀，搜盡證據，先是揑造僞券，誣其妻周氏爲僕傭，這已經讓人覺得手段卑劣，繼而竟用極殘忍的方法，殺害自己親生的兒子「禿禿」，先「扼其咽」，不死，又由幫凶陳氏從旁「引兒足」，再「倒持之」，最後「抑其首甕水中」乃死，由「扼」

而「引」而「倒持」而「抑」，其中摻和著五歲幼兒「禿禿」的垂死前的恐怖、掙扎、哭喊、哀嚎、泣淚，以及孫齊和他的小妾陳氏的自私、兇狠、無情，手段之毒、心眼之壞，可以說到了喪盡天良的地步。然而孫齊與其妾，卻畜牲不如。至於官府對這宗冤案的判定，只是個「停齊官」，「徙濠洲」而已！這種紿娶殺兒，貨賂官府的罪行，竟然是犯者逍遙法外，而被害人卻淪爲五級貧戶，行乞鄉里！曾鞏以深沈含蓄之筆，寫出對孫齊的憎惡，對周氏的同情，對禿禿的哀悼，對饒州太守蕭貫的褒貶，對撫州州官及江西轉運使等官員們的譴責，無不在字裡行間，充溢著自己的憤慨之心，悲傷之情。

最後，是深化本文題旨：誠如前面所述，本文是曾鞏記體作品中的代表作，既是記體文字，當然以記敘事實與情節爲主，即以本文內容來說，如果只敘述了事情始末，則文章的社會價值無疑過於淺薄，所以作者在最後筆鋒一轉，說道「嗚呼！人固擇於禽獸夷狄也，禽獸夷狄於其配合孕養，知不相禍也，相禍，則其類絕久矣」的一段慨嘆，不啻晨鐘暮鼓，發人深省。他先言人與禽獸不同，既而又言禽獸尚且不傷其親子，所謂「如齊何議焉？」言外之意，正指斥孫齊禽獸不如，發出同類自相殘害之嘆。這一方面，是對孫齊之流的譴責，另一方面也表現作者對當時社會黑暗的不滿。並反映了作者倫理道德的觀點。從而深化了本文寫作的主旨。

# (九)思政堂記

尚書祠部員外郎(一)、集賢校理(二)太原王君(三)為池州(四)之明年，治其後堂北嚮(五)，而命(六)之曰「思政之堂」。謂其出政於南嚮之堂，而思之於此也。其冬，予客過池，而屬(七)予記之。

首段，敘作堂屬記之緣起。

初，君之治此堂，得公(八)之餘錢，以易其舊腐壞斷，既完(九)以固(一〇)，不窘(一一)寒暑。闢而即之(一二)，則舊圃(一三)之勝(一四)，涼臺清池，遊息之亭，微步之徑，皆在其前；平畦(一五)淺檻(一六)，佳花美木，竹林香草之植，皆在其左右。君於是退處其中，並心一意，用其日夜之思者，不敢忘其政，則君之治民之意勤矣乎！

二段，寫思政堂前，左右的勝景。

夫接於人無窮(一七)，而使人善惑者，事也；推移(一八)無常，而不可以拘(一九)者，時也；其應無方，(二〇)而不可以易者，理也。知時之變遷而因之(二一)，見必然之理而循之(二二)，則事者，雖無窮而易應也，雖善惑而易治也。故所與(二三)由之(二四)，必人之所安(二五)也；所與違之，必人之所厭也。如此者，未有不始於思，然後得於己(二六)。得於己，故謂之德(二七)。正己而治人(二八)，故謂之政(二九)。政者，豈止於治文書、督賦斂、斷獄訟而已乎？然及其已得矣，則無思也；已化(三〇)矣，則亦豈止於政哉！古君子

三段，論政、思關係。又分兩小節，「故謂之政以前」為第一節，言事、時、理三者得宜，由於思。至「未嘗有易此者也」，

之治，未嘗有易此者也。

今君之學，於書無所不讀，而尤深於《春秋》，其挺然㉑獨見，破去前惑，人有所不及也。來爲是邦㉒，施用素學，以修其政，既得以休其暇日，乃自以爲不足，而思之於此。雖今之吏不得以盡行其志，然跡㉓君之勤如此，則池之人，其不有蒙其澤㉔者乎？故予爲之書。

嘉祐三年冬至日㉕，南豐曾鞏記。

爲第二節，進一步說明不思而中之治。

四段，頌王君思政之功，必有澤於民。

末段，記本文寫作時間。

【解題】

本文作於宋仁宗嘉祐三年（西元一〇五八年）冬至日。緣於嘉祐二年（西元一〇五七年），太原王君任職池州（今安徽省貴池、青陽一帶），認爲政斷出於府治的北堂，而所思卻決於南堂，且年久思修，於是用公家的餘款，加以修葺。並仿效春秋時鄭國的政治家子產「政如農功，日夜思之，思其始而成其終。朝夕而行之，行無越思，爲農之有畔，其過鮮矣」的話，命其堂曰「思政」。曾鞏適於嘉祐三年冬天，調太平州司法參軍，自江西赴任，經過池州。王君特別請曾鞏寫一篇記，即此〈思政堂記〉。

在曾鞏傳世的散文中，以「記」題篇的文章頗豐，其中有一些應約、受請、囑託的作品，常能不囿於人事景物，著意於品評剖析，寄寓心志。而行文奇思迭出，發人所未曾發。〈思政堂記〉正是曾鞏此類文體中的一篇上乘之選，多有可供研讀之處。

全文緊扣「思政」二字，反復致意，《評註唐宋八大家文讀本》引高梅亭之說以為其行文特點是「先點題，次敘題，拓開一層。末略贊王君，作餘意收結。」層次分明，明達流暢，極富抒情色彩。

## 【注釋】

㈠ **尙書祠部員外郞**　官名。宋代尙書省所屬掌管祭祀職務之官。

㈡ **集賢校理**　官名。掌理校勘書籍之職。

㈢ **太原王君**　太原，今屬山西省。委書至隋唐一直以太原爲王氏郡望，此處也是按習慣稱呼。王君，名哲，字微之，於宋仁宗嘉祐二年（西元一〇五七年）知池州。

㈣ **爲池州**　任池州知州，其治所在秋浦（今安徽省貴池縣）。

㈤ **北嚮**　朝北，即座南朝北方向，下文「南嚮」，即朝南方向。

㈥ **命**　命名。

㈦ **屬**　通囑，請託。

㈧ **公**　指公家、國家。

㈨ **完**　修治之意。

㈩ **固**　加固。

⑪ **不窘**　不受侵逼。窘，音ㄐㄩㄥˇ，逼迫。

⑫ **闢而即之**　打開房門就近看去。闢，打開。即，就而近之。

(一三) **圃** 種植花草的園地。

(一四) **勝** 勝景，美景。

(一五) **平畦** 平整的小徑，畦，此處讀作ㄑㄧˊ，田間分區的小徑。

(一六) **淺檻** 低矮的欄杆。檻，此處讀作ㄐㄧㄢˋ，欄杆。

(一七) **接於人無窮** 言接於人的事務，紛紜雜亂，不暇應付，接，承受。無窮，無窮無盡，指人事的繁雜。

(一八) **推移** 變化。轉移。《史記・屈賈列傳》：「聖人不礙滯於物，面能與世推移。」

(一九) **物** 拘守，即守而物失之意。

(二〇) **方** 準則，定例。

(二一) **因之** 順著它做。因，順隨。

(二二) **循之** 照著它去做。循，依照，遵循。

(二三) **與** 給予。

(二四) **由之** 聽從它。

(二五) **安** 安適。

(二六) **得於己** 即於己有得之意。言自己有所得益也。此句本《孟子・告子》上：「心之官則思，思則得之，不思則不得也。」

(二七) **德** 品德。儒家認爲，思考必有所得，所得之物，就成爲自己的品德，故「德」與「得」通。參考前注㉖引《孟子・告子上》說。

㉘ **正己而治人**　端正自己，而後再去治理他人。

㉙ **政**　通「正」。端正，糾正。此即《論語・顏淵》：「季康子問政於孔子。孔子對曰：政者，正也；子帥以正，孰敢不正」之意。

㉚ **已化**　言已經臻於化境。

㉛ **挺然**　挺拔突出，與衆不同的樣子。

㉜ **邦**　古代諸侯封國之稱，在此指池州。

㉝ **跡**　在此作名動詞用，有追尋蹤跡之意。

㉞ **澤**　恩澤。

㉟ **嘉祐三年冬至日**　嘉祐，北宋仁宗年號。

## 【賞析】

曾鞏以「記」爲題的散文，不但內容廣泛，行文自由，更是獨具一格。後人欲得曾氏爲文精髓者，其「記」體散文是最具藝術風格的作品。其所爲之「記」，爲加以類聚群分，有的是追懷故跡遺風、有的是指陳陋習流俗、有的是闡明佛道、有的是敬事先賢、有的是題「學記」以勸戒勸勉、有的是辯吏治以析仕道、有的專論水利農業，以分出天意人力，有的褒貶忠義惡行，以宏揚修養道德。作者的生花妙筆，凡翰墨所至，無不揮灑自如，得心應手，有意到筆隨之勢。尤其作者平生多任地方小吏，對地方行政，民生疾苦，作奸犯科，以及士民的需要，農田水利的情況，均了若指掌，故其於應約、受請、囑託等各種篇章裡，常能擺脫人事景物的牽纏、著意於品評剖析，寄寓心志，發人之所未發，言人之所不曾言。〈思政堂記〉正是曾鞏此類「記」體作品中得意之作，多有參考借鏡價值。

全文大致分為四段：首段，敘作堂囑記之緣起。點明「思政堂」的由來、位置、人物的身分，並交待了作者客過池州，為王君「囑予記之」的時間，並巧用「命名」「思政」「出政」數詞，使敘中夾議，突出「思之於此」，為下文議論埋下伏筆。

次段，寫「思政堂」前左右的景觀。先言「得公之餘錢，以易其舊腐壞斷」，足見只是舊屋翻新，使其「既完以固」，不至於荒廢坍塌而已。在此，曾鞏不進一步表述「思政堂」本身經翻修後的形狀、火小、內外裝飾，而是「闢而即之」，着力描寫「思政堂」周邊的環境。所謂「舊圃之勝，涼臺清池，遊息之亭，微步之徑」，「平畦淺檻，佳花美木，竹林香草之植，皆在其左右，」眞是賞心悅目。身處此秀美宜人的勝景中，足可使王君有靜思勤政之樂。此實筆觸極細膩有致。他用反襯對比的法，拿「圃」「臺」「池」「序」「徑」「畦」「檻」，以至「佳花美木」，「竹林香草」，暗寓「思政堂」由原來的「舊腐壞斷」，到如今的「不窘寒暑」，前後對照；於是掉轉筆峰，言王君「退處其中，並心一意，用其日夜之思者，不敢忘其政」，最後用一「則」字統括王君治堂的本心。文章由「治堂」寫到「治民」，正面揭示題旨。而在追敘中，無論是寫景或議論，文字皆多采多姿，耐人尋味。

第三段，在論「政」「思」關係。作者在此擺脫了上文追敘之筆，用「夫」字宕開，別闢蹊徑。由此間萬事而「無窮」，時日「推移」而不息，「物理」必然而應之「無方」，推論出明君知時因變，循理不易者，才能事「無窮」而「易應」，行「善感」而「易治」的道理。所以作者主張，「未有不始於思，然後得於己」者。學而有思，思亦成學，學思本不可分。「思」既須在行之前，「思」亦尤須在行之後，「思」而後知，知而後行，可見「學」「思」對於「知」「行」的重要。作者於此愼思明辨，巧構獨運，大處落墨，由遠而近，歸結到「思」與「行」的關聯。從文字上看，似和「思政堂」相去甚遠，但如從思維脈絡上體悟，這又是對王君「日夜之思」的闡發，照應首段「思之於此」。以見作者行文，其來也有自，其去也有歸。繼而作者又由「思」而「得於己」，以至「謂之德」，「謂之政」，謂之「正己」而後「治人」。至此「思」「政」二字，遂由「治民」的需要，騰躍而出，並揭示了「思政堂」命名的內涵。由「事」而「時」而「理」入手，對比於「由之」「所安」，「違之」「所厭」的差異。直至揭明「思」與「德」「政」的聯系，其論述由大而小，由抽象而具象，一層一轉，步步深入，寫來有得心應手之快！

四段，由「堂」及「人」。言王君之所以治民勤政，「並心一意」者，蓋得力於學問之淵博，尤得於《春秋》。更能「挺然獨見，破去前惑」，既不泥古、復古，亦能「施用素學，以修其政」。對其學以致用的態度加以褒揚。且王君每「休其暇日，自以爲不足，思之於此」，尤令人欽佩。作者用以少總多之法，抓住王君的學用一致，勇於思過，自省其身的特點，雖然筆墨不多，而王君的印象，卻淋漓而具風采。文末以反問收束全篇，不但自然巧妙，亦將作比對「思政」二字的深層義涵，以及對太原王君道德修養的欽佩之情，烘托得如經天的日月，發人嚮往！

本文語言自由舒暢，不蔓不枝。敘事紆徐溫潤、不疾不緩。轉折自然，寫景一句一畫，滿目琳瑯，如散文之詩。說理據事立義，有本有源，足以服人。文字似駢非駢、似散非散，工整中有奇詭、奇詭中有工整，既不拍泥於繩墨格律，亦有推陳出新的情意。以一位初入仕途，但已久負文名的曾鞏來說，能留下這篇〈思政堂記〉，對反映當世地方官吏們爲政、理民、興學、除弊而言，是有參考價値的。

# (一〇)道山亭記

首段，記閩中郡歷史之由來。及其水陸之險。

閩故隸周者七(一)，至秦開其地，列於中國(二)，始并爲閩中郡(三)。自粵之太末(四)，與吳之豫章(五)，爲其通路。其路在閩者，陸出則阸於兩山之間(六)，山相屬(七)無間斷，累(八)數驛(九)乃一得平地，小爲縣，大爲州，然其四顧(一〇)亦山也。其途或逆坂(一一)如緣絙(一二)，或垂崖如一髮，或側徑(一三)鉤出於不測之谿上，皆石芒(一四)峭髮(一五)，擇然後可投步。負戴(一六)者，雖其土人，猶側足然後能進。非其土人，罕(一七)不躓(一八)也。其溪行，則水皆自高瀉下，石錯(一九)出其間，如林立，如士騎(二〇)滿野，千里下上，不見首尾。水行其隙(二一)間，或衡縮(二二)蟉糅(二三)，或逆走旁射，其狀若蚓結(二四)，若蟲鏤(二五)，其旋(二六)若輪，其激(二七)若矢(二八)。舟泝沿(二九)者，投便利，失毫分，輒破溺(三〇)。雖其土長川居(三一)之人，非生而習水事者，不敢以舟楫自任也。其水陸之險如此。漢嘗處其衆江淮之間而虛其地(三二)，蓋以其陿多阻(三三)，豈虛也哉？

二段，言閩中土地平廣多勝景，與風土人情之善。

福州治侯官(三四)，於閩爲土中，所謂閩中也。其地於閩爲最平以廣(三五)，四出之山皆遠，而長江至其南，大海(三六)在其東。其城之內外皆涂(三七)，旁有溝，溝通潮汐(三八)，舟載者晝夜屬(三九)於門庭。麓(四〇)多桀木，而匠多良能(四一)，人以屋室鉅麗(四二)相矜

㊸，雖下貧必豐㊹其居，而佛老子之徒㊺，其宮又特盛。城之中三山，西曰閩山㊻，東曰九僊山㊼，北曰粵王山㊾，三山者鼎趾立㊽。其附山㊾，蓋佛、老子之宮㊿以數十百，其瓌詭殊絕之狀(五一)，蓋已盡人力。

光祿卿(五二)、直昭文館(五三)程公爲是州(五四)，得閩山嶔崟之際(五五)，爲亭於其處，其山川之勝，城邑之大，宮室之榮，不下簟席(五六)而盡於四矚(五七)。程公以謂在江海之上，爲登覽之觀，可比於道家所謂蓬萊、方丈、瀛州之山(五八)，故名之曰道山之亭。閩以險且遠，故仕者常憚(五九)往，程公能因其地之善，以寓(六〇)其耳目之樂，非獨(六一)忘其遠且險，又將抗其思於埃壒之外(六二)，其志壯哉！

三段，寫程公忘閩地之險遠，及築亭登覽之樂。

程公於是州以治行(六三)聞，既新其城(六四)，又新其學(六五)，而其餘功又及於此。蓋其歲滿(六六)就更廣州(六七)，拜諫議大夫(六八)，又拜給事中(六九)、集賢殿修撰(七〇)，今爲越州(七一)，字公闢，名師孟云。

末段，略記程公平生事功，及官銜名字。

## 【解題】

「道山亭」於宋神宗熙寧元年（西元一〇六八年），由福州郡守程師孟所建。位於福州城內烏石山天章臺左，鄰霄臺東。宋神宗元豐二年（西元一〇七九年），曾鞏離福州後，在明州（今屬浙江寧波）

任上，應程師孟之請，寫了這篇〈道山亭記〉。

當時福州佛教盛行，至烏石山北，非拜佛即訪道，很少有人談到曾鞏的這篇碑文。南宋的劉克莊在〈道山亭〉詩裡感嘆說：「城中楚楚銀袍子，來讀曾碑有幾人？」雖然如此，藝術作品的光芒還是像精金美玉，歷久不磨的。元代到塤便曾經對他的美學價值，有過高度的評價，說：「摹寫閩地山川險惡之狀，筆力傳妙，宛如圖畫，似西漢文章，歐蘇不能及也。」明代的陸深也說：「只有親自閩中，乃知其工。」

曾鞏散文大多關係風教，純粹寫景處極少。這篇〈道山亭記〉是難得一見的寫景之作。本文描寫細膩，狀物生動，文章斐然。尤其寫閩中山水之險，令人驚心動魄。敘福州風土人情之善，歷歷如在目前。所以清代沈德潛《評註唐宋八家古文讀本》說：「建一亭，無甚關係，故只就山川險遠著墨，此做枯寂題法，於無出色處求出色也。前山陸二段，何減韓、柳。」

## 【注釋】

㈠ **閩故隸周者七**　言周時稱今福建，浙江南部少數民族居住地區爲七閩。《周禮・夏官・職方氏》：「辨其邦國、都、鄙、四夷、八蠻、七閩、九貉、五戎，六狄之人民。」亦說周時叔熊避難於濮蠻，隨其俗，後分七種，謂之七閩。隸，隸屬。閩，今爲福建建省後的簡稱。

㈡ **至秦開其地列於中國**　閩在古爲蠻夷之處，至秦併天下，始置閩中郡，列其地於中國。中國，我國爲華夏民族，上古之時，建都於黃河流域一帶，爲別於四方之蠻夷戎狄，自稱「中國」。

㈢ **閩中郡** 秦置。治所在治縣（今福州）。轄院相當於今福建省和浙江省南部一帶。至漢廢。

㈣ **粵之太末** 粵，同越。太末，漢縣名，原屬會稽郡，今浙江省衢縣爲其舊治。

㈤ **吳之豫章** 豫章，郡名，漢置，春秋時爲吳之西境，宋初爲洪州，隆興三年，改隆興所，屬江南西路，治所在今江西省南昌。

㈥ **阸** 與「阨」同，指道路狹隘。險要，阻塞。

㈦ **相屬** 猶相連。

㈧ **累** 接連。

㈨ **驛** 驛站，古代專供傳遞公文的差人或來往官員途中歇宿、換馬的處所。古稱驛站或傳舍。管理的官員叫驛丞或驛吏。

㈩ **回顧** 回望。

⑪ **逆坂** 逆勢而上的斜坡。坂，坡坂，俗稱斜坡，坂，音ㄅㄢˇ。

⑫ **緣絙** 攀緣的粗繩。緣，攀緣。絙，音ㄏㄨㄥˊ，粗大的繩索。

⑬ **側徑** 山邊溪上的小路。徑，小路。

⑭ **石芒** 言石頭如鋒鋩般的銳利。芒，同鋩。

⑮ **峭髮** 言山石峻拔如同細髮。峭，音ㄑㄧㄠˋ，山峻拔的樣子。

⑯ **角戴者** 背上揹負，頭上頂戴著東西的人。負，背負。戴，頭頂。

⑰ **罕** 少。

(一八) **躓** 音ㄓˋ，顛躓，絆倒。

(一九) **錯** 交錯。

(二〇) **士騎** 猶言兵馬。

(二一) **隙** 空隙。

(二二) **衡縮** 縱橫蜷縮。衡，通橫。

(二三) **螻糅** 曲折雜糅的樣子。螻，音ㄌㄡˊ，曲折。

(二四) **蚓結** 盤結的蚯蚓。

(二五) **蟲鏤** 蟲之雕鏤，以上各句皆言水紋的狀貌。

(二六) **旋** 漩渦。言水漩轉之形。

(二七) **激** 激流。

(二八) **矢** 箭。言水之激流，其迅捷如出弦之箭。

(二九) **泝沿** 泝，回溯，逆流而上。沿，順流而下。

(三〇) **溺** 淹沒。

(三一) **士長川居** 言爲本地長大，過著水上生活的人。

(三二) **漢嘗處其衆江淮之間而虛其地** 根據司馬遷《史記・東越列傳》，漢武帝元封元年，東越之民殺其王餘善降，帝以其地狹多阻，閩越民性強悍，屢次反覆，特詔軍吏將其民徙處於江淮之間，東越之地遂虛。江、淮，江蘇、安徽一帶，因地處長江、淮河之間，故名。

㉝ **以其陘多阻** 言因其地形山峭水急，十分險阻。陘，音ㄒㄧㄚˊ。

㉞ **侯官** 舊縣名，於宋屬福建路，民國以來與閩縣合併，為閩侯縣，即今福州市。目前為福建省省會。

㉟ **平以廣** 言土地平坦而開闊。

㊱ **長江** 此處猶言大江，指閩江，一名建江，自源至委，長一千三百里。

㊲ **大海** 指東海，位在長江口以南，台灣海峽以北，凡福建、浙江及江蘇南部之海岸，皆其區域。

㊳ **涂** 通「途」「塗」，道路。

㊴ **溝** 指城塹（音ㄑㄢˋ，壕溝）。

㊵ **通潮汐** 即通江海。潮汐，江水海水周期性的漲落現象。早潮曰潮、晚潮曰汐。

㊶ **屬** 集合，聚集。

㊷ **麓** 山腳。

㊸ **桀木** 大樹。

㊹ **良能** 良才能手，即能工巧匠。

㊺ **鉅麗** 高大富麗。

㊻ **矜** 誇耀。

㊼ **豐** 豐裕，寬敞，這裡作動詞用。

㊽ **佛老子之徒** 指和尚和道士言。佛，即釋迦牟尼，為佛教始祖。生於周靈王時，父為北印度迦毘

羅城主，年十九，即入雪山修行；八十，圓寂於跋陀河之遮羅雙樹間。其教以成佛超凡爲主，於後漢明帝時自西域傳入中國，至魏、晉、南北朝而大盛。老子，爲道家之祖，名耳，字聃，姓李氏，楚之苦縣人，曾任周之守藏史。見周衰。乃西出函關隱去，著《道德經》上下篇五千餘言。主張清靜無爲。道家本不以宗教爲名，東漢張道陵以符籙禁咒之法行世，至北魏寇謙之，始名「道教」，入唐乃盛行。

㊾ **閩山**　在福州西，周四里，本名烏石山，唐天寶八載（西元七四九年），敕改名閩山。宋程師孟曾改曰道山。山中有薛老峰、向陽峰、望潮峰、華嚴巖、天秀巖、宿猿洞諸名勝。

㊿ **九僊山**　在福州東南，越王九日宴於此，亦名九日山。又相傳有何氏兄弟九人，在此學道，飲山泉得僊，故稱九僊山。

(51) **粵王山**　在福州北，即閩越王無諸之舊城，半蟠城外，東聯冶山，一名屏山，因其形似屏風故名。

(52) **鼎趾立**　比喻三山並峙，如鼎之三足也。趾，音ㄓˇ。

(53) **附山**　依山。

(54) **佛老子之宮**　指佛寺與道觀。

(55) **瓌詭殊絕之狀**　指佛寺、道觀建築之形狀，奇偉怪異，超凡絕俗，瓌，音ㄍㄨㄟ，同瑰，奇偉。詭，音ㄍㄨㄟˇ，怪異。殊絕，超凡絕俗。

(56) **光祿卿**　光祿寺長官。負責祭祀、朝會及招待酒宴等事。

(57) **昭文館**　收藏經籍圖書之所，與集賢院、史館並稱三館。宋置直昭文館，直集賢院，直史館等官，通掌館事；居其職者，皆爲文學侍從之臣。

(五八) **程公爲是州** 程公，程師孟，字公闢，吳（今江蘇省吳縣）人。登進士甲科，歷官爲江西轉運使，知福州。爲政簡嚴，以光祿大夫卒。事跡見《宋史・循吏傳》。

(五九) **嶔崟之際** 山勢高聳的樣子。嶔，音ㄑㄧㄣ，崟，音ㄧㄣˊ。

(六〇) **簟席** 供坐臥用的竹席。簟，音ㄉㄧㄢˋ，竹席。

(六一) **四矚** 四望。

(六二) **蓬萊方丈瀛州之山** 古代傳說此爲海上三神山，亦名三壺。在渤海中，諸仙人及不死之藥在於此。其物禽獸盡白，並以黃金，白銀爲宮闕。事見《漢書・郊祀志》及《拾遺記》。

(六三) **憚** 懼怕，音ㄉㄢˋ。

(六四) **寓** 寄託。

(六五) **非獨** 不但，不僅。

(六六) **埃壒之外** 指塵世之外，埃壒，音ㄞ ㄞˋ，塵垢，比喻塵世。

(六七) **治行** 親民之官，治事理民之成績曰治行。

(六八) **新其城** 指師孟知福州時，新築子城。

(六九) **新其學** 指新建學舍。

(七〇) **滿** 任期屆滿。

(七一) **更廣州** 改任廣州知州。更，改。廣州，舊府名，宋屬廣南東路，即今廣州市。

(七二) **諫議大夫**　官名，掌議論。宋置左右諫議大夫，爲諫議之長。

(七三) **給事中**　官名，秦始置，隋定爲門下省的屬官。常在皇帝左右侍從，備顧問應對等事。對政令失當，除授非人，有權論奏駁正。

(七四) **集賢殿修撰**　官名，集賢殿後改爲集賢院，掌管祕書圖籍之事。

(七五) **越州**　今屬浙江省紹興，宋初屬江南東道，太宗至道三年，改爲兩浙路。

## 【賞析】

道山亭於宋神宗熙寧元年（西元一〇六八年），由福州郡守程師孟所建。位於福州城烏石山天章臺之左，鄰霄臺之東。宋神宗熙寧十年（西元一〇七七年）春，曾鞏被授直龍圖閣，移知福州軍事，他上狀辭不就，未獲允准，不得已，於是年八月初九日到任。神宗元豐元年（西元一〇七八年）九月召判太常寺，去閩，元豐二年正月又知明州（今寧波）軍州事。本文就是曾鞏在明州任上，應程師孟之請，寫了這篇〈道山亭記〉。

這是一篇構思別緻新穎的散文，題目雖名〈道山亭記〉，但眞正記道山亭的，卻只寥寥數筆。作者運用大量篇幅，描繪閩中水勢之險，福州風土人情。當時福州佛教、道教盛行，至鳥石山者，非拜佛即訪道，很少有人讀到曾鞏的這篇碑文。所以南宋到克莊在他的〈道山亭〉詩裡就感慨地說：「城中楚楚銀袍子，來讀曾碑有幾人？」不過這篇〈道山亭記〉，不但在曾鞏的寫景記事的散文中少見，就是放在唐宋遊記散文中，也是毫無愧色的傑作。綜觀全文的藝術特徵，可透過以下幾個線索，做進一步的了解。

一、寫山行水路之險峭，窮形盡相：本文從閩中郡歷史之由來破題後，繼而說明由內地入閩的兩條路線，於北由粵之太末入，於西由吳之豫章入。不管您從那一個方向，一入閩地，其路爲果陸行，即有共同的遭遇。那就是大山綿亙，毫無間斷，路阨於兩山之間，經過好幾個驛站，才看到一塊平地。平地小者爲縣，大者爲州，但無論是縣或州，只要你定足之後，舉目回顧，周圍仍是層巒疊嶂，身處其中，不啻坐井觀天。至於山路之狹長，在連綿之群山中行進，忽而逆勢上爬，勿而順勢下行，忽而側徑旁出於萬丈谿谷之間，此時手攀繩索，足登窄徑，目視懸崖上形同一髮的鳥道，身觸周遭銳爲鋒刃的利石，其舉足投步之艱難情形，眞是一軸絕妙的山路奇險的圖卷。在這路面布滿尖石，崎嶇難行的情況下，即令是當地土著，也要揑手揑腳方可勉強行進，不是本地人，很少不被絆倒的。

山路之險怪既爲此，其水路之艱難更是充滿動人心弦的驚怖。作者先從自高下瀉的激流落筆，次言溪中布滿了交錯的亂石，石塊之多、石狀之奇，縱目望去，或爲矗立的林木，或爲躍馬的騎士，千里上下，不見首尾。然後再寫谿水流經亂石縫隙間，有時溪水縱橫蜷縮，繞著石頭曲折打轉，有時被石塊突然阻遏，水勢逆行而上，忽又從旁射出四濺的水花。那水流的紋路，像蚯蚓的盤結，昆蟲的雕鏤，繞著打轉的像旋轉的車輪，急流而下的像出弦之箭，此時舟行水中，不管是順流而下，還是逆流而上，只能在狹窄的水道上小心行駛，一不注意，傾刻之間便有船破人溺的危險。即令是土生土長，過著水上生活的人家，如非熟習水性者，亦不敢以舟楫自任。

作者將山行水運之驚險，用工筆細膩的手法，精雕細琢，眞切生動，使讀之者有身臨其境之感。

不禁令人嘆服其狀物寫景，模山範水之特異才華。窮形盡相、牢籠萬態，眞正抓住了陸行水運，重巒四阻，亂石夾道的特點。

二、言福州城地域風貌，突出重點：作者經山行水運之險峭以入閩，繼而再緊扣住福州城的特點，作重點描述。先言福州城的地勢，因爲周圍離山較遠，土地旣平且廣。次言其地域風貌，南枕長江，東臨大海。又次言城內城外，道路縱橫，萬商雲集。至於在人文景觀方面，福州城的建築，大多居室鉅麗，寺院特盛，城中三山鼎立，其附山的寺廟多達數十百座，而每座瓌詭殊絕之狀，可說極人工雕琢之能事。作者用淺墨素描的手法，寫福州城的地點特點，風俗人情，自然風物和人文景觀，精練而又富代表性。爲下文言道山亭的建造，展現了一個優美適宜的鋪墊。

由於作者抓住了閩中景物的特徵，再加上作者對閩中景物的深厚情感，所以他筆下的景物，就不僅僅具有「形」「相」「態」，而是獲得了「生命」。作者寫閩中山水，突出了他的「險」，卻不強調其「惡」。突出了他的「怪」，卻不強調其「凶」。景物給人的總體感覺是「奇」「險」「美」。山是「靜穆」的，但作者以路襯山，雖不言山，而山高勢險之奇，已生機活潑的呈現眼前。水是「流動」的，作者也採以路襯水的手法，雖不言水，而水流湍激之奇，已盡在腕底筆端。可以說作者不僅能形容山之「高」，水之「奇」，市容之「形」，而且能傳其「神」。

三、修辭技巧，比喻誇張：作者之於本文，所以描寫生動，各呈其美，主要有賴於大量的比喻和誇張修辭技巧的運用。如寫山路之險，用「緣絙」，形容陡坡的狹長、盤曲，和垂崖山徑的細小、危險，則用「一髮」。又如寫溪石之多，且奇形怪狀充塞河床的情形，用如「林立」如「士騎」來比喻，繼而用「千里滿野」，「下上不見首尾」，來誇張怪石之多，不僅熨貼，狀難寫之景於目前，而且清新、別緻，令人產生奇妙的聯想。寫溪水從石縫間奔瀉，以多種姿態流出的情形，用了其狀「若蚓結」、「若蟲鏤」，其旋轉的流勢「若輪」，其激水狂奔「若矢」的比喻，無不真切動人，讓人有身臨其境的感覺。至於誇張部分：寫高山險峻和溪水湍急，寸步維艱時，走陸路要抓住繩子攀登，「或垂崖如一髮，或側徑鉤出於不測之谿上，皆石芒峭髮，擇然後可投步。」走水路則石頭錯出於急流間，「舟泝沿者，投便利，失分毫，輒破溺。」在陸路行走時，「負戴者，雖其土人，猶側足然後進，非其土人，罕不躓也。」在水路行走，「雖土長川居之人，非生而習水事者，不敢以舟楫自任也。」在這裡，作者充分發揮了想像的能事，運用比喻和誇張的藝術手法，予以濃墨渲染。特別是對溪水湍急狀貌，「或衡縮蟉糅，或逆走旁射，其狀若蚓結、若蟲鏤，其旋若輪，其激若矢。」生動逼真，合情合理，使人覺得他誇而有節，毫不造作。此外，作者還運用了反問，如「豈虛也哉？」感嘆，「其志壯哉！」挑比，如「其山川之勝，城邑之大，宮室之榮」等，使文章的敘述、描寫。於平易自然的風格中，給人一種相當濃麗的感覺。

四、結構嚴謹，平實自然：《道山亭記》的結構體現了曾文嚴謹樸實的風格。它不像歐陽脩《醉翁亭記》那樣千迴百折，層層遞進，騰挪跌宕，愈轉愈深，而是平平直直，自自然然，遠遠道來，娓娓而談。文章，首寫閩之歷史由來，水陸山水之奇險。次寫福州市衢屋舍之繁盛。再寫程師孟知福州，利用閩山聳立的優勢，特闢一亭，可於亭中登覽山水之盛，城邑之大，宮室之榮，而閩地遠險，仕者常怕赴任此地，程公「能因其地之善，以寓其耳目之樂，」忘閩之遠險，將思致寄寓於塵埃之外，志向遠大！讚揚了程公的知山樂水，建亭雅趣，半為寫景，半為寫人。

全文由景及人，由濃而淡，既不寓情於景，也不興發深意，只是一任自然，隨手寫出眼中所見，身邊所觸、心中所感。從謀篇布局看，構思的謹嚴和描寫的華美，巧妙的融為一體。使濃與淡，技與巧，平與奇，樸與華，在文中達到和諧統一的極致。元代劉塤對本文曾作過高度評價，說他「摹寫閩地山川險惡之狀，筆力精妙，宛如圖畫。似西漢文章，歐、蘇不及也。」清代的陸文裕也說：「親至閩中，方知其工。」綜觀曾鞏散文，其中記述寫景的極少，而記述寫景又窮形盡相，牢籠百態的更少之又少。〈道山亭記〉不僅為曾氏記述散文中的冠冕，就是把它置於唐宋遊記散文中，也是一顆含光四射的明珠。

# 四、其他散文選讀

曾鞏散文涉及的體裁甚多，其中又以「序」「書」「記」「論」「傳」「表」「哀祭」寫得最富藝術性，綜計前人從風格方面，對曾鞏散文的分組：第一組是「淳古明潔」：因爲他發爲文章，「本源《六經》」。又可以稱之爲「典雅」，如〈宜黃縣學記〉、〈上歐陽學士第一書〉、〈唐論〉等；第二組是「平易曉暢」：善於用淺易的文詞，表達深奧的思想，而無艱澀難解之苦，又可稱之爲「顯附」，如〈齊州雜詩序〉、〈歸老橋記〉、〈送蔡元振序〉等，文章不長，多則三、四百字，少則百餘字，皆淺顯明白，議論精微。第三組是紆徐委曲，說盡事情：其文字結構層層遞進，疏朗有序。使人感到在他的平易表述中，有深回曲折，意蘊無窮的特質，如〈救災記〉、〈先大夫集後序〉、〈上蔡學士書〉等。皆委婉周匝，意深旨遠，無衍文，無複句，含蓄而不直露。第四組是核字省句，剖析毫釐：文章的簡潔，不在篇幅的長短，而在其行文措詞的精約。如〈越州趙公救菑記〉、〈墨池記〉、〈齊州北水門記〉，無不文短情長，情意完足。《宋史》評論他的文章：「紆徐而不煩，簡奧而不晦，卓然自成一家。」這正是對曾鞏散文風格的概括。

在這裡，選的有〈寄歐陽舍人書〉、〈贈黎安二生序〉、〈洪渥傳〉，和〈蘇明允哀辭并序〉四篇，這四篇有書信、有贈序、有傳記、有哀祭。因爲方面廣，而又文非一體，故以「其他」統括。〈寄歐陽舍人書〉是曾鞏書信中的名篇。其重點在闡明「畜道德而能文章」，它從虛到實，層層推闡，紆徐百折，婉轉寫來，把感激推重之意，表達得既自然又深摯。正如沈德潛所評：「逐層牽引，如春蠶吐絲，春山出雲，不使人覽而易盡，」因此，很多文章家如吳楚材、吳調侯，過珙都認為「在南豐集中，應推為千年絕調。」

〈贈黎安二生序〉是「贈序體」中別樹一格之作。「贈序」原由「書序」「詩序」發展衍變而來，唐宋以後，「贈序」已由泛泛的寄語、題辭、勸勉、希望、心願，送別、敘情，拓展為議論人事，指評朝政，褒貶時弊，闡明心志，抒發理想的文體。使得「贈序」的內容變得多采多姿。在唐宋文壇大家輩出的情況下，曾鞏的〈贈黎安二生序〉便顯得獨具一格，受到辭章家的青睞。吳楚材、吳調侯於《古文觀止》謂曾鞏「借『迂闊』二字，曲曲引二生入道」。通觀全篇，「迂闊」二字，確為文中的「眼目」。所謂「立片言以居要，乃一篇之警策。」曾氏就緊緊抓住了這兩個字眼，以凝鍊、傳神的措詞，揭示全文宗旨，開啓文章機要。同時，也表達了自己長期困頓的憤懣與不平。尤其在作者「如嘲似解」的字裡行間，眞正達成了發肺腑蘊藉，澆胸中塊壘的願望。

〈洪渥傳〉是曾鞏「紀傳體」作品之一。按照「紀傳體」的常規，必先說明傳主外貌特徵，生平事跡，而曾氏卻只緊扣洪渥其人的性格、遭遇、貧窮三方面，作簡明扼要的記述。他以平淡無奇的文字，塑造了一個在北宋——那個封建時代正直善良的知識分子形象。將洪渥蹭蹬坎坷的一生，一氣寫盡，令讀者充滿了同情之心。尤其寫其「死不能歸葬，亦不能還其孥」，一生窮困潦倒的苦況，更是聲聲哀泣，催人下淚！但其與兄長相依為命的關係，對他人的急難，早夜不稍懈的盡心竭力，這眞有「窮不遷其志，貴不移其情」，與人為善的高貴品質。本文在寫作上的最大特點是以傳引論，他能在記人敘事不到四百字的傳記小品中，打破「紀傳體」的成規，最後一段純以議論出之，這特別值得向讀者推介，以見南豐散文創作的眞象。

〈蘇明允哀辭幷序〉，蘇洵於北宋英宗治平三年（西元一〇六六年）四月戊申以疾卒，當時曾鞏正應召在編校史館書籍的任上，目睹老蘇的亡故，回顧自己的坎坷，滿腹的感嘆，胸中的積鬱，盡化作表彰與頌揚「老蘇」的文字。「哀祭體」濫觴於《詩經・黃鳥》。唐宋以降，此類名篇佳作甚多，八大家中，以韓愈的〈祭柳子厚文〉，歐陽脩〈祭尹師魯文〉，更是蜚聲士林。曾鞏此文，雖循古制以哀辭結束全篇，但文前加「序」，卻打破常套，不守成規。又本文明白如話，直抒胸臆，雖題爲「哀辭」，但通篇以「頌揚」立柱。落墨婉轉，要言不煩，情至文生；恰如在悠揚的頌歌中，辯聽嗚咽，令人感嘆頓起，臨風隕涕！

# (一)寄歐陽舍人書

首段，點明收讀歐陽脩書信及所撰銘文的時間與心情。

鞏頓首載拜舍人先生[1]：去秋人還，蒙賜書，及所撰〈先大夫[2]墓碑銘〉[3]。反覆觀誦，感與慚並。

二段，申明銘文和史傳的異同。

夫銘誌[4]之著[5]於世，義近於史[6]，而亦有與史異者。蓋史之於善惡無所不書，而銘者，蓋古之人有功德材行志義[7]之美者，懼後世之不知，則必銘而見[8]之。或納於廟，或存於墓，一也[9]。苟其人之惡，則於銘乎何有[10]？此其所以與史異也。其辭之作[11]，所以使死者無有所憾，生者得致其嚴[12]。而善人喜於見傳，則勇於自立[13]；惡人無有所紀[14]，則以愧而懼。至於通材達識[15]，義烈節士[16]，嘉言善狀[17]，皆見於篇，則足爲後法[18]。警勸之道[19]，非近乎史[20]，其將安近？

三段，概歎在當時不良的社會風氣下，符合事實，值得傳世的銘文不可多得。

及世之衰，人之子孫者，一欲褒揚[21]其親而不本乎理。故雖惡人，皆務勒銘[22]以誇後世。立言者[23]既莫之拒而不爲，又以其子孫之所請也，書其惡焉，則人情之所不得，於是乎銘始不實[24]。後之作銘者，當觀其人[25]。苟託之非人[26]，則書之非公與是[27]，則不足以行世而傳後。故千百年來，公卿大夫至於里巷之士[28]，莫不有銘，而傳者蓋少。其故[29]非他，託之非人，書之非公與是故也。

然則[30]孰爲其人，而能盡公與是歟？非畜道德[31]而能文章者無以爲也。蓋有道德者之於惡人，則不受而銘之[32]，於衆人則能辨焉[33]。而人之行，有情善而跡非[34]，有意奸而外淑[35]，有善惡相懸而不可以實指[36]，有實大於名，有名侈[37]於實。猶之用人，非畜道德者惡能辨之不惑[38]，議之不徇[39]？不惑不徇，則公且是矣。而其辭之不工[40]，則世猶不傳。於是又在其文章兼勝[41]焉。故曰非畜道德而能文章者無以爲也。豈非然哉[42]？

四段，論述寫作傳世銘文，必須具備道德修養和詞章之美。

然畜道德而能文章者，雖或並世[43]而有，亦或數十年或一二百年而有之。其傳之難如此，其遇之難又如此。若先生之道德文章[44]，固所謂數百年而有者也。先祖之言行卓卓[45]，幸遇而得銘其公與是，其傳世行後無疑也。而世之學者，每觀傳記所書古人之事，至其所可感，則往往衋然[46]不知涕之流落也，況其子孫也哉？況鞏也哉？其追睎[47]祖德而思所以傳之之繇，則知先生推一賜[48]於鞏而及其三世[49]。其感與報，宜若何而圖[50]之？

五段，具體說明對歐陽修爲其祖父撰寫墓志銘的感激之情。

抑[51]又思：若鞏之淺薄滯拙[52]，而先生進之[53]；先祖之屯蹶否塞[54]以死，而先生顯之[55]。則世之魁閎[56]豪傑不世出[57]之士，其誰不願進於門[58]？潛遁幽抑之士[59]，其誰不有望於世[60]？善誰不爲？而惡誰不愧以懼？爲人之父祖者，孰不欲

末段，表達對歐陽修的欽佩景仰之心。

教其子孫？爲人之子孫者，孰不欲寵榮(六一)其父祖？此數美者，一(六二)歸於先生。既拜賜之辱(六三)，且敢進其所以然(六四)。所諭世族之次(六五)，敢(六六)不承教(六七)而加詳焉。愧甚，不宣(六八)。鞏再拜(六九)。

## 【解題】

宋仁宗慶曆六年（西元一〇四六年）夏，曾鞏函請歐陽脩爲先祖父曾致堯作墓誌銘。當年秋季即收到歐氏的回信及所作墓銘。慶曆七年（西元一〇四七年）作者即以此「寄歐陽舍人書」，向歐氏致謝。曾氏先祖父名致堯，曾知揚州，後徙知鄂州，又貶江寧府酒稅，累遷戶部郎中。大中祥符（眞宗年號）五年（西元一〇一二年）卒於官，贈右議大夫。

文中闡明墓誌銘的意義、作用，以及寫作墓誌銘必須具備道德修養與詞章之美；同時在當時不良的社會風氣下，歐氏能撰寫此一墓誌銘，不僅作者對歐敬教致感謝與欽佩之情，就世道人心而言，亦具有重大意義。

本文筆調舒緩不迫，逐層牽引，如春蠶吐絲，春山出雲，不使人覽而易見；一種感慨咽嗚之氣，博大幽深之識，洋溢於文字之外。

在寫作技巧上，本文與一般謝函不同，作者不株守本題，去堆砌溢美之辭；而是緊扣立言之「公與是」，溫放巧縱，曲盡警勸褒揚之意。文筆既疏宕跳脫，又輕攏慢撚，由歐公身上，歸到題旨。

「古文觀止」編者吳楚材、吳調侯評點本文時云：「子固感歐公銘其祖父，寄書致謝，多推重歐公之辭，然因銘祖父而推重歐公，則推重歐公，正是歸美祖父。至其紆徐百折，轉入幽深，在《南豐集》中，應推為第一。」於此可見作者借賓顯主，烘托題旨的藝術構思。

## 【注釋】

㈠ **鞏頓首載拜舍人先生** 頓首載拜，頭叩至地再拜，舊通常用於下對上的敬禮。大多用於書信的開頭和結尾，也有首尾兼用的。載，通「再」。舍人，官名，指歐陽脩，脩字永叔，號醉翁，晚年又號六一居士，盧陵（今江西省吉安）人，仁宗天聖八年（西元一〇三〇年）進士，慶曆五年（西元一〇四五年）八月降知制誥，知滁州。曾鞏此信寫於慶曆七年，依《宋史・職官志》「中書有舍人掌行命令為制誥」，故信中稱歐陽脩為「舍人先生」。

㈡ **先大夫** 曾鞏指其已故的祖父曾致堯。先，對已去世者之尊稱。曾致堯字正臣，太平興國八年（西元九八三年）進士，官秘書丞，出為兩浙轉運使，終吏部郎中。秉性剛直，屢上書言事，言辭激烈，得罪了當政，曾數次遭貶，參見〈先大夫集後序〉文。

㈢ **墓碑銘** 即碑文。銘，指碑文後面的韻文，內容主要在贊揚死者的人品、事功等。歐陽脩曾應曾鞏之請，撰有〈尚書戶部郎中贈右諫議大夫曾公神道碑銘〉

㈣ **銘誌** 蓋指墓誌銘，神道碑銘、墓表、墓碑等，都是用來刻在石上，記述死者生平事跡的文字，姚鼐《古文辭類纂》云：「誌者，識也。或立石墓上，或埋之壙中，古人皆曰誌。為之銘者，所以識之之辭也。然恐人觀之不詳，故又爲之序。世或以石立墓上曰碑，曰表；埋乃曰誌。乃分誌、銘爲二。獨呼前序曰誌者，當失其義，蓋自歐陽公已不能辨矣。」

⑮ **著**　著稱。

⑯ **義近於史**　指意義近於史書。

⑰ **功德材行志義**　指功勞、道德、才能、節操、志向、骨氣等。

⑱ **見**　讀作ㄒㄧㄢˋ，與現通，顯現。

⑲ **一也**　都是一樣的。

⑳ **於銘乎何有**　此承上句言，指「苟其人之惡」，在銘上有什麼可以記載的呢？

㉑ **其辭之作**　指那種墓誌銘的寫作。

㉒ **致其嚴**　表達他的敬意。嚴，尊敬。《孝經・紀孝行》云：「祭則致其嚴。」作碑銘，正是祭尊追悼的一種形式，故云。

㉓ **自立**　樹立自己的功業。立，建樹，樹立。

㉔ **紀**　記載。

㉕ **通材達識**　指才能廣博，見識高明的人士。

㉖ **義烈節士**　指有志事功而節操高尚的人。

㉗ **嘉言善狀**　指美好的言論和善良的表現。

㉘ **後法**　後代的楷模。法，效法。

⑲ **警勸之道** 言警戒勸勉的作用。道，指作用、意義。

⑳ **非近乎史二句** 言不接近史傳，那麼接近什麼呢？

㉑ **一欲褒揚** 只想要歌頌。一欲，一味想。一，專一。

㉒ **皆務勒銘** 都力求在墓碑上刻上銘誌。勒，刻。

㉓ **立言者** 著書立說的人，此處借指撰寫碑誌的人。

㉔ **銘始不實** 銘文的內容開始不合事實了。

㉕ **當觀其人** 言當看撰寫銘誌的人怎麼樣。人，指寫銘文的人。當，一本作常。

㉖ **苟託之非人** 假使託咐的不是正人君子。託，託咐。非人，指不能秉持「公與是」的人。

㉗ **公與是** 公平與正確。

㉘ **里巷之士** 指平民百姓。

㉙ **故** 原因。

㉚ **然則二句** 是說那麼誰是那樣的正人君子，而能完全做到既公平又與事實符合呢？

㉛ **畜道德** 指道德修養高的人。畜，通蓄，積蓄。

㉜ **不受而銘之** 言不會接受請託，而爲他們寫墓誌銘。

㉝ **於眾人則能辨焉** 言對於一般人，該替他們寫或不該替他們寫，也能分辨清楚。

㉞ **情善而跡非** 有內心善良而事跡不好的。情，情懷、心地。跡，形跡，指所作所爲。

㉟ **意奸而外淑** 內心奸詐而外表善良的。淑，善良。

(三六) **有善惡相懸句**　言有的人行為善惡，相差懸殊，但很難確實指明他們善惡的眞象。

(三七) **侈**　大。

(三八) **惡能辨之不惑**　言又怎麼能辨善別惡而不迷惑。惡，音ㄨ。作怎麼，哪裡解。惑，迷亂。

(三九) **議之不徇**　指評論是非而不徇私情。徇，音ㄒㄩㄣˋ，偏袒、徇私。不徇，即公正客觀。

(四〇) **辭之不工**　文章寫得不好。辭，辭章。工，巧妙。

(四一) **兼勝**　同時佳妙。兼，同時具備。勝，佳妙。

(四二) **豈非然哉**　難道不是這樣嗎？

(四三) **並世**　同時代。

(四四) **道德文章**　曾鞏〈上歐陽學士第一書〉即稱歐陽脩「既有德而且有言也。」

(四五) **卓卓**　形容言行高尚，優異特出。

(四六) **衋然**　悲傷痛心的樣子。衋，音ㄒㄧˋ。

(四七) **追晞**　即追念、仰慕之意。晞，音ㄒㄧ，仰慕。

(四八) **推一賜**　給予一次恩賜。指歐陽脩為曾鞏先祖父寫墓碑銘之事。

(四九) **三世**　指從自己、父親到祖父共三代。

(五〇) **圖**　圖謀報答之意。

(五一) **抑**　轉折連接詞，表示推進一層。有可是、然而之意。

(五二) **淺薄滯拙**　指學識淺薄，愚笨無知。滯拙，愚笨。

(五三) **進之** 提攜獎進。

(五四) **屯蹶否塞** 有艱難顛仆，頻受挫折之意。屯，《周易》卦名，表示艱難。蹶，音ㄐㄩㄝˊ，顛仆，引申為遭受挫折。否，音ㄆㄧˇ，《周易》卦名，表示困頓，不通達。塞，困厄。（更生案：曾鞏祖父曾致堯生前曾經數次被遷官、降職，仕途上顛連困頓，終生不得志，故有此說。）

(五五) **顯之** 表彰他。

(五六) **魁閎** 壯偉、宏偉。閎，音ㄏㄨㄥˊ，大也。

(五七) **不世出** 即世所稀有，不是每個時代都會出現的。

(五八) **進於門** 指依附在歐陽脩的門下。進，進入。前面有「先生進之」的「進」，是提攜獎進意，和此處用法有別。

(五九) **潛遁幽抑之士** 指仕途失意而隱居世外的文人才士。潛遁，默默無聞，隱逸不仕。幽抑，抑鬱不得志。

(六〇) **有望於世** 言有志於用世。對這個社會抱有期望。望，希望。

(六一) **寵榮** 尊崇顯耀，在此作動詞用。

(六二) **一** 全部之意。

(六三) **既拜賜之辱** 言已經拜受了您賞賜的墓誌。辱，有感愧之意，表示尊敬的應酬語。

(六四) **且敢進其所以然** 並且又敢冒昧地說明自己所以感激的道理。

(六五) **所諭世族之次** 指歐陽脩在〈與曾鞏論氏族書〉裡，曾討論曾氏家族世系的次序。對曾鞏提供的材料多有疑問，希望能「再加考證」。諭，告訴。

(六六) **敢**　謙詞。有「冒昧」之意。

(六七) **承教**　蒙受教誨。

(六八) **不宣**　即言不盡意，就此擱筆。此爲古代書信末尾常用的客套話。

(六九) **鞏再拜**　此乃照應本文起句「鞏頓首載拜」的句法。

## 【賞析】

曾鞏文風的特點是沖和平淡，紆徐跌宕，致力於布局的完整和嚴謹。本文便是一個最好的例證。以下即就此兩點加以賞析：

在布局方面：全文共分五段：第一段，先說見到來信及墓誌銘後，且感且愧，後又從銘文與史傳的異同比較中，闡述墓誌銘的意義與作用。第二段，指出時至後世，風氣敗壞，濫用墓銘，以致「銘始不實」，失去了墓誌銘的意義。第三段，表明祇有蓄道德能文章者，始能「盡公與是」。第四段，先言幸遇其人，並盛讚歐陽脩「道德文章，固所謂數百年而有者也。」再言幸得其銘，「其傳世行後無疑也。」第五段，拓開一步，遙應首段所講的「警勸之道」，用「進之」，「顯之」，以及連續不同的反詰句，極言歐陽脩作此墓銘，具有警戒、勸勉的作用，並歸數美於歐陽脩，表達了作者感激之情。

綜觀本文的主旨，在於稱頌歐陽脩是「數百年而有」的「畜道德能文章」者，作者抓緊主腦，斂氣蓄勢，條分縷析，首尾呼應，環環相扣，可謂嚴謹整飭，在布局方面無懈可擊。

在語言方面：文章一開始就轉折，由歐陽修撰的墓誌銘，迅即折入墓銘之近於史與異於史的議論，其中又先寫二者之異，爲的是可以由「警勸之道，非近乎史，其將安近」的設問，折入關於秉筆之人的議論。以下又從「立言者」的曲徇私情這一事實，反激出託人作銘必須「觀其人」的主張。緊跟著論述，倘若「託之非人」，則一定「書之非公與是」，「不是以行世而傳後」。正說反說，把「傳之難」的第一層意思「公與是」說清楚了。接著，便自然折入怎樣才能書之「公與是」的議論。以下揭示本文主旨「畜道德能文章」，亦是一篇之「文眼」。曾鞏以「畜道德」三字承上，「能文章」三字啓下，其間「其辭之不工，則世猶不傳。」三句，是轉折之關鍵。以下曾鞏在將「畜道德能文章」特別渲染了三次，亦即反復轉折之後，才徐徐引到歐陽脩身上。給以「若先生之道德文章，固所謂數百年而有者也」的高度贊賞，緊跟著「先祖之言行卓卓」三句，則從請人作銘者（曾鞏），和受請作銘者（歐陽脩）兩方面說明了「遇之難」，因而其銘可「傳世行後無疑」。但卻又馬上用「世之學者……」宕開，直至「況其子孫也哉？況鞏也哉？」才重新結合。

本文結尾，奇峰突兀，至是不同凡響。本來「知先生推一賜於鞏而及其三世」一句，已勒歸自身，「氣已足，文已畢，神已完」了，作者卻並不就此打住，還要再作一勁折，以「抑又思」三字，平地生波，予以意外生發。從歐陽脩對本人的「進之」，對先祖的「顯之」，推及歐陽脩的代人「進晞祖德」之舉，無論對「世之魁閎豪傑之士」、「潛遁幽抑之士」、「爲人之父祖者」、「爲人之子孫者」，都必然會有所激勵和勸勉。這樣就不僅與篇首之墓銘「文近於史」的「警勸之道」呼應了起來，而且還把這對個人知恩感報性質的謝函的意義，向整個社會大衆擴張其層面。經過這最後一次的跌宕轉折，最後「此數美者，一歸於先生」的總收束，才使人眞的覺得字字有千鈞之重了。

唐宋文醇說：「回旋轉紆徐百折，跌宕有致，極盡抑揚騰挪的筆法，眞被曾鞏運用得出神入化。折，洒洒洋洋，極唱歎游泳之致，想見其行文樂事。」這正是曾氏文風的特點。

# (二)贈黎安二生序

趙郡蘇軾(一)，余之同年友(二)也，自蜀以書至京師遺余(三)，稱蜀之士曰黎生、安生者。既而(四)黎生攜其文數十萬言，安生攜其文亦數千言，辱以顧余(五)。讀其文，誠閎壯雋偉(六)，善反覆馳騁(七)，窮盡事理(八)，而其材力之放縱(九)，若不可極(一〇)者也。二生固可謂魁奇特起(一一)之士，而蘇君固可謂善知人(一二)者也。

首段，評黎、安、兩人的古文才華。

頃之(一三)，黎生補江陵府司法參軍(一四)，將行，請余言以爲贈。余曰：「余之知生，既得之於心(一五)矣，乃將以言(一六)相求於外邪？」黎生曰：「生與安生之學於斯文(一七)，里之人(一八)皆笑以爲迂闊(一九)，今求子之言，蓋將解惑(二〇)於里人。」

二段，敘黎生要求作者臨別贈言，以解學爲古文之惑。

余聞之，自顧而笑(二一)。夫世之迂闊，孰有甚於余(二二)乎？知信乎古(二三)，而不知合乎世(二四)，知志乎道(二五)，而不知同乎俗(二六)，此余所以困(二七)於今而不自知也。世之迂闊，孰有甚於余乎？今生之迂，特(二八)以文不近俗，迂之小者耳，患爲笑於里之人(二九)；若余之迂大矣，使生持吾言而歸，且重得罪(三〇)，庸詎(三一)止於笑乎？然則若余之於生，將何言哉？謂余之迂爲善，則其患若此；謂爲不善，則有以合乎世，必違乎古，有以同乎俗，必離乎道矣。生其無急於解里人之惑，則於是焉(三二)，必

末段，回答黎、安二生之問，並表白自己從事古文運動之鮮明態度。

能擇而取之㉓。遂書以贈二生，並示㉔蘇君，以爲何如也。

## 【解題】

此爲臨別贈言之作。本文作於曾鞏在京師編校史館書籍時，約當英宗治平四年（西元一〇六七年）。文中有蘇軾「自蜀以書至京師遺余」語。考蘇軾於治平三年四月丁父憂，即護喪歸蜀，神宗熙寧二年（西元一〇六九年）還朝，故知此文蓋作於治平四年前後。文中表現「信乎古」「志乎道」的觀點，與「寄歐陽舍人書」中所闡述的「蓄道德而能文章」的觀點完全一致。是曾鞏致力於古文運動的文論觀。這篇文章的寫作特色，是採取自我解嘲的獨白形式，來闡明觀點。表面上看，似乎是作者的自責，實際上，字裡行間卻隱含著作者「信乎古」「志乎道」的堅定信念。文中運用疊句，反復寫出自己的迂闊。其弦外之音，則是白黎、安二生，指明從事古文運動的方向。儲欣《唐宋十大家全集錄》以爲此序「辭若發攄憤懣，要其歸，莫非垂世立教之言，升韓吏部之堂而入於室，亦曾文之至者。」

## 【注釋】

㈠ **趙郡蘇軾** 趙郡，後魏所置，宋初曰趙州（今屬河北省欒城縣）。郡，郡望，郡中顯貴的姓氏。古人多以祖籍稱對方籍貫，以示尊重。蘇軾祖籍趙州，故有此稱。蘇軾，字子瞻，號東坡居士，四川眉州眉山人。唐代文學家蘇味道之後。味道本趙郡人，唐中宗時被貶爲眉州刺史，遂世居眉州。蘇軾於宋仁宗嘉祐二年（西元一〇五七年）中進士，因與當權者政見不合，一再遭到貶謫，最後遠徙瓊州（今海南島）。軾散文、詩、詞、書、畫等各方面都有過人造詣，且風格獨特。有《蘇東坡集》傳世。

㊁ **同年友** 舊稱同科考中的人為同年。曾鞏和蘇軾同在宋仁宗嘉祐二年中進士，故稱同年友。

㊂ **自蜀以書至京師遺余** 蜀，今四川省，宋為成都府路。京師，指當時北宋國都汴梁（今河南開封），故稱汴梁為京師。遺，音ㄨㄟˋ。蘇軾於治平三年（西元一〇六六年）因丁父憂歸蜀，至熙寧二年（西元一〇六九年）還朝。寫信時在蜀，故云「遺書」。

㊃ **既而** 不久，隨即。

㊄ **辱以顧余** 承蒙你來拜訪我。辱，謙詞，有「承蒙」、「屈駕」之意。顧，拜訪。

㊅ **誠閎壯雋偉** 確實內容豐富，意味深長。誠，確實，實在。閎（音ㄏㄨㄥˊ）壯，指內容豐富廣泛。雋（音ㄐㄩㄢˋ），含意深遠。

㊆ **善反復馳騁** 言善長用反復申說之法，表現灑脫奔放的情思。馳騁，借縱與疾馳，比喻文筆奔放恣肆。

㊇ **窮盡事理** 詳盡透闢地說明事理。窮盡，有詳細追究意。

㊈ **放縱** 無所阻礙，聽其發展。

㊉ **不可極** 不可限量。極，極限。

⑪ **魁奇特起** 非常傑出之意。魁奇，傑出。特起，突出。

㈡ **善知人**　善於識別人才。知，在此作識別、認識解。

㈢ **頃之**　不久，又過了一段時間之意。

㈣ **黎生補江陵府司法參軍**　言黎生被任命爲江陵府司法參軍。補，遞補，前任離職，缺額選員補充。江陵府，今屬湖北省江陵縣。司法參軍，官名，州府的僚佐，掌管地方刑法、治安的低級官員。

㈤ **既得之於心**　言已經契合在心，有從心底了解和契合之意。得，中意，投合。

㈥ **乃將以言相求於外邪**　此反詰句法。是說難道你打算要我說幾句表面的話嗎？乃將，難道。表反問語氣。相求於外，指用語言表現在外。邪，疑問語氣詞，同「耶」。

㈦ **斯文**　指當時歐陽脩與蘇軾等所倡導的古文。斯，指示代名詞。

㈧ **里之人**　家鄉之人。里，鄉里，家鄉。

㈨ **迂闊**　指拘泥守舊而不切實際。即死心眼，不知變通。

㈩ **解惑**　消除疑惑。

⑾ **自顧而笑**　自己對著自己笑起來。

⑿ **甚於余**　比我更嚴重。這裡指迂闊的程度。

⒀ **古**　指韓、柳、歐、蘇等所倡導的古文。

⒁ **合乎世**　迎合當今的世情。合，迎合。

⒂ **志乎道**　言立志發揚古文運動之道。道，指孔孟的學說思想，或古文運動的理想。

⒃ **同乎俗**　言隨著世俗浮沉。俗，世俗所好。

(一七) **困** 窘迫。

(一八) **特以文不近俗** 言僅以爲文章寫得和流行的文體不同。特，副詞，表示限制，有只、僅意。俗，指當時流行的一種駢體文，用於朝廷詔令和科舉考試。

(一九) **患爲笑於里之人** 擔心被鄉人譏笑。患，擔心。爲，表被動語氣，相當於「被」意。

(二〇) **且重得罪** 言將會招來更多的指責。且，副詞，表時間，有將會，就要之意。重，加重。

(二一) **庸詎** 副詞，表反問語氣。庸、詎（音ㄐㄩˋ），同義，作難道解。

(二二) **則於是焉** 是說能夠這樣，你就一定能選擇好自己應走的道路。

(二三) **擇而取之** 言區分是非，作出取捨。

(二四) **示** 拿給別人看。

## 【賞析】

贈序一體原由「書序」「詩序」發展演變而來。作爲一種獨立的文體，蓋自漢、魏始，惟當時別離，常作詩以申情，篇章既多，別爲之序，述其緣起。初與序跋合爲一體，後人不因贈詩而專，稱贈人之文亦爲序，因而贈序自立一類。姚鼐古文辭類纂序云：「贈序類者，老子曰：君子贈人以言。顏淵、子路之相違，則以言相贈處，梁王觴諸侯於范台，魯君擇言而進，所以致敬愛，陳忠告之誼也。唐初贈人，始以序爲名。作者也衆：至韓昌黎，乃得古人之意，其文冠絕前後作者。」蘇明允父親名序，故蘇氏諱序。或曰引，或曰說，使得贈序文體的形式得以多變，內容由泛泛的寄語、題辭、勸勉、希望、心願、道別、敘情之類，拓展爲議論人事，批評朝政，褒貶時弊，闡述心志，抒發理想等，愈加多采多姿。唐宋文壇大家輩出，贈序一體也多有佳篇。在衆多的傳世作品中，曾鞏的「贈黎安二生序」，獨具一格，頗得讀者的青睞。

前人評曾鞏此文說：「子固借迂闊二字，曲曲引二生入道。」此語果然切中肯綮。通觀全文，「迂闊」二字是一篇的「文眼」。「文眼」者，即陸機文賦所謂：「立片言以居要，乃一篇之警策」，亦即劉勰所說的「篇中之獨拔」，最能動人心弦處。曾氏就緊緊抓住這兩個最精彩、最凝煉，也最傳神的字眼，揭全文主旨，示文章新意。

黎生以「里之人皆笑以爲迂闊」，求教於曾鞏，並望「贈言」以「解惑」，黎安二生雖作古文數千言，乃至「數十萬言」，且其造詣已到「閎壯雋偉」的程度，對世俗乃嘲以「迂闊」，卻甚感疑惑、震驚與反感。曾鞏之作「贈序」，即以「迂闊」謀篇，一意「推而進之，豁而醒之」，明「心」於「信古志道」，稱「外」以「合世同俗」，對比自然，涇渭分明，一方面爲懷才不遇者吐氣，同時，也表達了對自己長期困頓與憤懣鳴不平。

全文結構，因爲作者出語，如抽絲剝繭，如摯友相對，其推心置腹彷彿長談於燈下。唯以見怪不怪，視「迂闊」二字爲不堪一擊之壁紙。所以行文斂氣蓄勢，藏鋒不露。並隱寓氣勢於多變的句式和字詞之中。作者絕不作正面駁斥，反順筆作三層轉折：「余」亦「迂闊」，「余」「迂」大甚而生「迂」小，「迂闊」或善或不善。作者處處爲對方設想，「謂余之迂爲善，則其患若此，謂爲不善，則有以合於世」。所以若「使生持吾言而且重得罪」，又「庸詎止於笑乎！」眞是語重心長，轉折回環，終又由三層的闡述，復原到對「迂闊」二字的「解惑」。作者指出了違古離道，乃合世同俗的里人所爲，是極易取得且勿須去索求的。自然也不會「笑以迂闊」，而信古志道，卻是違世離俗的君子之信條，唯有以終生努力才能獲取和保持。所以被世俗里人嘲笑爲「迂闊」，也就不足爲怪了。全文層次明晰，既有敘事、議論，又有抒情、詠歎，筆觸轉折處，能出人意料，頗含新意。結尾以「生其無患於解里人之惑」，作黎生「求言」的「解惑」的企望，點明「迂闊」之論不必顧忌。「解惑」之舉，更屬多餘。

本文在句法、文辭上亦頗具匠心。行文幾近口語、淺顯、流暢而明達，起筆敘記蘇軾荐書，述評黎、安二生之古文，極盡贊語。所謂「閎壯雋偉」「反復馳騁」「窮盡事理」「才力放縱」，或排偶、或平行，或間雜並用，使語言形式多變。而黎生與曾氏的問答，既生動又具體，不僅親切婉轉，且充滿熱情與關懷。使「贈序」主客的音容神態躍然紙上。作者亦善用虛字：如「乎」，或置句尾，或位句中，既使文句語氣凝煉，亦有停頓承轉之功用。作者明知世俗里人的譏諷「迂闊」，黎生的「求言解惑」，乃文壇爭論的大是大非，卻故意「將大化小」，以一種不屑一顧的語調行文，所謂「自顧而笑」，形似鬆散卻妙趣橫生！兩出「世之迂闊孰有甚於余乎」，一問一答，作者的萬千感慨，呑吐抑揚，盡在其中。如此巧用造句，收到了出人意料的效果。全文以「遂書以贈二生，並示蘇君以爲何如也？」收束「贈序」，設置奇巧，給人無窮餘味。

## (三)洪渥傳

洪渥撫州臨川人。(一)為人和平(二)，與人遊(三)，初不甚歡，久而有味。家貧，以進士從鄉舉，(四)有能賦名。初進(五)於有司(六)，輒連黜(七)，久之乃得官。官不自馳騁(八)，又久不進，卒監黃州麻城之茶場以死(九)。死不能歸葬，亦不能還其孥(一〇)。里中人聞渥死，無賢愚皆恨(一一)失之。

首段，簡述洪渥生平，寥寥數筆，勾勒出其平易近人的聲容笑貌。

予少與渥相識，而不深知(一二)其為人。渥死，洒聞有兄年七十餘，渥得官時，兄已老，不可與俱行，渥至官，量口用俸(一三)，掇(一四)其餘以歸，買田百畝，居其兄，復去而之官，則心安焉。渥既死，兄無子，數(一五)使人至麻城，撫(一六)其孥，欲返之而居以其田，其孥蓋弱，力不能自致(一七)，其兄益(一八)已老矣，無可奈何，則念(一九)輒悲之，其經營(二〇)之猶不已，忘其老也。渥兄弟如此無愧矣！渥平居(二一)若不可任以事，及至赴人之急(二二)，早夜不少懈(二三)，其與人(二四)眞有恩(二五)者也。

次段，從兄弟友愛，赴人急難等具體事實，進一步刻畫洪渥性格正直，精神感人的一面。

予觀古今豪傑士傳(二六)，論人行義，不列於史者(二七)，往往務摭(二八)奇以動俗，亦或事高而不可為繼，或伸(二九)一人之善而誣天下以不及，雖歸之輔教警世，(三〇)然考之《中庸》(三一)或過矣；如渥之所存，蓋人人所易到，故載之云。

末段，藉「古今豪傑士傳」的批評，明點表彰洪渥的主旨。

## 【解題】

洪渥傳，不詳寫作年月，然洪渥爲撫州臨川人。傳云：「予少與渥相識，而不深知其爲人。」則此傳必不作於曾鞏少時，今人李震著《曾鞏年譜》，把它繫於神宗熙寧九年（西元一〇七六年），曾鞏五十八歲時作，似未近實。

這是曾鞏爲一位小人物洪渥寫的傳記。洪渥與作者同鄉，雖相識已久但無深知。既深知矣，則渥已死。故本傳所載，大多得之耳聞。文章就洪渥生平破題，從生前的性情、交遊、家庭、才學、爲官，死後的不能歸葬，不能還其孥，以及里中人聞渥死，皆恨失之。

洪渥雖無顯赫的身世，傲人的成就，但他卻做了「人人所易到」，而實際上卻又很少有人能做到的事。故表彰洪渥，目的就在塑造一個正直善良普通人的形象，由平凡中見其偉大，期收輔教警世的作用。茅坤評曰：「有深思，有法度。」正是有見及此。

## 【注釋】

㈠ **撫州臨川人** 撫州，州名，治所在臨川（今江西省臨川縣）。臨川，縣名，屬撫州。

㈡ **和平** 溫良和順之意。

㈢ **遊** 交遊，交往。

㈣ **以進士從鄉舉** 指鄉進士試。進士，可以進授爵祿，在朝爲官的人才。隋朝始以此爲取士科目。

唐代取士，科目以進士科最重要。以後歷代相沿，均以進士為入仕資格的首選。鄉舉：宋制，諸州判官試進士中格者，第其甲乙，上之禮部，由州縣貢舉，故謂為鄉舉。

(五) **進** 推薦，引進。

(六) **有司** 官府。

(七) **輒建黜** 言一連幾次遭退回。輒，每每。黜，退回、廢免。

(八) **不自馳騁** 不善奔競之意。《晉書・潘尼傳》：「棄本要末之徒，知進忘退之士，莫不傾側乎勢利之交，馳騁乎當塗之務。

(九) **卒監黃州麻城之茶場以死** 是說最後死在監黃州麻城茶場的任上。卒，最後。黃州，州名，隋改衡州為黃州，治所在南安（後改黃岡，今湖北省黃岡縣），宋屬淮南西路。麻城，縣名，城本後趙將麻秋所築，故稱。隋置縣，宋屬黃州，故城在今湖北省麻城市東。監茶場，謂執掌茶場事務的官。

(二〇) **孥** 妻子兒女。

(二一) **恨** 遺憾。

(二二) **深知** 深入了解。

(二三) **量口用俸** 計量人口食需，節用薪俸，故有結餘。

(二四) **掇** 音ㄉㄨㄛˊ，拾取。

(二五) **數** 屢次。

㈣六 **撫**　安撫，撫恤。

㈣七 **力不能自致**　猶言還沒有自己謀生的能力。自致，靠自己的力量達到。

㈣八 **益**　更加。

㈣九 **念**　久久思念。

㈤〇 **經營**　指其兄對土地的規畫經營。

㈤一 **平居**　平時，平常。

㈤二 **赴人之急**　指奔走解救別人的急難。赴，奔走以從事。

㈤三 **不少懈**　不敢稍有懈怠。少，稍。懈，懈怠。

㈤四 **與人**　待人。與，對待。

㈤五 **恩**　指有情有義。

㈤六 **古今豪傑士傳**　言古今豪傑之士的傳記。傳，傳記。

㈤七 **不列於史**　言不列入正史。史，這裡指正史。

㈤八 **摭**　摘取。

㈤九 **伸**　張揚。

㈥〇 **輔教警世**　輔助名教，警惕世人。

㈥一 **中庸**　在此指中庸之道，處理事情不偏不倚，無過不及的態度。

## 【賞析】

曾鞏以「傳」爲題的作品有二：一曰〈徐復傳〉，另一即本文〈洪渥傳〉。前者是爲一位奇材異能，倜儻有大志的人作的傳。洪渥則是一位平凡的知識分子，既無顯赫的事功，也無不朽的著述，更沒有意外的遭際；一生默默無聞，曾鞏爲之作傳，只希望突顯他平凡中的不平凡，爲平凡的人樹立一個特立獨行的典範。以下從四方面來看本文鋪敘的藝術特徵：

一、以敘述洪渥生平行事破題：洪渥其人之於性情爲人和平，於交遊初不甚歡，久而有味；雖然爲貧而仕，但不奔競權貴。最後死在任所，無力歸葬，亦無力送妻兒返鄉。雖然如此，但受到社會廣大群衆的愛戴。

二、次舉典型事例進行觀察：首以兄弟友愛爲例，言渥得官時，其兄已老；渥計口用俸，以結餘購置良田百畝，安定其兄的生活。渥既死，兄無子，數使人撫其妻兒，起返之而居以其田。兄弟友愛，至死不渝。其次，是渥平時似不可任以事。等至眞的赴人急難，則早夜爲之不懈，可謂一諾千金。

三、以比較法進行評議：作者拿洪渥之生平行事，和古今豪傑士傳中的論人行義而不列於史者的傳記加以比較，以爲他們或摭奇以動俗，或事高不可爲繼，或伸張一人之善行，而誣天下以不及。較之洪渥這位平凡的人，做的平凡之事，雖然微不足道；但如人人皆能推己及人，則一家仁一國興仁，天下何患乎不平，風俗何患乎不厚。

四、文章由總述、分論與結論，三部分組合，結構完整有序：本文大體是先總述洪渥生平，接著從手足情深，與赴人之急，兩個事例加以分述，末以渥之所做所爲，人人所易到作結。所以王文濡評曰：「（本文）不矜奇立異，而自合乎中庸，世而盡如此人，去黃、農不遠矣。」

## (四)蘇明允哀辭并序(一)

首段，言蘇洵為文、治學的獨特造詣，與衆不同。

明允姓蘇氏，諱洵(二)，眉州眉山(三)人也。始舉進士(四)，又舉茂材異等(五)，皆不中。歸，焚其所爲文，閉戶讀書，居(六)五六年，所有(七)既富矣，乃始復爲文。蓋(八)少或百字，多或千言，其指事析理，引物託喻，侈(九)能盡之約(一〇)，遠能見之近，大能使之微(一一)，小能使之著(一二)，煩(一三)能不亂，肆(一四)能不流(一五)。其雄壯俊偉，若決(一六)江河而下也；其輝光明白，若引(一七)星辰而上也。其略(一八)如是。以余之所言，於(一九)余之所不言，可推而知也。明允每於其窮達得喪(二〇)，憂嘆哀樂，念有所屬(二一)，必發之於此。於古今治亂興壞，是非可否之際，意有所擇，亦必發之於此。於應接酬酢(二二)萬事之變者，雖錯出於外(二三)，而用心於內者(二四)，未嘗不在此也。

次段，敘蘇洵父子三人遇合之盛，及其文章對當時產生的巨大影響。

嘉祐(二五)初，始與其二子軾、轍(二六)復去蜀，遊京師。今參知政事(二七)歐陽公脩爲翰林學士(二八)，得其文而異之，以獻於上。既而歐陽公爲禮部(二九)，又得其二子之文，擢之高等。於是三人之文章盛傳於世，得而讀之者皆爲之驚，或嘆不可及，或慕而效之，自京師至於海隅障徼(三〇)，學士大夫莫不人知其名，家有其書。既而明允召試舍人院(三一)，不至，特用爲秘書省校書郎(三二)。頃之(三三)，以爲霸州文安縣主簿(三四)，編纂太常禮書(35)。而軾、轍又以賢良方正策入等(36)。於是三人者尤見(37)於當時，而其名益重於天下。治平三年(38)春，明允上其禮書(39)，未報(40)。四月戊申以疾卒(41)，享年五十有八。自天子輔臣(42)至閭巷(43)之士，皆聞而哀之。

三段，敘蘇洵生平著作，及寫作本文的緣由。

明允所爲文，有集二十卷(44)行於世，所集《太常因革禮》者一百卷，更定《謚法》(45)二卷，藏於有司(46)，又爲《易傳》(47)未成。讀其書者，則其人之所存(48)可知也。明允爲人(49)聰明辨智(50)，遇人氣和而色溫，而好爲策謀，務一出己見(51)，不肯躡故跡(52)。頗喜言兵(53)，慨然(54)有志於功名者也。二子，軾爲殿中丞直史館(55)，轍爲大名府推官(56)。其年，以明允之喪歸葬於蜀也，既請歐陽公爲其銘(57)，又請予爲辭以哀之，曰：銘將納之於壙(58)中，而辭將刻之於冢(59)上也。余辭不得已，乃爲其文。曰：

最後，以哀辭歸納收束全文作結。

嗟明允兮(60)邦之良，氣甚夷(61)兮志則強。閱今古兮辨興亡，驚一世兮擅文章。御六馬(62)兮馳無疆，決大河兮齧浮桑(63)。粲(64)星斗兮射精光，衆伏(65)玩兮雕肺腸(66)。自京師兮洎(67)幽荒，矧(68)二字兮與翱翔。唱律呂兮(69)和宮商(70)，羽峨峨兮(71)勢方颺(72)。孰云命兮變不常，奄忽(73)逝兮汴之陽(74)。維(75)自著兮暐煌煌(76)，在後人兮慶彌長(77)。嗟明允兮庸何傷(78)！

## 【解題】

本文作於宋英宗治年三年春，即西元一〇六六年。蘇洵字明允，號春泉，眉州眉山（今四川省眉山縣）人。北宋古文家。與其二子蘇軾、蘇轍幷稱「三蘇」，被後人共同列入「唐宋古文八大家」。曾鞏與三蘇均受知於歐陽脩。彼此友誼深厚，故於蘇洵歸葬四川的當年，應蘇軾、蘇轍二人的邀請，作此〈哀辭〉。

「哀辭」者，用於對死者哀悼的一種文體。濫觴於《詩經・黃鳥》，盛行於魏晉，至唐宋多有名篇傳世。劉勰《文心雕龍・哀弔》篇說：「原夫哀辭大體，情主於痛傷，而辭窮乎愛惜。」又說：「必使情往會悲，文來引泣，乃其貴耳。」可見此種文體的作法，在內容方面以哀痛悲傷爲主，措辭方面以表達對死者的愛憐惋惜爲事。必使文情的流露，會合悲悼，讀起來，能引人垂泣，才算是佳作！哀辭大多以韻語爲主。或有序，或無序。曾鞏此文，打破俗套，不循常規，行文明白如話。直抒胸臆，是曾鞏所作哀辭的代表作。

文章由哀辭與序文兩部分構成。序文述死者生卒仕宦概況，至評價其一生成就。哀辭是序文內容的概括。儲欣在《唐宋十大家全集錄》曾說：「能言老蘇先生之文者，曾公也。」張伯行也說：「蘇明允奮起西川，文章之傑也。南豐敘其爲文處，即可想像其爲人。古人文字不溢美一詞，而其人精神愈見，此類是也。」觀上述兩家之言，正可想見此文寫作特色。

## 【注釋】

㈠ **蘇明允哀辭并序** 蘇明允即蘇洵，字明允，號老泉，今四川眉山縣人。哀辭，用以表達對死者哀悼的文體，一般多為韻文。序，寫在哀辭前，敘死者生平，評死者成就的文字。

㈡ **諱** 生曰名，死曰諱。舊時對尊長不直稱其名，謂避諱。故諱，有隱避之意。

㈢ **眉州眉山** 眉州，州名，宋屬成都路，今四川眉山縣，其舊治也。眉山，縣名，宋置，為眉州州治。即今四川省眉山縣。

㈣ **始舉進士** 開始參加進士考試。時在宋仁宗慶曆七年（西元一〇四七年）。舉，作動詞用，應試曰舉。

㈤ **茂材異等** 制科之一，宋仁宗時置高蹈丘園科、沈淪草澤科、茂材異等科，以待非常之士，與例常科舉不同。已仕者亦可參加，中者多優予官職。

㈥ **居** 停留，過了。

㈦ **所有** 這裡指「學問」講。

㈧ **蓋** 句首情態副詞，表示不肯定語氣，有「大概」的意思。

㈨ **侈** 這裡作「多」解。

㈩ **約** 簡約，少。

(十一) **微** 精微。

(一二) **著**　顯著，明顯。

(一三) **煩**　繁多。

(一四) **肆**　猶言放縱，恣肆。

(一五) **不流**　此指流蕩無根。

(一六) **決**　沖破堤岸。

(一七) **引**　作牽引解。

(一八) **略**　大略、大致。

(一九) **於**　介詞，有比較之意。

(二〇) **窮達得喪**　窮，困頓不得志。達，富貴顯達。得喪，即得失。

(二一) **屬**　專注。

(二二) **應接酬酢**　應接，應酬接待。酬酢，賓主宴飲時，主敬客爲酬，客回敬叫酢。

(二三) **錯出於外**　指於外表雖錯綜複雜。錯，雜。外，外表。

(二四) **用心於內**　指於內心卻認眞思考。內，內心。

(二五) **嘉祐初**　即宋仁宗初年。嘉祐，宋仁宗年號。

(二六) **軾轍**　蘇洵二子，長子軾，字子瞻，嘉祐進士，著名文學家。其爲文涵渾奔放，詩亦清澈雋逸。詞稱豪放派之祖，著有《東坡七集》；又工書法，號稱蘇體。轍，洵次子，字子由，與其兄軾同登進士第，又同策則舉。爲文汪洋澹泊，與兄齊名。著有《欒城集》。

㉗ **參知政事** 官名，宋時為副宰相，毗（音ㄆㄧˊ，在此作「輔助」解）大政，參庶務，其職位下宰相一等。

㉘ **翰林學士** 官名，宋有翰林學士院，專職官員為翰林學士，由文名高的官員充任，掌起草制、誥、詔、令等任充要員，宣布戰伐之類機密文件。歐陽脩任此職約在宋仁宗嘉祐元年（西元一〇五六年）。明允至京師時，脩為翰林學士、得其所著《權書》《衡論》等二十二篇，獻給仁宗。

㉙ **禮部** 官署名，掌禮樂、祭祀、朝會、學校、貢舉等政令宣導與組織工作。歐陽脩曾於嘉祐二年（西元一〇五七年）任知貢舉，主持禮部考試。得蘇軾所作《刑賞為忠孝之至論》，驚喜，欲擢高第，疑曾鞏行為，但置第二，復以《春秋》對義居第一。轍年十九，與軾同登進士第。

㉚ **海隅障徼** 指遙遠的海角和偏僻的邊塞。海隅，海角。障徼，障，蔽塞，徼，音ㄐㄧㄠˋ，邊界。

㉛ **舍人院** 官署名，掌內制詔令，屬中書省。自宋太宗以後，凡特旨召試者，或試於中書學士舍人院，或遣官專試。當時宰相韓琦見蘇洵之書，極為賞識，奏於朝，召洵試舍人院，洵辭疾不至。

㉜ **秘書省校書郎** 秘書省，官署名，掌管經籍圖書、國史、實錄等事。其屬官有著作郎、校書郎。校書郎掌校勘書籍，訂正訛誤。

㉝ **頃之** 不久。

㉞ **霸州文安縣主簿** 霸州，州名，治所在永清（今河北省霸縣）。主簿，官名，主管簿目文書，辦理庶務，與縣丞同為縣令之佐官。

㉟ **太常禮書** 太常，官名，依宋制中央部門有「九寺」，其一為太常寺卿、少卿等官，職掌禮樂、

郊廟、社稷之祭祀等。禮書，記述禮儀之書。當時太常修纂建隆以來禮書，以蘇洵爲文安縣主簿，與陳州項城令姚闢同修禮書，撰《太常因革禮》百卷。

(三六) **以賢良方正策入等**　是說蘇軾、蘇轍又因賢良方正科的策問，被錄取等。賢良方正，爲制科之一，宋太祖設賢良方正能直言極諫、經學優深，可爲師法，詳閑吏理，達於教化凡三科，其後興廢不一，更增其名目曰賢良方正能直言極諫科、博通墳典明於教化科、才試兼茂明於體用科、詳明吏理可使從政科、洞明韜略運籌帷幄科、軍謀宏遠才任邊寄科，以待京朝之被舉，及起應選者。策，策問，科舉時試士，發策問之，使之條對，亦曰對策。宋時制科分爲五等，上二等皆虛設，惟以各等取人。然中選者亦皆第四等，入第三等者幾如鳳毛麟角。軾於轍與嘉祐五年同策制舉，軾對策入三等，轍以言辭過直，入第四等。

(三七) **見**　通現，顯揚。

(三八) **治平三年**　治平，宋英宗年號。三年，即西元一〇六六年。

(三九) **禮書**　即指蘇洵所集的《太常因革禮》也。

(四〇) **未報**　還未及得到皇帝的答覆。

(四一) **四月戊申以疾卒**　即宋英宗治平三年四月戊申（西元一〇五六年五月二十一日）因病而死。

(四二) **輔臣**　輔佐天子的大臣。

(四三) **閭巷**　即街巷，此處指居住街巷的平民百姓。

(四四) **集有二十卷**　即《嘉祐集》二十卷。

(四五) **謚法** 書名，蘇洵撰，洵取六家謚法，刪定考證，除其蕪雜，凡取一百六十八謚，三百十一條、新改二十三謚，新補十七條，又有七法八類，於舊文多有改正。所謂「謚法」，古代帝王及百官死後，當政者按其生平行事作出總結式的褒貶，給予一個稱號，叫「謚法」。

(四六) **有司** 官府。

(四七) **易傳** 解釋《易經》經義的著作。蘇洵作《易傳》未成，後蘇軾遵其志完成。

(四八) **所存** 是指蘇洵其人之所思、所想。

(四九) **辨智** 指其巧言善辯而有機智。辨，通辯。

(五〇) **務一出己見** 務必完全出於自己的見解。一，完全。

(五一) **躡故跡** 言蹈襲前人的足跡。躡，音ㄋㄧㄝˋ，踏，追隨。

(五二) **頗喜言兵** 相當喜歡談論軍事。蘇洵有《權書》十篇，系統性研究戰略戰術問題，〈幾策〉中有〈審敵〉篇，〈衡論〉中有〈御將〉篇，〈兵制〉篇；另有〈制敵〉、〈上韓樞密書〉、〈上皇帝書〉、〈六國論〉、〈項籍〉等，多論及軍事問題。

(五三) **概然** 慷慨激憤的樣子。

(五四) **殿中丞直史館** 殿中丞，官名，屬殿中省。殿中有設監少、監丞各一人，專掌供奉宮廷飲食、醫療、服御、幄奕、輿輦、舍以之政令。直史館，宋代史館的屬官。直，通值，當值、值班，供職於某處。史館，官署名，掌修纂日曆、國史等。屬官有檢討，直史館等。

(五五) **大名府推官** 大名府，宋初為天雄軍節度。慶曆二年建為北京，八年設大名府，屬河北路，治所在大名（今河北省大名縣東），位當河南、河北交通要衝。推官，官名，宋於各府皆設推官，掌理刑獄。

(五六) **銘**　指墓銘，對死者贊揚悼念之詞。一般爲韻文。

(五七) **壙**　音ㄎㄨㄤˋ，墓穴。

(五八) **冢**　音ㄓㄨㄥˇ，墳墓。

(五九) **兮**　語助詞，屈原作〈離騷〉，其語尾皆用兮字，後人作韻語者多仿其體，謂之騷體。

(六〇) **夷**　平。

(六一) **六馬**　古代皇帝車駕六馬，馬八尺稱龍，因亦稱六龍。

(六二) **齧浮桑**　齧，音ㄋㄧㄝˋ，咬。浮桑，即扶桑，神木，相傳爲東方日出之地。語本《史記・河渠書》：「齧桑扶兮淮泗滿」，此爲漢武帝臨河決時所作的〈瓠子歌〉中的詞句。

(六三) **粲**　燦爛。

(六四) **伏玩**　佩服玩味之意。伏，通服，欽佩。玩，玩味，研習。

(六五) **雕肺腸**　猶言「雕肝琢腎」，比喻寫作時苦心琢磨。

(六六) **洎幽荒**　洎，音ㄐㄧˋ，及，到。幽荒，僻遠的地方。

(六七) **矧**　音ㄕㄣˇ，況且、何況。

(六八) **律呂**　爲我國古代十二律的簡稱。各律從低到高依次爲黃鍾、大呂、太簇、夾鍾、姑洗、仲呂、蕤賓、林鍾、夷則、南呂、無射、應鍾，奇數各律稱「律」，偶數各律稱「呂」，總稱「六律」

「六呂」，或簡稱「律呂」。此古代正音之器，據傳爲黃帝時樂官伶倫所造。

㊈ **宮商** 爲五聲之二。所謂五聲，即宮、商、角、徵、羽。此句在泛言蘇洵與其二子軾，轍以文辭相唱和。猶律呂與宮商之彼此相應也。

㊉ **羽峨峨** 羽，鳥羽，在此用作動詞，指展翅高飛。峨峨，形容高峻。

㊀ **颺** 「揚」的異體字，高飛。

㊁ **奄忽** 猶倏忽。急遽之意。

㊂ **汴之陽** 汴，水名，流經汴京。汴京，即今之河南開封，北宋建都於此。陽，汴水之北，蘇洵卒於汴京，故云。

㊃ **維** 語首助詞，在此有提振語氣作用。

㊄ **暐煌煌** 暐，音ㄨㄟˇ，通煒，光彩很盛之意。煌煌，明亮、光明。

㊅ **慶彌長** 言蘇洵之文，光燄萬丈，使後人永受其福。慶，猶福也。彌，益，更。長，永久。

㊆ **庸何傷** 何用哀傷。庸何，何用，這種詞大多用於否定語氣。

## 【賞析】

哀祭文濫觴於《詩經・秦風・黃鳥》，所謂「三良殉秦，百夫莫贖，事均夭枉，黃鳥賦哀，抑亦詩人之哀辭也。」時至魏晉，逐漸盛行；唐宋以下，多有佳篇，爲八大家中韓愈之〈歐陽生哀辭〉，歐陽脩的〈祭尹師魯文〉，均可光耀當代，增益後世。劉勰提到「哀辭」的作法時說：「原夫哀辭大體，情至於痛傷，而辭窮乎愛惜。……必使情往會悲，文來引泣，乃其貴耳。」可見內容上以悲痛哀傷爲主，措辭上以對死者的愛憐惋惜爲能事。……必須使感情的流露，能會合悲悼，文章讀起來，能引人垂泣。才是理想的佳作。在語言形式方面，或韻或散，或四言、或六言、或雜言，亦無定則。至於布局方面，唐以前哀祭文多有序，正文則以駢儷的韻文成篇，後世多不受此限，曾鞏此文，雖循古制，但序文卻打破常規，行文明白如話，通篇內容不以「痛傷」爲主軸，而立意於「頌揚」二字。具落筆婉轉，要言不煩，情至文生，對其「布衣馳譽」，「賢良用晚」的一生，無不令人慨歎頓起，臨風落淚！

全文分「序文」和「哀辭」兩部分，序文又可分三段，首段，由洵「少不喜學」，屢試「不中」生發，遂歸而焚其所爲文、閉戶苦讀，五、六年之間，遂博通《六經》百家之說，下筆頃刻數千言。接著便詳寫蘇洵爲文的基本方法，是「指事析理，引物託喻」，其創作藝術表現在六個方面，即「侈能盡之約」，「遠能見之近」，「大能使之微」，「小能使之著」，「煩能不亂」，「肆能不流」。說明蘇洵的文章，能夠化蕪雜爲簡要，見深遠於淺近，大事能探明精微，小事能更加顯著，煩雜無端的能整然有序，豪情奔放的不至泛濫無歸。其效果是文氣雄壯俊偉，如決堤的江河奔騰而下，文理輝光四射，像空中的星辰照耀於上，以下用「以余之所言，於余之所不言，可推而知也」一句，語辭警策，概括精練。且承上啟下，轉折自然。以下引出蘇洵文章內容，既廣泛而又有深度，所謂「於其窮達得喪，憂嘆哀樂，念有所屬，必發之於此。」「於古今治亂興壞，是非可否之際，意有所擇，亦必發之於此。」「於應接酬酢萬事之變者，雖錯出於外，而用心於內者，未嘗不在此也。」

次段行文，利用明避暗取之法，儘量避開與歐陽脩的〈墓誌銘〉雷同，但在他說明嘉祐初，洵始與二子軾、轍遊京師，得參知政事歐陽脩的賞識，在禮部貢舉中擢之高等的同時，其筆端卻傾注了對蘇洵家教嚴謹的讚歎。至於讀三蘇文章之美並盛傳於世時，言得而讀之者的反應是，「爲之驚」，「歎不可及」「慕而效之」，言三蘇之文，名滿海隅障徼，當時學士大夫莫不「人知其名」，「家有其書」，語辭非常簡潔，文勢直貫而下，文句的效力極高，又極富才氣和神韻。讀來不但不覺得雕琢，反給人以質樸平實，確鑿有據之感！

三段，論敘蘇洵生平著述，重點放在「頗喜言兵」方面，綜其專涉「言兵」的作品，計有〈權書〉、〈制敵〉、〈審敵〉、〈御將〉、〈兵制〉等，所以曾鞏稱他「慨然有志於功名者也」。此處作者落筆仍然放在蘇洵爲文已攀登了文壇顛峰，與篇首的屢試不中作對比，既照應了文章首尾呼應的關係，又始終圍繞著序文的主旨；至於所謂「仕途閱歷」，大都一筆帶過，毫無節外生枝之感！作者從蘇洵衆多作品中，只選出《太常因革禮》、《謚法》和未成的《易傳》，前二書藏於有司，後一書「未成」，但作者卻以「讀其書者，則其人之所存可知也」，加以褒獎。自始自終，作者將「人品」「文品」兩相結合，融薈在字裡行間，這無疑是本文的重要特色。

最後，是「哀辭」，哀辭爲韻文，共十七句，大體是序文的概括，但「御六馬」以下四句，能在蘇洵文章風采這個重點上，作生發性的強化和渲染，爲讀者開啟了進一步的想像空間。「自京師」以下四句，則言蘇氏父子三人在文章造詣上的高標獨步，是針對序文第二段內容的有力發揮。結尾說蘇洵著述暐煌，沾溉後世，是正可慶幸之事。因此，我們就無須乎過分爲逝者哀慟。哀意既盡，而又結全文於振拔之中，行文運思頗得「寄深寫遠」「表裡一致」之效。

全篇結構自然精巧，層次明晰，轉折不露痕跡，而文字古樸有風致。內涵深邃，言近旨遠，隱寓筆端，造語委婉迴環，更兼以騷賦體辭結篇，情感濃烈，音節響亮，使序文與哀辭細言婉語，前後酬對，如玉振金鳴，給人以藝術上的強烈感染！

# 伍、附　錄

## 附錄一、曾鞏傳記資料

### (一)曾鞏傳（《宋史》卷三百一十九）

曾鞏字子固，建昌南豐人。生而警敏，讀書數百言，脫口輒誦。年十二，試作《六論》，援筆而成，辭甚偉。甫冠，名聞四方。歐陽脩見其文，奇之。

中嘉祐二年進士第。調太平州司法參軍，召編校史館書籍，遷館閣校勘、集賢校理，爲實錄檢討官。

出通判越州，州舊取酒場錢給募牙前，錢不足，賦諸鄉戶，期七年止；期盡，募者志於多人，猶責賦如初。鞏訪得其狀，立罷之。歲饑，度常平不足贍，而田野之民，不能皆至城邑。諭告屬縣，諷富人自實粟，總十五萬石，視常平價稍增以予民。民得從便受粟，不出田里，而食有餘。又貸之種糧，使隨秋賦以償，農事不乏。

知齊州，其治以疾姦急盜爲本。曲堤周氏擁資雄里中，子高橫縱，賊良民，污婦女，服器上僭，力能動權豪，州縣吏莫敢詰，鞏取寘於法。章丘民聚黨村落間，號「霸王村」，椎剽奪囚，無不如志。鞏配三十一人，又屬民爲保伍，使幾察其出入，有盜則鳴鼓相援，每發輒得盜。有葛友者，名在捕中，一日，自出首。鞏飲食冠裳之，假以騎從，輦所購金帛隨之，夸徇四境。盜聞，多出自首。鞏外視章顯，實欲攜貳其徒，使之不能復合也。自是外戶不閉。

河北發民濬河，調及他路，齊當給夫二萬。縣初按籍三丁出夫一，鞏括其隱漏，至於九而取一，省費數倍。又弛無名渡錢，爲橋以濟往來。徙傳舍，自長清抵博州，以達於魏，凡省六驛，人皆以爲利。

徙襄州、洪州。會江西歲大疫，鞏命縣鎭亭傳，悉儲藥待求。軍民不能自養者，來食息宮舍，資其食飲衣衾之具，分醫視診，書其全失、多寡爲殿最。師征安南，所過州爲萬人備。他吏暴誅亟斂，民不堪。鞏先期區處猝集，師去，市里不知。

加直龍圖閣、知福州。南劍將樂盜廖恩既赦罪出降，餘衆潰復合，陰相結附，旁連數州，尤桀者呼之不至，居人慴恐。鞏以計羅致之，繼自歸者二百輩。福多佛寺，僧利其富饒，爭欲爲主守，賕請公行。鞏俾其徒相推擇，識諸籍，以次補之。授帖於府庭，卻其私謝，以絕左右徼求之弊。福州無職田，歲鬻園蔬收其直，自入常三四十萬。鞏曰：「太守與民爭利，可乎？」罷之。後至者亦不復取也。

徙明、亳、滄三州。

鞏負才名，久外徙，世頗謂偃蹇不偶。一時後生輩鋒出，鞏視之泊如也。過闕，神宗召見，勞問甚寵，遂留判三班院。上疏議經費，帝曰：「鞏以節用爲理財之要，世之言理財者，未有及此。」帝以《三朝、兩朝國史》各自爲書，將合而爲一，加鞏史館修撰，專典之，不以大臣監總，既而不克成。會官制行，拜中書舍人。時自三省百職事，選授一新，除書日至十數，人人舉其職，於訓辭典約而盡。尋掌延安郡王牋奏。故事命翰林學士，至是特屬之。甫數月，丁母艱去。又數月而卒，年六十五。

鞏性孝友，父亡，奉繼母益至，撫四弟、九妹於委廢單弱之中，宦學婚嫁，一出其力。爲文章，上下馳騁，愈出而愈工，本原《六經》，斟酌於司馬遷、韓愈，一時工作文詞者，鮮能過也。少與王安石遊，安石聲譽未振，鞏導之於歐陽脩，及安石得志，遂與之異。神宗嘗問：「安石何如人？」對曰：「安石文學行義，不減揚雄，以吝故不及。」帝曰：「安石輕富貴，何吝也？」曰：「臣所謂吝者，謂其勇於有爲，吝於改過耳。」帝然之。呂公著嘗告神宗，以鞏爲人行義不如政事，政事不如文章，以是不大用云。

論曰：曾鞏立言於歐陽脩、王安石間，紆徐而不煩，簡奧而不晦，卓然自成一家，可謂難矣。宋之中葉，文章法理，咸精其能，若劉氏、曾氏之家學，蓋有兩漢之風焉。

## (二)曾鞏行狀

曾肇

公諱鞏，字子固，建昌軍南豐人。曾祖諱仁旺，贈尙書水部員外郎。祖諱致堯，尙書戶部郎中，直史館，贈右諫議大夫。考諱易占，太常博士，贈光祿卿。母吳氏，文城郡太君。母朱氏，仁壽郡太君。公嘉祐二年進士及第，爲太平州司法參軍。召編校史館書籍，歷館閣校勘、集賢校理，兼判官告院。嘗爲《英宗實錄》檢討官，不踰月罷。出通判越州，歷知齊、襄、洪州，進直龍圖閣，知福州，兼福建路兵馬鈐轄，賜緋衣銀魚，召判太常寺，未至，改知明州，徙亳州，又徙滄州，不行，留判三班院。遷史館修撰、管勾編修院，兼判太常寺。元豐五年四月，擢試中書舍人，賜服金紫。九月丁母憂。明年四月丙辰終於江寧府，享年六十有五。自大理寺丞，五遷尚書度支員外郎，授朝散郎，勳累加輕車都尉。元配晁氏，光祿少卿宗恪之女。繼室李氏，司農少卿禹卿之女。子男三人：綰，太平州司理參軍；綜，太廟齋郎；綱，承務郎。二女蚤卒。孫男六人：悊、恴、愈、悬、忞、憩。悊，假承務部，餘未仕。孫女五人。元豐七年六月丁酉葬南豐從周鄉之源頭。

曾氏姒姓，其先魯人。至其後世，避地遷於豫章，子孫散處江南。今家南豐者，自高祖諱延鐸始也。初，蒧及參父子俱事孔子。蒧樂道忘仕，孔子與之。參以孝德爲世稱首。而參孫西，恥自比於管仲。其世德淵源所從來遠矣。至皇祖大夫以直道正言爲宋名臣，皇考光祿博學懿文，惇行孝友，明古誼，達時變，位不配德，著書垂後，畜厚流長。天以道德文章鍾於公身，以侈大前烈，開覺後嗣，實命世之宏材，不待文王而興者歟！

公生而警敏，不類童子，讀書數百千言，一覽輒誦。年十有二，日試《六論》，援筆而成，辭甚偉也。未冠，名聞四方。是時宋興八十餘年，海內無事，異材間出。歐陽文忠公赫然特起，爲學者宗師。公稍後出，遂與文忠公齊名。自朝廷至閭巷海隅障塞，婦人孺子皆能道公姓字。其所爲文，落紙輒爲人傳去，不旬月而周天下。學士大夫手抄口誦，唯恐得之晚也。蓋自揚雄以後，士罕知經，至施於政事，亦皆卑近苟簡，故道術寖微，先王之跡不復見於世。公生於末俗之中，絕學之後，其於剖析微言，闡明疑義，卓然自得，足以發六藝之蘊，正百家之謬，破數千之惑。其言古今治亂得失是非成敗，人賢不肖，以至彌綸當世之務，斟酌損益，必本於經，不少貶以就俗，非與前世列於儒林及以功名自見者比也。至其文章，上下馳騁，愈出而愈新，讀者不必能知，知者不必能言。蓋天材獨至，若非人力所能，學者憊精覃思，莫能到也。世謂其辭於漢唐可方司馬遷、韓愈，而要其歸，必止於仁義，言近指遠，雖《詩》、《書》之作者未能遠過也。

其爲人惇大直方，取舍必度於禮義，不爲矯僞姑息以阿世媚俗。弗在於義，雖勢官大人不爲之屈，非其好，雖舉世從之，不輒與之比。以其故，世俗多忌嫉之，然不爲之變也。

其材雖不大施，而所治常出人上。爲司法，論決重輕，能盡法意，繇是明習律令，世以法家自名者有弗及也。爲通判，雖政不專出，而州賴以治。初，嘉祐中，州取酒場錢給牙前之應募者，錢不足，乃俾鄉戶輸錢助役，期七年止。後酒場錢有餘，應募者利於多入錢，期盡而責鄉戶輸錢如故。公閱文書，得其姦，立罷輸錢者二百餘戶，且請下詔約束，毋擅增募人錢。歲饑，度常平不足仰以賑給，而田居野處之人，不能皆至城郭，至者群聚，有疾癘之虞。前期喻屬縣召富人，使自實粟數，總得十五萬石，視常平賈稍增以予民，民得從便受粟，不出田里而食有餘，粟賈爲平。又出錢粟五萬貸民爲種糧，使隨歲賦入官，農事賴以不乏。爲州務去民疾苦，急姦強盜賊而寬貧弱，曰：「爲人害者不去，則吾人不寧。」齊曲堤周氏，衣冠族也，以資雄里中。周氏子高橫縱淫亂，至賊殺平民，污人婦女，服器擬乘輿。高力能動權貴，州縣勢反出其下，故前後吏莫敢詰。公至，首取高置於法。歷城章丘民聚黨數十，橫行村落間，號霸王社，椎埋盜奪篡囚縱火，無敢正視者。公悉擒致之，特配徙者三十一人，餘黨皆潰。是時州縣未屬民爲保伍，公獨行之部中，使譏察居人，行旅出入經宿皆籍記，有盜則鳴鼓相援。又設方略，明賞購，急追捕，且開人自言，故盜發輒得。有葛友者，屢剽民家，以名捕不獲。一日自出，告其黨。公予袍帶酒食，假以騎從，輦所購金帛隨之，徇諸郡中。盜聞多出自言。友智力兼人，公外示章顯，實欲攜貳其徒，使之不能復合也。齊俗悍強，喜攻劫。至是豪宗大姓斂手莫敢動，寇攘屏跡，州部肅清，無枹鼓之警，民外戶不閉，道不拾遺。閩粵負山瀕海，有銅鹽之利，故大盜數起。公至部時，賊渠廖恩者既赦其罪，誘降之，然餘衆觀望，十百爲群，既潰復合，陰相推附，至連數州。其尤桀者，隸將樂縣，縣嘗呼之不出，愈自疑，且起踵恩所爲，居人大恐。公念欲綏之，恐勢滋大，急之是趣其爲亂，卒以計致之。前後自歸若就執者幾二百人。又擒海盜八人，自殺者五人，老姦宿偷相繼縛致者又數十人。吏士以次受賞。公復請並海增巡檢員以壯聲勢。自是幅員數千里無敢竊發者，民山行海宿，如在邪郭。亳亦號多盜，治之如齊，盜爲引去。

公爲人除大患者既如此，至於澄清風俗，振理頹壞，鬥訟衰熄，綱紀具修，所至皆然也。其餘廢舉後先，則視其時，因其便爲之。在齊，會朝廷變法，遣使四出，公推行有方，民用不擾。使者或希望私欲有所爲，公亦不聽也。河北發民浚河，調及他路，齊當出夫二萬。縣初按籍，二丁三丁出一夫，公括其隱漏，後有至九丁出一夫者，省費數倍。又損役人以紓民力，弛無名渡錢，爲橋以濟往來。徙傳舍，自長清抵博州，以達於魏，視舊省六驛，人皆以爲利。其餘力比次案牘簿書，藏之以十五萬計，他州亦然。既罷，州人絕橋閉門遮留，夜動間乃得去。襄州繼有大獄，逮繫充滿，有執以爲死罪者，公至，閱囚牘，法當勿論，即日縱去，并釋者百餘人。州人噪呼曰：「吾州前坐死者衆矣，孰知非冤乎？」在洪，會歲大疫，自州至縣鎮亭傳，皆儲藥以授病者。民若軍士不能自養者，以官舍舍之，資其食飲衣衾之具，以庫錢佐其費，責醫候視，記其全失多寡，以爲殿最，人賴以生。安南軍興，道江西者，詔爲萬人備。州縣暴賦急斂，芻粟賈踴貴，百姓不堪。公獨不以煩民，前期而辦，又爲之區處次舍井爨什器，皆有條理，兵既過而市里不知也。福州多佛寺，爲僧者利其富饒，爭欲爲主守，賕請公行。公俾其徒自相推擇，籍其名，以次補之，授文據廷中，卻其私謝，以絕左右徼求之敝。民出家者三歲一附籍，殆萬人，闔府徼賂，至裒錢數千萬，公易不禁而自止。廢寺二，皆囊槖爲奸者，禁婦女毋入寺舍。明州有詔完城，既程工費，而會公至，初度城周二千五百餘丈，爲門樓十，故甓可用者收十之四，公爲再計，城減七十餘丈，門當高麗使客出入者，爲樓二，收故甓十之六，募人簡棄甓可用者，量酬以錢，又得十之二，凡省工費甚衆，而力出於役兵傭夫，不以及民。城成，總役者皆進官，而公不自言也。公嘗以謂州縣困於文移煩數，民病於追呼之擾也，故所至出教，事應下縣，責其屬，度緩急與之期。期未盡，不復移書督趣，期盡不報，按其罪；期與事不相當，聽縣自言，別與之期。而案與期者，即有所追逮，州不遣人至縣，縣毋遣人至田里。縣初未甚聽，公小則罰典史，大則幷劾縣官。於是莫敢慢，事皆先期而集，民不知擾，所省文移數十倍。事在州者，督察勾稽，皆有程式，分任僚屬，因能而使，公總覽綱條，責成而已。蓋公所領州多號難治，及公爲之，令行禁止，莫敢不自盡。政巨細畢舉，庭無留事，囹圄屢空。人徒見公朝夕視事，數刻而罷，若無所用心者，不知其所操者約且要，而聰明威信足以濟之，故不勞而治也。吏民初或憚公嚴，已而皆安其政，既去，久而彌思之。其於內所更官告院、三班、太常，遇事不爲苟簡，革官告院宿敝尤多，凡所規畫，至今守之不改。

蓋公自在閭巷，已屬意天下事，如在朝廷。而天下亦謂公有王佐之材，起且大任，庶幾能明斯道，澤斯民，以追先王已墜之跡。然晚乃得仕，仕不肯苟合，施設止於一州。州又有規矩繩墨，爲吏者不敢毫髮出入。則其所設弛，特因時趣宜，固不足以發公之蘊，又況其大者乎！

公自爲小官，至在朝廷，挺立無所附，遠跡權貴，由是愛公者少。爲編校書籍，積九年，自求補外，轉徙六州，更十餘年，人皆爲公慊然，而公處之自若也。公於是時，既與任事者不合，而小人乘間又欲擠之。一時知名士，往往坐刺譏辭語廢逐。公於慮患防微絕人遠甚，政事弛張操縱雖出於己，而未嘗廢法自用，以其故莫能中傷，公亦不爲之動也。

賴天子明聖，察公賢，欲用公者數矣。會徙滄州，召見勞問甚寵，且諭之曰：「以卿才學，宜爲衆所忌也。」遂留公京師。公亦感激奮勵，欲有所自效。數對便殿，所言皆大體，務開廣上意，上未嘗不從容領納，期以大任。一日手詔中書門下曰：「曾鞏以史學見稱士類，宜典《五朝史事》。」遂以公爲修撰。既而復諭公曰：「此特用卿之漸爾。」近世修國史，必衆選文學之士，以大臣監總，未有以五朝大典獨付一人如公者也。故世不以用公爲難，而以天子知人、明於屬任之爲難也。公夙夜討論，未及屬稿，會正官名，擢中書舍人，不俟入謝，使諭就職。時自三省至百執事，選授一新，除吏日至數十人，人人舉其職事以戒，辭約義盡，論者謂有三代之風，上亦數稱其典雅。皇子延安郡王牋奏，故事命翰林學士典之，至是上特以屬公。在職百餘日，不幸屬疾，遭家不造，以至不起。

始，公之進，天下相慶以爲得人，謂且大用。及聞公歿，皆嘆息相弔，以謂公之志，卒不大施於世，其命也夫！

公性嚴謹，而待物坦然，不爲疑阻。於朋友喜盡言，雖取怨怒不悔也。於人有所長，獎勵成就之如弗及。與人接，必盡禮。有懷不善之意來者，竢之益恭，至使其人心悅而去。遇僚屬盡其情，未嘗有所按謫，有所過誤抵法者，力爲辨理，無事而後已。在官有所市易，取賈必以厚，予賈必以薄，於門生故吏以幣交者，一無所受。福州無職田，歲鬻園蔬收其直，自入常三四十萬。公曰：「太守與民爭利可乎？」罷之，後至者亦不復取也。

平生無所玩好，顧喜藏書，至二萬卷，仕四方，常對之俱，手自讐對，至老不倦。又集古今篆刻，爲《金石錄》五百卷。公未嘗著書，其所論述，皆因事而發。旣歿，集其稿爲《元豐類稿》五十卷、《續元豐類稿》四十卷、《外集》十卷。後之學者因公之所嘗言，於公之所不言，可推而知也。

初，光祿仕不遂而歸，無田以食，無屋以居，公時尚少，皇皇四方，營飦粥之養。光祿不幸蚤世，太夫人在堂，闔門待哺者數十口，太夫人以勤儉經理其內，而教養四弟，相繼得祿仕，嫁九妹皆以時，且得所歸，自委廢單弱之中，振起而亢大之，實公是賴。平居未嘗遠去太夫人左右，其仕於外，數以便親求徙官，太夫人愛之異甚。

嗚呼！天奪吾母，不數月又奪吾兄，何降禍之酷至於斯極也！豈其子弟積惡，罰不於其身，而及其母兄，使之抱終天之痛，爲世之所大僇耶？不然，吾母之賢也，吾兄之盛德也，相繼而殞，所謂天道常與善人，果何如也？爲子弟者，不自滅身，罪固大矣。又不能推原前人德賴勞績，托於當世之文章，以明著之無窮，是又罪之大者也。矧公於肇，屬則昆弟，恩猶父師，其於論次始終所不敢廢。維公於葬宜有銘，於墓隧宜有碑，於國史宜有載。輒不自知其迷謬，忍痛輟泣，謹述公歷官行事如左。

至於論議文章見於公集者，後當自傳，此弗著。特著其大節，弗敢略，弗敢誣，以告銘公葬若碑者，且以待史官之訪焉。

## 三曾鞏墓誌銘

林希

公曾氏，諱鞏，字子固。其先魯人，後世遷豫章，因家江南。公之四世祖延鐸，始爲建昌軍南豐人。曾祖諱仁旺，贈尙書水部員外郎。祖諱致堯，太宗、眞宗時，上書言天下事，嘗見選用，仕至尙書戶部郎中，直史館，贈右諫議大夫，文忠歐陽公爲銘其墓碑。考諱易占，太常博士，贈光祿卿。

公生而警敏，讀書過目輒誦。十二歲能文，語已驚人，日草數千言。始冠遊太學，歐陽公一見其文而奇之。公於經，微言奧旨，多所自得。一不蔽於俗學，隨問講解，以開學者之惑。其議論古今治亂得失賢不肖，必考諸道，不少貶以合世。其爲文章，句非一律，唯開合馳騁，應用不窮，然言近指遠，要其歸必止於仁義，自韓愈氏以來，作者莫能過也。

由慶曆至嘉祐初，公之聲名在天下二十餘年，雖窮閻絕徼之人，得其文手抄口誦，惟恐不及，謂公在朝廷久矣。而公方以鄉貢中進士第，爲太平州司法參軍。歲餘，召編校史館書籍，爲館閣校勘，集賢校理，兼判官告院，爲《英宗實錄》院檢討官。

出通判越州。初，嘉祐中，州取酒場錢給牙前之應募者，錢不足，乃使鄉戶輸錢助役，期七年止，期盡而責鄉戶輸錢如故。公閱文書，得其姦，立罷之，且請下詔約束，毋得擅增募人錢，歲饉。度常平不足以賑。前期諭屬縣，使富人自實粟，得十五萬石，視常平價稍增以予民。又出錢粟五萬，貸民爲種糧，使隨歲賦以入，民賴以全活。

徙知齊州。齊俗悍，喜攻劫，豪宗大姓多撓法。曲隄周氏世衣冠，以資雄里中。其子僣横，至賊殺平人，州縣莫敢詰。公至，首置之法。歷城章丘民聚黨數十百人，椎埋盜奪横行，無敢正視者。公擒致，悉黥徙之。弛無名渡錢，爲橋以濟往來。是時，州縣未屬民爲保伍，公獨行之。設方略，明賞購，急追捕，且開人自言，盜發輒得。由是奸寇屏跡，民外戶不閉，道至不拾遺，獄以屢空。會朝廷初變法，公推法意施行之，有次第，民便安之。後使者至，或希望私欲有所爲，公不聽也。

徙襄州，州繼有大獄，久不決。有當論死者，公閱其狀曰：「是當勿論，何得留此？」吏不能對。即出之，緣而釋者百餘人。州人叩頭曰：「吾州前坐死者衆矣，寧知非冤乎？」

又徙洪州，歲大疫，自州至縣鎭亭傳，皆儲藥以授病者，其不能具食飲衣衾者，佐以庫錢。師出安南，道江西者，詔爲萬人備。公獨不以煩民，爲之區處次舍井爨什器，皆前期而辦，兵旣過，市里有不知者。已而它州以不蚤計擾民者皆得罪。

進直龍圖閣，知福州，兼福建路兵馬鈐轄，賜緋章服。時部中大盜數起，南劍州賊渠廖恩者，旣赦其罪，誘降之，餘衆猶觀望，陰相推附，至連數州，其尤桀者，隸將樂縣，縣呼之不肯出，居人大恐。公遣使者以謀致之，前後自歸若就執者幾二百人，海盜自殺與縛致者又數十人。吏士以次受賞。復請並海增巡檢員，以壯聲勢，自是無敢竊發者。民行山浮海，如在郛郭。

召判太常寺，未至，改知明州。有詔完城，役有期。公親巡行，裁其工費甚衆，其力出於籍兵傭夫，而不以及民，城由是亟就。

數月徙亳州，亳亦多盜，公治之如在齊時。

公素慨然有志於天下事，仕既晚，其大者未及試。而外更六州皆劇處，然公爲之無難。始至，必先去民所甚患者，然後理頹弊，正風俗。凡所措畫，皆曲折就繩墨。其餘力比次案牘簿書。與屬縣爲期會，以省追呼，皆有法，終其去州，未嘗有一人至田里者。故所至有惠愛，既去，民思之不已，所爲法後終不可改。寮屬聞公名，始皆嚴憚之，久而察公廉平無私，又未嘗有所按擿，卒皆愧服。福州無職田，州宅歲收菜錢常三四十萬，公獨不取，以佐公錢，後至者亦不敢取。平居推誠待物，坦然無疑，於朋友喜盡言，雖取怨怒亦不悔。自其求補外凡十二年，而不悅公者屢欲有以擠之。然公奉法循理，終莫能中傷。

賴天子聖明，察公賢，欲召用者數矣。元豐三年，徙知滄州，過都，召見勞問久之，留勾當三班院。公亦感激奮勵，思有所自效。數對便殿，其所言，上每嘉納之。四年，手詔中書門下曰：「曾鞏史學見稱士類，宜典《五朝史事》。」遂以爲史館修撰、管勾編修院、判太常寺、兼禮儀事。近世修國史，必衆選文學之士，以大臣監總，未有以五朝大典獨付一人如公者。公入謝曰：「此大事，非臣所敢當。」上曰：「此用卿之漸爾。」因諭公，使自擇其屬。公薦邢恕，以爲史館檢討。五年四月正官名，擢拜中書舍人，賜紫章服，始受命，促使就職。時自三省至百執事，選授一新，除吏日至數十，人人舉其職事以戒，上數稱其典雅，天下翕然傳之。皇子延安郡王牋奏，故事命翰林學士典之，上特以屬公。

九月遭母喪，罷。六年四月丙辰卒於江寧府，享年六十有五。公自大理寺丞五遷尙書度支員外郎，授朝散郎。母曰文城郡太君吳氏，仁壽郎太君朱氏。娶晁氏，宜興縣君。又娶李氏，嘉興縣君。三男子：綰，太平州司理參軍；綜，太廟齋郎；綱，未仕。孫六人：悊、忞、愈、恳、恁、憇。公既卒，上以綱爲承務郎，悊爲假承務郎，敕所在量給其喪事。以七年六月丁酉葬公南豐從周鄉之源頭。

公於取舍去就必應禮義，未始有所阿附。治平中，大臣嘗議典禮，而言事者多異論，歐陽公方執政，患之。公著議一篇，據經以斷衆惑，雖親戚莫知也。後十餘年，歐陽公退老於家，始出而示之，歐陽公謝曰：「此吾昔者願見而不可得者也。」

所著《元豐類稿》五十卷，《續元豐類稿》四十卷，《外集》十卷。性嗜書，家藏至二萬卷，集古今篆刻，爲《金石錄》又五百卷，出處必與之俱。平生論事甚多，與夫所下條教可以爲世法者，不可悉著。

公少事光祿，家甚貧，奔走四方以致養。既孤，奉太夫人孝，鞠其四弟九妹，友愛甚篤，宦學婚嫁，一出公力。公既以文章名天下，其弟牟、宰、布，肇又繼中進士科，布嘗任翰林學士，肇以選爲尚書吏部郎中，與公同時在館閣，世言名家者推曾氏。公方遭時得君，未及有爲，而不幸以歿。士大夫爲之相弔，公之盛德，抑復有以遺於後乎！嗚呼，曾氏其顯矣！銘曰：

曾氏在南，三世有聞。維祖維考，始亨復屯。畜厚潛深，儒學之門。迨公之興，益顯於文。奮躬力行，道義之存。公自布衣，譽望四出。既位於朝，其剛不屈。公久於外，或留或徙。誰其知之？惟聖天子。天子曰咨，予惟汝賢。典予史事，五聖之傳。公拜稽首：臣敢不勉？肇新有官，左右慎選。於時中書，命令所在。帝曰往哉，予言汝代。凡百執事，分屬列職。肅然盈庭，俯聽訓敕。靖共夙夜，以出謀猷。四方鼓舞，天子之休。昔葳父子，見稱仲尼。淵源有來，公則承之。矧公親逢，聖人之時。帝察其忠，從容眷睞。赫然榮名，受祉未艾。奄以艱去，訃聞何亟。搢紳咨嗟，相顧失色。有存者言，有遺者直。惟茲之銘，是謂不沒。

更生案：「李震著《曾鞏年譜》。曾對林希其人加以考證，云：『林希，字子中，福建人，《宋史》卷第三百四十三有傳，曾爲館閣校勘、集賢校理，後任著作佐郎、禮部郎中，治平三年與曾鞏同任館職。曾鞏《相國寺維摩院聽琴序》，所敘同舍館臣即有林希。熙寧五年，曾鞏有《次道子中書問歸期》；元豐元年，又有《厚卿子中使高麗》，足見生平友誼之篤。』」

## 四神道碑　　韓維

公姓曾氏，諱鞏，字子固。其先魯人，後世遷豫章，因家江南。其四世祖延鐸，始爲建昌軍南豐人。曾祖諱仁旺，贈尚書水部員外郎。祖諱致堯，尚書戶部郎中，直史館，贈右諫議大夫。考諱易占，太常博士，贈右銀青光祿大夫，其履閱行實，則有國史若墓銘在。

公生而警敏，自幼讀書爲文，卓然有大過人者。嘉祐二年，登進士第，調太平州司法參軍。歲餘，召編校史館書籍，歷館閣校勘、集賢校理，兼判官告院，又爲《英宗實錄》院檢討官。出通判越州，屬歲饑，公興積藏，通有無，老稚怡怡，不出里閭，鼓腹而嬉。擢知齊州，齊俗悍強，豪宗大姓抵冒僭濫，其尤無良者，群行剽劫，光火發塚，吏不敢正視。公屬民爲伍，謹幾察，急追胥，且捕且誘，盜發輒得，市無攫金，室無冗壞，貨委於塗，犬不夜吠。徙知襄州，州有大獄，久不決，公一閱，知其冤，盡釋去，一郡稱其神明。又徙洪州，歲大疫，公儲藥物飲食，在所授病者，民以不夭死。師出安南道江西者，且萬人，公陰計逆具，師至如歸，既去而市里有不知者。進直龍圖閣，知福州，兼福建路兵馬鈐轄，賜五品服。時閩有大盜數千人，朝廷赦其罪降之，餘黨疑不順，往往屯聚，居人惴恐，瀕海山林阻深，椎埋剽盜，依以爲淵藪。公以方略禽獲募誘，亡慮數百人，增置巡邏，水行陸宿，坦如在郛郭。召判太常寺，未至，改知明州，有詔完州城，公程工賦，裁省費十六，民不知役而城具。數月，徙亳州。元豐三年，知滄州，道由京師，召對，神宗察公賢，留勾當三班院。數對便殿，其所言皆安危大計，天子嘉納之。四年手詔中書門下曰：「曾鞏史學見稱士類，宜典《五朝史事》。」遂以爲史館修撰，管勾編修院，判太常寺，兼禮儀事。公入謝曰：「此大事，非臣所敢獨當。」上諭：「以此特用卿之漸耳，毋重辭。」五年，大正官名，擢拜中書舍人，賜三品服。時除授日數十百人，公各舉其職以訓，丁寧深厚，學者以爲復見三代遺風。今天子爲延安郡王，其牋奏，故事命翰林學士典之。先帝特以屬公。九月，以母喪罷。六年四月丙辰，卒於江寧府，年六十有五。七年六月丁酉，葬於南豐從周鄉之源頭，敕在所給其喪事。

公剛毅直方，外謹嚴而內和裕。與人交，不苟合。朋友有不善，必盡言其過，有善必推揚其所長。獎誘後進，汲汲惟恐不逮。其爲政，嚴而不擾，必去民疾苦而與所欲者。未嘗按劾官吏，所莅至於今思之。天子且欲大用，而公不幸死矣。自大理寺丞，五遷尚書度支員外郎，授朝散郎，勳累加輕車都尉。

母周氏，豫章郡太夫人；吳氏，會稽郡太夫人；朱氏，遂寧郡太夫人。元配晁氏，光祿寺少卿宗恪之女。繼室李氏，司農少卿禹卿之女。子男三人：綰，瀛州防禦推官，知揚州天長縣事；綜，瀛州防禦推官，知宿州蘄縣事；綱，右承務郎，監常州稅務。二女蚤卒。孫男六人：悊、忠、愈、恳、忶、憇。悊，假承務郎。餘未仕。孫女五人。

公平生無所好，惟藏書至二萬卷，皆手自讎定。又集古今篆刻爲《金石錄》五百卷，出處必與之俱。既歿，集其遺稿，爲《元豐類稿》五十卷，《續元豐類稿》四十卷，《外集》十卷。自唐衰，天下之文變而不善者數百年。歐陽文忠公始大正其體，一復於雅。其後公與王荊公介甫相繼而出，爲學者所宗，於是大宋之文章，炳然與漢唐侔盛矣。

初，光祿公歸，家甚貧，公竭力以養，溫靖旨甘，無一不如志者。既孤，奉太夫人如事光祿，教養弟妹曲有恩意，四弟牟、宰、布、肇繼登進士第，布、肇以文學論議有聲當世。九妹皆得其所歸。

嗟乎，子固！而位止於斯，而壽止於斯，然其所以自立者，可以爲不亡矣，亦可以無憾矣！銘曰：

猗嗟子固，文與質生。不勤其師，幼則大成。學富行茂，其蓄弸弸。發爲文章，一世大驚。哲人既萎，邪說嘷吠。公不聽瑩，徑前無闐。砭廢藥瘍，抉昏剔聵。波濤沄沄，東入於海。姬淪劉亡，文弊辭靡。引商召羽，偶六駢四。組繡芬葩，不見粉米。公於其間，鷹揚虎視。發揮奧雅，揀斥浮累。巍然高山，爲衆仰止。栖遲掾曹，翺翔書府。如鷲之鶚，如薪之楚。出貳於越，究問疾苦。厲歲大歉，稼荒於畝。興積於民，發藏於庾。既助既補，裹糧含哺。或歌或呼，謂公父母。一麾出守，六上郡計。振張領目，補葺刓弊。庭不留訟，獄無濫繫。勞之來之，鰥寡以遂。公殿海服，有命來覲。帝曰汝賢，毋遠王室。其代予言，汝且輔弼。五聖大典，唯公紬繹。百官正名，唯公訓敕。忠言嘉謨，入則造膝。

公用不旣，公至不卒。偉望廣譽，如星如日。石可磷兮，公名不沒。

## (五)哀　詞　　秦　觀

皇受命而熙洽兮，實千祀而一時。協氣鬱而四塞兮，與盛德其俱升。麟鳳出而旁午兮，猶氤氳而扶輿。篤生我公兮，以文章爲世師。公神禹之苗裔兮，肇子爵而鄫封。逮去邑而爲氏兮，季葉汨其南征。祖騫翔而績著兮，考踸踔而文鳴。公旣生而多艱兮，踵祖武而好修。旣輕車又良御兮，遂大放乎厥詞。發天人之奧秘兮，約六藝而成章。元氣含而未泄兮，洞芒芴而窅冥。挽天河而一瀉兮，物應手而華昌。揖揚馬使先路兮，咸告公曰不敢。彼崔蔡之紛紛兮，孰云窺其藩翰。辰來遲兮而去速兮，固前修以跋疐。方盤礴而上征兮，遽相羊而補外。皇揆公之忠誠兮，即商墟而賜環。紬史牒乎東觀兮，裁誥命乎西垣。典章絕而復作兮，世爭睹而快先。正經緯乎終古兮，配維斗而昭然。變化詭而難常兮，雖司命其或昧。忽遭艱而去國兮，遂御哀而即世。述作紛其具存兮，悵爽靈之焉詣。信百年䰟斯須兮，遽電滅而欻逝。天不憖遺一老兮，固縉紳之所傷。矧不肖以薄技兮，早獲進於門牆。路貫江而修阻兮，曾莫奠乎酒漿。悲塡膺而茀鬱兮，聊自託於斯文。（見《淮海集》卷四十）

## (六)挽　詞　　蘇　轍

少年漂泊馬光祿，末路騫騰朱會稽。儒術遠追齊稷下，文詞近比漢京西。平生碑版無容繼，此日銘詩誰爲題？試數廬陵門下士，十年零落曉星低。（此詩見《欒城集》卷十三）。

## 挽詞　陳師道

早棄人間世，眞從地下游。丘原無起日，江漢有東流。身世從違裏，功名取次休。不應須禮樂，始作後程仇。

## 又

精爽回長夜，衣冠出廣庭。勳庸留琬琰，形像付丹青。道喪餘篇翰，人亡更典刑。侯芭才一足，白首《太玄經》。（以上二首〈挽詞〉見《後山居士文集》卷一）

## 挽詞　沈遼

江左老儒宗，鴻名五紀中。晚方參法從，久已冠群公。縗服始去位，仙丹浩無功。古人稱不巧，終不愧軻雄。

典學蚤名世，緒餘爲吏師。剛嚴終不倚，亮直欲誰欺？疾惡太阿刃，立言黃絹辭。平生游舊意，流涕向豐碑。（以上二首挽詞見《雲巢編》卷第五）。

## 挽辭　釋道僭

命世高標見實難，狂瀾旣倒賴公還。學窮游夏淵源際，文列班揚伯仲間。落落聲塵隨逝水，滔滔論著在名山。淒涼四海門人淚，想對秋風爲一潸。

雄詞大册破幽昏，返覆難窺斧鑿痕。投老雍容歸法從，銜哀倉卒去都門。雲泉已負高秋約，江渚空悲靜夜魂。誰與朝廷終太史，君王應待鶺鴒原。（以上二首見《參寥子詩集》卷第四）

## ㈦祭　文

沈　遼

維年日月，餘杭沈某謹以清酒牲牢敢昭告於故友子固舍人兄之靈。嗚呼！昔有以相知者，世豈復知？公今逝矣，而吾方寄死於衰羸。欲矢諸文辭以抒哀兮，空皎皎其何爲？吾聞聰明正直，歿將爲神尚何疑。清酒在罇，牲牢在柈，即具事神之禮以告。維公來下饗之。（《雲巢編》卷第十）

（更生案：李震《曾鞏年譜》云：「沈遼，宋杭州錢塘（今浙江杭州）人，字睿達，兄沈遘，從叔沈括。善書法，曾鞏墓志銘即其所書，卒於元豐八年（西元一〇八五年）。）

## 祭　文

孔武仲

惟公文爲世表，識在人先。憤道之息，志於必傳。絕衆超群，自其少年。況有宗工，援引於前。雷動風興，聲薄於天。匪獨好古，窮探簡編。又達世務，不以跡牽。瀦爲積澤，決爲流泉。威爲秋肅，施爲春妍。時輩謂公，德業之全。外將六州，晚直西垣。商盤周誥，日代帝言。樞庭鈞府，衆曰不遷。壽柄誰操，付與何偏？山摧玉折，反掌之間。士亡宗師，國失能賢。我少方蒙，公發其源。長仕岱陰，從以周旋。決疑辨惑，一語不捐。或鉤其細，毫積絲聯。或究其大，苞方括圓。面獎所是，奪其不然。

粗若有知，公賜多焉。公方擇隱，在湓之壖。我亦於此，謀安一廛。謂公優游，從容於田。幽明隔矣，所志不宣。茫茫太空，孰招以還。或當上浮，追躡列仙。決不沒沒，凡兒比肩。公若播後，不待銘鐫。公子俱芳，當復大官。念當會哭，阻以山川。東南悠悠，不見新阡。斂不造帷，窆不持棺。徒有傷悲，爲涕漣漣。（見《崇伯集》卷第十七）

# 附錄二：曾鞏年譜

## (一)曾南豐年譜序

陳直齋《書錄解題》謂：「《南豐集》有年譜；」。今通行《元豐類稿》五十卷本無之，豈佚在《續稿》《外集》中耶？丁丑初夏遂更作一年譜，與《歐陽公年譜》，同爲補闕。文定文章，前人論之詳，不必說矣。獨生平受誣有二事。」則史載：「曾公亮對神宗言：『曾某行義不如政事，政事不如文章。』以是不大用。」此元托克托等過采讕語以入史，非事實也。今攷其居家孝友，四弟九妹，教養婚嫁，獨力經營，其交友朋，虛懷下人，勸善規過；行義如何？當官戢盜，則弊廉公，有威嚴而不苛，庶務修舉政事又如何？舍實蹟而徇虛誣，此史官之失也。一則《溫公日錄》，謂：「公父坐贓，編管英州，因死焉；乃不奔喪，爲鄉論所貶。王介甫作〈辨曾子〉以解之。又好依漕勢以陵州，依州以陵縣，依縣以陵民。」說來子固不成人品。今攷公父爲錢仙芝所誣，失官歸耳，非坐贓，亦未編管英州，介甫亦並無〈辨曾子〉文。其卒在南京，杜祁公爲之經紀，子固亦在側。有介甫〈博士墓誌〉，子固〈謝杜相公啓〉可覈。乃橫造無根語，誣死者，惑後人；一端如此，他可類推，此等書直可燒毀；《名臣言行錄》亦載之，不可解？（原亦註明溫公傳聞之誤，既知誤矣，何爲載之？）嗟乎！此幸有實證，可以辨白；脫無册可稽，一任污衊；著書如此，誠何心乎？《歐公集》存文多，又寓編年於分體，易檢校；故不記文字年月之目。《曾集》存文少，編次復淩雜；故於文字略攷年以係目。既有目矣，前人有評論此文字，即小字記於下。是蓋因事爲體，初無成例；總期於先哲有發明，來學有裨益而已。

光緒三年丁丑，四月一日，江右新城楊希閔鐵傭書於臺陽海東書院。

據陳伯玉《書錄解題》，《南豐集》年譜，朱名所輯，想宋刻有之。而《建昌府志》又有朱子《南豐年譜・序》一篇，又〈書後〉一篇，糾譜載熙寧時，舉陳師道爲檢討之謬。攷朱子集，此二篇文字皆未見，豈佚之耶？抑依託耶？閔藏《元豐類稿》，乃長洲顧氏刻本，實無年譜，或因其多誤而去之，不可攷矣。姑存此譜，以俟訪得舊譜質證。

後攷《四庫全書提要》著錄，亦是長洲顧刻，稱《年譜》已佚；則茲譜良不可不作矣。又元南豐劉起《潛隱居通議》，論曾文猶及見《元豐續稿》四十卷，年譜亦存；並載朱子《年譜・序》及〈序後〉二篇，知《建昌府志》所載二篇，即從此出。但稱丹陽朱熹，丹陽字極可疑；《朱子文集》又未載，恐依託。今仍錄二篇於譜末，備攷。

## ㈡曾南豐年譜

江右新城楊希閔鐵傭編

宋眞宗天禧三年（西元一〇一九年），已未。　公生。（此據荆公作公之祖諫議墓誌云：「公歿入年，而博士子鞏生。」）　公，曾氏，諱鞏，字子固；建昌軍南豐人。其先魯人，後世遷豫章，因家焉。四世祖延鐸，始爲建昌軍南豐人。祖致堯，字正臣，中進士第；官至尚書戶部郎中，贈右諫議大夫。考易占，字不疑，中進士第；官大常博士，贈光祿。母周氏，豫章郡太君；吳氏，文城郡太君；朱氏，仁壽郡太君。兄弟六人：曄、鞏、牟、宰、布、肇。（曄，周出，鞏、牟、宰，吳出，布、肇，朱出。）

四年，庚申。　二歲。

五年，辛酉。　三歲。

乾興元年（西元一〇二二年），壬戌。　四歲。

仁宗天聖元年（西元一〇二三年），癸亥。　五歲。

二年，甲子。　六歲。　公父是年進士第。

三年，乙丑。　七歲。

四年，丙寅。　八歲。　公父爲越州節度推官，當在此一二年間。

五年，丁卯。　九歲。

六年，戊戌。　十歲。

七年，己巳。　十一歲。

八年，庚午。　十二歲。　能文，語已驚人。《誌》日試《六論》，援筆而成。〈狀〉

九年，辛未。　十三歲。

明道元年（西元一〇三二年），壬申。　十四歲。

二年，癸酉。　十五歲。

景祐元年（西元一〇三四年），甲戌。　十六歲。

二年，乙亥。　十七歲。　十六、七時，闚《六經》之旨，與古今文章有過人者，知好之，銳意欲與之並。〈學舍記〉

三年，丙子。　十八歲。　十八歲，代父魯公作〈縣學記〉，有云：「不本之道民成化，而主於辭。」蓋指科目辭章之弊也。語甚有味。（隱居通議）

四年，丁丑。　十九歲。

寶元元年（西元一〇三八年），戊寅。　二十歲。　始冠，游太學。《誌》

二年，己卯　二十一歲。

康定元年（西元一〇四一年），庚辰。　二十二歲。　歐陽公一見其文而奇之。《誌》

閔案：歐陽公是年始還朝，復充館閣校勘。公見歐陽公，當在此時。

有〈上歐陽學士第一書〉。

慶曆元年（西元一〇四一年），辛巳。　二十三歲。　入太學，居數月歸。（見王君俞〈哀辭〉。）　有〈上歐陽第二書〉。

二年，壬午。　二十四歲。　家撫州，州掾張文叔，與其內弟劉伯聲從，以學問相磨礱爲事。（見劉伯聲〈墓誌〉。）

三年，癸未。　二十五歲。　九月，作分甯〈雲峰院記〉。（何義門云：「一篇俱以分甯土俗之不善立論。然但訐其非，而不明先王之道以道之，則尚未合於君子忠厚之至也。」　閔案：

後段「或曰：『使其不汨溺於所學，其歸一當於義；則傑然眎邑人者，必道常乎？』未敢必也。」何嘗非明道以道之。）〈禿禿記〉。（黃東發云：「孫齊溺嬖寵殺子之事，文老事覈，尤卓然爲諸記之冠；視班、馬史筆，殆未知其何如？」何義門云：「仿解光劾趙氏書。當云『書禿禿書，』乃合。」）〈上齊工部書〉。（中云「祖母年七十餘，」知在此一、二年。）

四年，甲申。二十六歲。有〈上歐陽舍人書〉。五月，有〈上蔡學士書〉。

閔案：以上二書，皆薦其友王安石。謂王：「文甚古，行甚稱文；雖已得科名，居今知安石者尚少也。彼誠自重，不願知於人；如此人古今不常有，如今時所急，雖常人千萬不害也。」云云。薦寵如此，必有其實，非阿私所好可知。

祖母萬年縣太君黃氏卒，年九十二。（見荆公作〈曾公夫人黃氏墓誌銘〉。）

五年，乙酉。二十七歲。有〈上歐蔡書〉。（中云：「昨者天子既更兩府，復引二公爲諫院」云云，知在此一、二年間。）〈送劉希聲序〉。

六年，丙戌。二十八歲。有〈送趙宏序〉。（黃東發云：「謂『平寇在太守而不在兵。』前輩謂此文峻潔。」）

〈送王希序〉。（黃東發云：「敘江西游覽之勝，謂見西山最正且盡者，大梵寺之秋屛閣。」）〈建昌軍、麻姑山、仙都觀三門記〉。（黃東發云：「此記與〈鵝湖佛院記〉略同，皆斥異端之無益。」）〈再與歐陽舍人書〉。（此書薦王安石、王回兄弟。）〈與王介甫第一書〉。（中云：「歐陽公賞其文，謂更欲足下少開廓其文，勿用造語及摹擬前人；孟、韓文雖高，不必似之也，取其自然耳。」

七年，丁亥。　二十九歲。　〈醒心亭記〉。（黃東發云：「爲歐陽公守滁作，使人灑然醒者也。」）　九月，〈上杜相公書〉。（黃東發云：「勸以天下之材，爲天下人用。」）　（何義門云：「恐祁公尚未足以當此。」）　〈繁昌興造記〉。

上歐陽公謝爲作誌銘書。（前歲曾奉父命求歐陽公爲作祖父墓誌銘。）　是年，公父卒於南京。（荊公墓誌銘云：「博士失官歸，不仕者十二年；復如京師，至南京病卒。」）

閔案：《溫公日錄》云：「子固父死英州，乃不奔喪，爲鄉議所貶。」令覈墓誌，及曾集〈謝杜相公啓〉，公父實歿於南京；杜祁公爲之經紀其喪，子固亦在側。死英州及不奔喪之說，橫造謗誣，溫公豈宜有此？此書出於身後，必妄人僞入也。王明清《揮塵後錄》謂：「不疑之死，子固適留京師。」亦誤。宋人雜說，不可信者極多。

八年，戊子（西元一〇四九年）。　三十歲。　居父憂。　有〈墨池記〉。　〈菜園院佛殿記〉。〈金山寺水陸堂記〉。

皇祐元年（西元一〇四九年），己丑。　三十一歲。　居父憂。　是年，葬父與母於南豐之先塋。（見荊公作博士墓誌，及曾夫人墓誌。）　有〈宜黃縣學記〉。（方望溪云：「觀此等文，可知子固篤於經，頗能窺見先王之禮樂教化之意；故朱子愛而仿效之。」）　〈思軒詩序〉。〈送周屯田序〉。（黃東發云：「言古之致事而歸者有養，然今之士不必以動其意。」）

二年，庚寅。　三十二歲。　〈謝杜相公啓〉。（謝其經紀先人喪事，以至營護歸櫬：當在此既葬服除之後。）

三年，辛卯。　三十三歲。

四年，壬辰。　三十四歲。

五年，癸巳。　三十五歲。　兄曄卒於江州，年四十五。（皇祐五年，以進士試於廷，不中：得疾歸，卒於江州。）（見〈亡兄誌〉。）

至和元年（西元一〇五四年），甲午。　三十六歲。　是年，元配晁夫人來歸，年十八。（參狀碑）　有〈學舍記〉。〈先大夫集序〉。

二年，乙未。　三十七歲。　有〈顏魯公祠堂記〉。（黃東發云：「發明魯公功，實無餘蘊。」）（何義門云：「此文零星曲折，亦似〈王彥章畫像記〉。」）　致〈杜相公書〉。（中云：「九歲於此，初不敢爲書以進。」則當在此一二年間，庚寅謝啓別論。）

嘉祐元年（西元一〇五六年），丙申。　三十八歲。　有〈與孫司封書〉。（此書當在此年，以中及祖袁州。祖以元年知袁州，不久下世故也。）　（黃東發云：「孔宗旦策儂智高必反，及反乃死之，請白其事。」）　（何義門云：「反覆馳驟，於作者爲最有光燄之文：殆不減退之張中丞傳後敘也。」）　〈與王介甫第一書〉。（當在王提點江東刑獄時，故中云：「時時小有案舉。」）

二年，丁酉。　三十九歲。　中進士第章衡榜。　有〈擬峴臺記〉。（黃東發云：「摹寫甚工，前輩取以爲法者也。」）

（何義門云：「朱子謂擬〈醉翁亭記〉，不似；然不失爲佳作。〈擬峴〉止一句提過，不涉羊杜事；蓋所記者臺也，非獨講於避就之法。」）

三年，戊戌。　四十歲。　有〈思政堂記〉。（何義門云：「中間發明思政之義最條暢。」）〈洪州新建縣廳壁記〉。（何義門云：「吏之不能自安，感諷婉惻。」）

四年，己亥。　四十一歲。　爲太平司法參軍，當在此一二年間。　爲司法，論決輕重。能盡法意；明習律令，世以法家自名者，不及也。《行狀》

五年，庚子。　四十二歲。　召編校史館書籍，爲館閣校勘，當在此年冬間。　有〈與王深甫書〉。（中云：「在官折節於奔走。」則尚爲參軍也。內召，知當在冬間。）

六年，辛丑。　四十三歲。　是年至京。（〈祭晁夫人文〉云：「始來京師，辛丑之歲。」）弟宰中進士第。（見〈亡弟子翊志〉。）　有〈清心亭記〉。（何義門云：「此文大旨與〈梁書目錄序〉相似。」）

七年，壬寅。　四十四歲。　官館閣校勘。　是年二月，晁夫人卒，年二十六。（見〈亡妻墓誌〉）　繼娶李氏。（來歸不知何時，附記於此。）

八年，癸卯。　四十五歲。　官京師。　有〈新序目錄序〉。（黃東發云：「謂劉向《新序》三十篇，隋唐猶存；今所見者十篇，最爲近古，而不能無失。」）（何義門云：「可與王子直文序參觀，」）　〈梁書目錄序〉。（黃東發云：「辨佛患，梁爲甚。」　（何義門云：

「此篇立論，原本《中庸》，皆有次序條理可觀。」）〈列女傳目錄序〉。（何義門云：「三代以後，少此議論。」又云：「詞純氣潔，無一冗長之字；此宋文之不愧匡、劉者也。」）〈禮閣新儀目錄序〉。（黃東發云：「謂『人之所未疾者，不必改也；人之所既病者，不可因也。何必一一追先王之跡，能合乎先王之意而已。』余謂此名言也。」）（何義門云：「古今之變不同數句，乃一篇大旨。厚齋謂此文指新法，非是。」）〈戰國策目錄序〉。（黃東發云：「謂此書『論詐之便，而蔽其患；言戰之善，而諱其敗；有利焉，而不勝其害；有得焉，而不勝其失。』亦名言也。」）方望溪云：「南豐之文，長於道古，故序古書尤佳；而此篇及〈列女傳、新序目錄序〉尤勝。純古明潔，所以能與歐、王並驅，而爭先於蘇氏也。」）〈陳書目錄序〉。〈南齊書目錄序〉。〈唐令目錄序〉。（何義門云：「千鈞筆，該貫無遺。」）〈徐幹中論目錄序〉。（黃東發云：「公謂其不合於道者少。」）〈說苑目錄序〉。（黃東發云：「謂其所取往往不當於理。」）〈鮑溶詩集目錄序〉。〈李白詩集序〉。

閔案：以上皆館閣所校定者，非一時作；然總在此數年間，因類記於此。

英宗治平元年（西元一〇六四年）甲辰。四十六歲。官京師。

二年，乙巳。四十七歲。官京師。有〈王深甫集序〉。（序不定作於是年，當在此一二年間。）與〈王介甫第三書〉。（介甫癸卯丁毋憂，此云及大祥；又深父卒於治平二年七月，此云示及深父誌銘；則知作於此一二年間。）〈爲人後議〉。（此當爲〈濮議〉發，故知作於此時。）時大臣嘗議典禮，言事者多異論；公著〈議〉一篇，據經以斷衆惑，雖親戚莫知也。後十餘年，歐陽公見之，曰：「此吾昔者願見而不可得者也。」（參狀碑）何義門云：「此等文，後惟朱子能之。《文鑑》錄溫公之議，而不載此文者，失之。

三年，丙午。　四十八歲。　官京師。　有〈筠州學記〉。（何義門云：「原原本本之論，朱子《大學章句・序》，亦采其說。」）　〈蘇明允哀辭〉。　〈相國寺維摩院聽琴記〉。〈張文叔文集序〉。（中云：「文叔喜從子問道，至今二十有六年矣。」知當在此二三年間。）

四年，丁未。　四十九歲。　官京師。　有〈贈黎安二生序〉。（中云：「東坡自蜀以書至京師。」攷坡公以三年歸蜀，故知在此一二年間。」）

神宗熙甯元年（西元一〇六八年），戊申。　五十歲。　官京師。　有〈瀛州興造記〉。〈尹公亭記〉。　廣德軍重修鼓角樓記。（何義門云：「謹潔。」）

二年，己酉。　五十一歲。　爲《英宗實錄》檢討，不踰月，出通判越州。（編校書籍積九年，自求補外，轉積十餘年。〈行狀〉）有史館申請三道箚子。　〈熙甯轉對疏〉。（當作於此時。）　有〈廣德湖記〉。〈送傅向老令瑞安序〉。（中云：「余得之山陰，知在此時。」）〈越州鑑湖圖序〉。（黃東發云：「湖水濬治，諸公成說具在，公具詳之，以待來者；其事可載國史，而其文可以成誦。」）

三年，庚戌。　五十二歲。　官越州。　十一月，兄子覺卒。（公兄曄之子，名覺。治平二年進士第，爲吉州司法參軍；用薦爲韶州判官，卒於道。）（見〈亡姪墓誌〉）　有〈錢純老詩

序〉。（十一月）

四年，辛亥。　五十三歲。　官越州。　爲通判，雖政不專出，而事賴以治。嘉祐中，州取酒場錢，給牙前之應募者；錢不足，乃使鄉戶輸錢助役，期七年止；期盡，而責鄉戶輸錢如故。公閱文書，得其姦，立罷之；且請下詔約束，毋得擅增募人錢。　歲饉，度常平不足以賑，前期論屬縣，使富人自實粟，得十五萬石，視常平價稍增以予民；又出錢粟五萬。貸民爲種糧，使隨歲賦以入；民賴以全活。（以上皆〈墓誌〉。）

五年，壬子。　五十四歲。　改知齊州。　有〈齊州謝到任表〉。（中云：「歷事聖君於三世，與游儒館者十年。」蓋自庚子至己酉出判越州，凡十年也。）　〈齊州北水門記〉。　齊俗悍，喜攻劫，其治以疾姦急盜爲本。曲堤周氏，貲雄里中，子高賊良民，污婦女，服器上僭，力能動權豪，州縣吏莫敢詰；公至，首置之法。　歷城章丘民，聚黨村落間，號「霸王社，」椎埋盜奪，無敢正視者；公擒致，悉黥徙之。　又屬民爲保伍，使譏察出入；有盜則鳴鼓相援，每發輒得。　盜有葛友者，名在捕中；一日自出首，公飲食冠裳之，使夸徇四境；盜聞，多出自首。蓋外視章顯，實欲攜貳其徒，不能復合也。自是外戶不閉。（參〈史傳〉及〈狀誌〉）　會朝廷變法，公推法意施行之，有次第；民便安之。（〈誌〉）

閔案：朝廷變法者，所謂新法也。公推行而民便安，然則紛紛者，其亦不推法意，務欲沮格而已；韓魏公行之，亦無大害。此可見當時謗讟，不可深信。

河北發民濬河，調及他路；齊當出夫二萬。縣初按籍，二丁三丁出一夫；公括其隱漏，有至九丁出一夫者，省費數倍。徙無名渡錢爲橋，以濟往來。　徙傳舍自長清抵博州，以達於魏；視舊省六驛，人皆以爲利。　既罷州，人絕橋閉門遮留，夜乘間乃得去。（並〈行狀〉）

六年，癸丑。　五十五歲。　移知襄州。　有〈襄州謝到任表〉。（中云：「三易外邦，五回星歲。」三易者，越州、齊州、襄州也。五歲者，己、庚、辛、壬、癸也。）　〈齊州雜詩序〉。（黃東發云：「公詩多濟州所作，有欣然安之之意；徙爲他州不多作，雖作不樂之矣。豈齊其壯年試郡，而後則久困於外，不滿其志耶？」閔案：知齊亦非壯年。）　〈齊州二堂記〉。

七年，甲寅。　五十六歲。　知襄州。　州有大獄，久不決，有當論死者；公閱其狀曰：「是當勿論，何得留此？」吏不能對，即出之；緣而釋者百餘人。州人叩頭曰：「吾州前坐死者衆矣，詎知非冤乎？」（〈行狀〉）　陳無已師道見公於江漢之間，而受教焉。當在此時，蓋尚爲布衣也。陳於元祐中，乃用薦起家爲郡文學。子固不及見矣。（參《府志》）　陳無已好學苦思，以文謁曾子固；子固爲點去百十字，文約而義意加備；無已大服。坡公知穎日，待之厚，欲參諸門弟子間；無已賦詩有「向來一瓣香，敬爲曾南豐」之句。其傾倒於子固如此。（《宋元學案》）閔案：魏衍作〈彭城先生集記〉，謂：「無已年十六謁南豐。」攷無已皇祐五年生，十六爲熙甯元年，南豐是時官京師，恐無由謁見；至七年，南豐知襄州，無已年二十二，謁見於江漢之間，情事較合。魏記恐誤，今不從之。

八年，乙卯。　五十七歲。　知襄州。　有〈襄州宜城縣長渠記〉。

九年，丙辰。　五十八歲。　移知洪州。　有奏〈乞迴避呂升卿狀〉云：「伏奉命差知洪州軍州事，已來赴任；今視呂升卿授江西轉運副使。伏緣臣先任齊，得替後，呂升卿爲京東路，察訪於齊州，多端非理，求臣過失，賴臣無可捃拾；兼臣弟布，與呂惠卿又有嫌；二事皆中外共知。今升卿任江西監司，洪州在其統屬，須至陳乞迴避」云云。

閔案：此奏後呂他轉耶？抑因是旋移福州耶？更攷。

有〈洪州謝到任表〉。　〈王容季文集序〉。（何義門云：「前半議論，可爲讀書法。」）〈強幾聖文集序〉。（攷幾聖九年卒，序不定作於是年，大概在此一二年間。）　在洪州，歲大疫，自州至縣鎮亭傳，皆儲藥以授病者；其不能具飲食衣衾者，佐以庫錢；　師出安南道江西者，詔爲萬人備；公不以煩民，爲之區處，次舍井爨什器，皆前期而辦。兵既過，市里有不知；而他州以不早計擾民者，皆得罪。（〈墓誌〉）

十年，丁巳。　五十九歲。　移知福州。　〈亡弟子翊墓誌〉云：「熙寧十年春，蒙恩予告，葬弟子翊於南豐。（子翊名宰，嘉祐六年進士第，歷舒州司戶參軍，潭州湘潭主簿。熙寧元年四月，卒於湘潭，今始歸葬。）　是年二月，又葬元配晁夫人於南豐之源頭。（見〈亡妻晁氏墓誌〉）　有〈孺子祠堂記〉。（中云：「爲太守之明年，」知在十年，未上福州任時也。）　〈江東景德寺新戒壇記〉。（何義門云：「不侈談其法，又不以儒者之論雜之，得作記正體。」　部中大盜數起，南劍州賊渠寥恩者，既赦其罪，誘降之；餘衆猶陰相推附，至連數州。其尤桀者，在將樂縣；縣呼之不出，居人大恐。公遣使者以謀致之，前後自歸及

就執者數百人。又請並海增巡檢，以壯聲勢；自是水陸皆安靖。（參〈神道碑〉及〈誌〉）

福州無職田，歲收圍蔬錢常三四十萬；公曰：「太守與民爭利，可乎？」罷之。後至者，亦不復取也。（參〈史傳〉）　〈福州上執政書〉。　〈道山亭記〉。（陸文裕云：「親至閩中　乃知其工。」）

元豐元年（西元一〇七八年），戊午。　六十歲。　召判太常寺，未至，改知明州。　公以上年秋到福州。（見〈福州上執政書〉）　十月，展墓文云：「去歲在江西，蒙恩省視松楸；今自福州被召還朝，又得便道展拜墓下。」　有〈洪州東門記〉。（自福州被召還京師，過南昌時作。）

二年，巳未。　六十一歲。　知明州，尋徙亳州。　有〈明州謝到任表〉。（是年正月二十五日到任。）　有〈越州救菑記〉。（方望溪云：「敘瑣事而不俚，非熟於經書，及《管》《商》諸子者，不能爲此。」）　在明州，有詔完城，既程工費而公至。初度城，周二千五百餘丈，爲門樓十，故甓可用者，收十之四五；爲再計城，減七十餘丈，募人簡棄甓可用者，量酬以錢，又得十之二，凡省工費甚衆，而力出於兵役傭夫，不以及民，城由是亟就。（參〈狀〉〈誌〉）　五月十三日，奉命知亳州。　有〈乞至京師迎侍狀〉。　〈亳州謝到任表〉。亳亦多盜，治之如齊，盜爲引去。（〈行狀〉）　公嘗謂：「州縣困於文移煩數，民病於追呼之擾也。故所至出教，事應下縣，責其屬度緩急與之期；期未盡，不復移書督趣；期盡不報按其罪。期與事不相應，聽縣自言，別與之期；而案與期者。即有所追逮，州不遣人至縣，縣毋遣人至田里；縣初未甚聽，公小則罰典史，大則拜劾縣官。於是莫敢慢事，皆先期而集，民不知擾；所省文移數十倍。事在州者，督察勾稽，皆有程式；分任僚屬，因能而使；公總覽綱條，責成而已。蓋公所領州，多號難治；及公爲之，令行禁止，莫敢不自盡，政巨細畢舉，庭無留事，囹圄空虛。人徒見公朝夕視事數刻而罷，若無所用心者；不知其所操者約且要，而聰明威信，足以濟之，故不勞而治也。吏民初或憚公嚴，已而皆安其政；既去，久而彌思之。（同上）

閔案：此條不盡治亳州事，蓋綜治數州皆如此，而類敘焉。公自後不復官外矣。　史載曾公亮對上言：「曾鞏行義不如政事，政事不如文章。」以故不大用。此采自脞說，未得其實；今於行義政事，亦爲詳記，俾後有攷。

有〈王平甫文集序〉。

閔案：此文感慨平甫高才不見用，美平甫能求於內省，立於不朽，義甚高卓；然初無譏刺介甫意也。何義門評此文，謂：「平甫詩文，不得薦郊廟施朝廷者，介甫有責焉。又蓋其孝友，與待人直而和，天下所同惜，奈何不容於家乎？」此言尤駭怪。介甫爲平甫誌墓甚哀惻，年止四十七，數舉進士不售，後乃以近臣薦，召試進士及第，官至祕閣校理，不爲不顯。何謂介甫與有責？然則必使一家官顯要爲賢乎？集中和平甫、寄平甫詩，不下十餘首，有云：「安得東風一吹汝，（「東」一作「冬」）手把詩書來我傍。」又一首云：「欣然把酒相與間，所願此時無一詭！豈無他憂能老我，付與天地從今始。」懇懇契愛之情，何至不容於家？誌末垂望其子云：「君祉所施，庶在於此！」可云周摯。文本無譏刺，好平地索瘢，誤人不少；故爲辨之如此。

三年，庚申。　六十一歲。　移知滄州未上，留判三班院。　有〈授滄州乞朝見狀〉云：「念臣違遠班列，十有二年；伏望聖慈，許臣朝見！」　又有〈移滄州過闕上疏〉。（何義門云：「此文蓋欲以歌誦功德自任，其後五朝大要，獨付一人，所由來也。以視〈典引〉，文雖不及；然不事雕飾，自然質雅，宋文中不多得。朱子云：「曾南豐初亦耿耿，後連典數郡，欲入而不得，故在福建亦進荔子。後得滄州過闕上殿箚子，力爲諛說，謂本朝之盛，自三代以下所無，後面略略說要戒懼等語；所謂勸百而諷一也。然其文極妙。」按荔子究未進也。立論宜考其實，朱子極熟於南豐文，何以云然？）（此文仿《漢書・禮樂志》，然亦太詞費矣。）　又〈乞登對狀〉云：「十月二十六日，伏蒙聖慈，賜對延和殿。」　又〈乞出知潁州表〉云：「在外十有二年，歷更七郡；臣母年七十有一，比嬰疾疹，舉動艱難；臣弟布得守陳州，臣母憐其久別，欲與俱行。顧臣之宜，惟有旁郡，庶可奉視往來，以供子職；而抱疾之親，陸行非便。今與陳比境，許蔡亳州，及南京，皆不通水路；惟潁可以沿流。臣不諱萬死，冒昧以請；伏望聖慈，差臣知潁州一任。　過闕，上召見，勞問甚寵；遂留判三班院，上疏議經費。上曰：「鞏以節用爲理財之要，世言理財者，未有及此。」（〈史傳〉）　〈議經費箚子〉大略謂：「景德官」萬餘員，皇祐二萬餘員，治平總二萬四千員；則官倍於景德。景德郊費六百萬，皇祐一千二百萬，治平一千三百萬；則郊費亦倍於景德。使歲入如皇祐治平，亦費如景德，則省半矣。」〈再議經費箚子〉，謂：「臣待罪三班，按國承舊制，以供奉官，左右班殿直，爲三班，員止三百；至天禧乃總四千二百有餘；至於今乃總一萬一千六百九十；宗室又八百七十。蓋景德員數已十倍於初，而今殆三倍於景德。吏部東西審官，與天下他費，尚必有近於此者；浮者必求其自而杜之，約者必求其由而從之。」〈請減五路城堡箚子〉，大略謂：「將之於兵，猶奕之於棋；所保者必其地，所應者又合其變，故用力少而得算多。昔張仁愿築三受降城，相去各四百餘里，首尾相應，減鎮兵數萬；所保者必其地也。仁愿之建三城，皆不爲守備，曰：『寇至則併力出戰，回顧猶須斬之。』自是突厥不敢度山，所應者合其變也。〈請令長貳自舉屬官箚子〉，引《書・顧命》及陸贄之說爲證；且曰：「非惟搜楊下位，亦以閱試大官。」（何義門云：「言既可用，文亦雅而樸。」）〈請州縣特舉士箚子〉，欲令通一藝以上，充都事主事掌政之屬，以士易吏也；謂之特舉之士。〈請改官制前預選官習逐司事務箚子〉。

閔案：玩文定所上諸箚子，使用事，變更亦多。節費爲理財之要，然省去許多官員，以及裁濫用郊費，小人亦必翕翕不便，謗訕必多；其他推類可見。然則介甫新法不行，亦推類可見也。曰言利、曰刻減、曰變更舊制，隨事造名；孰諒謀國者之心哉？

四年，辛酉。六十三歲。兼判太常寺，爲史館修撰。上手詔曰：「曾鞏史學，見稱士類；宜典《五朝史事》。」遂以爲史館修撰，管勾編修院，判太常寺，兼禮儀事。近世修國史，必衆選文學之士，以大臣監總；未有以五朝大典獨付一人如公者。公入謝曰：「此大事，非

臣所敢當！」上曰：「此用卿之漸。」因諭公使自擇其屬。公薦邢恕，以爲史館檢討。（〈墓誌〉）

閔案：歐陽文忠薦呂惠卿，曾文定薦邢恕，此二人，後皆入姦臣傳。或典册辭命之任，實有所長，用違其材，遂至狼狽耶？抑前後易操，二公不及料耶？

有〈史館申請三道劄子〉。又有〈英宗實錄院申請劄子〉。（黃東發云：「此二劄子，皆爲史者當知。」）　有〈再乞登對狀〉。又〈進太祖皇帝實錄總敘〉。（幷狀）

五年，壬戌。　六十四歲。　四月，擢中書舍人，賜金紫。　有〈謝中書舍人表〉。　命下，不俟入謝，便諭就職。時自三省至百執事，選授一新；除吏日至數十人，人人舉其職事以誡，辭約義盡。論者謂有三代之風，上亦數稱其典雅。（〈行狀〉）　又有〈授中書舍人舉劉攽自代狀〉。　九月，丁母憂。

六年，癸亥。　六十五歲。　四月，丙辰，終於江甯府，敕所在給其喪事。　公自大理丞五遷尚書度支員外郎，換期散郎，勳累加輕軍都尉。（參狀誌）　七年，六月，葬於南豐從周鄉之源頭。（碑）　元配晁氏，宜興縣君，光祿少卿宗恪之女；繼李氏，嘉興縣君，司農少卿禹卿之女。子三：綰，瀛州防禦推官，知揚州天長縣事，綜，瀛州防禦推官，知宿州蘄縣事，綱，承務郎，監常州稅務。孫六：愨、恴、愈、悬、忞、怹。（碑）　公父光祿公，仕不達，家甚貧，奔走四方以致養。既孤，奉太夫人極孝，撫四弟九妹，友愛甚篤，宦學婚嫁，一出公力。公既以文章名天下；其弟牟、宰、布、肇，繼中進士科。布嘗任翰林學士，肇以選爲尚書吏部郎中，與公同時在館閣，世以爲榮。（參〈史傳〉〈狀〉〈誌〉） 公性嚴謹，而待物坦然，不爲疑阻；於朋友喜盡言，雖取怨怒，不悔也。人有所長，獎勵成就之，如弗及；與人接，必盡禮；遇僚屬盡其情，未嘗有所按謫。在官有所市易，予賈必以厚，取賈必以薄；於門生故吏，以幣交者，一無所受。 平生無玩好，顧喜藏書，至二萬卷；仕四方，常與之俱，手自讎對，至老不倦。又集古今篆刻，爲《金石錄》五百卷。公未嘗著書，既歿，集其稿爲《元豐類稿》五十卷，《續元豐類稿》四十卷，《外集》十卷。（〈行狀〉） 自唐衰，天下文章不振；歐陽文忠公始正其體，一復於雅。其後公與王荊公相繼而出，爲學者所宗；於是大家之文，炳然與漢唐侔盛矣。（韓維作〈神道碑〉。） 曾鞏立言於歐陽脩、王安石間，紆徐而不煩，簡奧而不晦，卓然自成一家，可謂難矣（〈史論〉） 理宗時，賜諡文定；邑人陳宗禮所請。（《府志》） 《朱子集・跋南豐帖》云：「某未冠而議南豐先生之文，愛其詞嚴而理正，居常誦習；以爲人之爲言，必當如此，乃爲非苟作者。」 又有一跋云：「予年二十許時，便喜讀南豐先生之文，而竊慕效之，竟以才力淺短，不能遂其所願。今五十年，乃得見其遺墨，簡嚴靜重，蓋亦如其爲文也。」

閔案：南豐議論，原本經術，無所可疵；其爲世所疵者，謂揚雄合於箕子之明夷。頃閱澤州陳文貞公廷《敬午亭集》卷三十二，有陳子昂〈仕武后論〉，引及曾論揚雄，略爲申說，似有可通；今錄其文於此。「昔揚雄仕莽，君子恥之。唐武后以一婦人，竊天下威柄，蕩覆唐室，此古今之異變，視莽爲何如也？當此時，其小人靦顏視之，無論矣；其賢者則謂之何哉？嘗觀陳子昂氏以言直武后，數召見；今考其言，辭論雅飭，有兩漢之風。而薦圭璧於房闥，以脂澤污漫之；賢者之所以自處，其果謂之何也？曾鞏論揚雄，謂有所不得去，又不必死；仕莽而就之，合於箕子之明夷。至論雄〈美新〉之文，非可已而不已；比之箕子之囚奴。鞏之言，雖未得為至論；然以觀子昂之事，而歎賢者之所遭，其志亦有足悲者！何其與雄相似也？武后稱皇帝，改國號，子昂上〈受命頌〉，其亦〈美新〉之類乎？夫以武后之淫虐，隱慝既多，猜忌滋密；一時才望之臣，罕有得脫其禍者。以郝處俊之賢，猶不能忘情於身歿；子昂之所為，豈得已者哉？或謂士不幸遭亂朝，即不必死，猶可潔身而去也。而鞏謂雄有所不得去，子昂亦蹈雄轍者，何哉？然考子昂後以父老解官歸，父喪，廬家次，哀感聞者。縣令段簡，聞子昂富，欲害之；家人納錢二十萬緡，簡薄其賂，補送獄中，竟死於獄。子昂不辱其身，則捐其生而已矣；不仕於朝，則死於令而已矣。是以知人者，必論其世；而亦不得過為刻覈之論也。」　尋又攷洪文敏公《容齋四筆》卷十三，有一條云：「齊莊公之難，晏子不死不亡，而曰：「君為社稷死，則死之；為社稷亡，則亡之。若為己死，而為己亡；非其私暱，誰敢任之？」及崔慶盟國人曰：「所不與崔慶者。」晏子歎曰：「嬰所不惟忠於君，利社稷者是與，有如上帝！」晏子此意，正與豫子所言「衆人遇我」之義同；特不以身殉莊公耳。至於據正以社稷為辭，非豫子可比也。揚雄仕漢，親蹈王莽之變，退託其身於列大夫中，不與高位者同；其死抱道沒齒，與晏子同科。世儒或以〈劇秦美新〉貶之，是不然；此雄不得意而作。夫誦述新莽之德，止能美於暴秦；其深意固可知矣。序所言配五帝，冠三王，開闢以來未之聞；直以戲莽耳；使雄善爲諛佞，撰符命，稱功德，以邀爵位，當與國師公同列，豈固窮如是哉？」二條皆可助曾公張目。

又案：彭淵材憾曾子固不能詩，朱竹垞〈靜志居詩話〉云：「予嘗見宋人所輯唐宋八家詩韻，則子固與焉，不得謂非詩家；而論者輒言文勝於詩，非眞知音識曲者也。」

宋孔常甫武仲祭曾子固文云：「惟公文爲世表，識在人先；憤道之息，志於必傳；絕衆超群，自其少年；況有宗工，援引於前。雷動風興，聲薄於天；匪獨好古，窮探簡編；又達世務，不以跡牽。瀦爲積澤，決爲流泉；威爲秋肅，施爲春妍；時輩謂公，德業之全。外將六州？晚直內垣；商盤周誥，日代帝言；樞廷鈞府，衆曰必遷。壽柄誰操？付與何偏？山摧玉折，反掌之間；士亡宗師，國失能賢。我少方蒙，公發其源；長仕岱陰，從以周旋；辨惑論道，一語不捐。或鉤其細，毫積絲聯；或究其大，苞方括圓。面獎所是，奪其不然；粗若有知，公賜多焉。公方擇隱，在湓之壖；我亦於此，謀安一廛；謂公優游，從容於田。幽明隔矣！所志不宣；茫茫太空，孰招以還？或當上浮，追躡列僊；決不沒沒，凡兒比肩。公若播後，不待銘鐫；公子俱芳，當復大官。念當會哭，阻以山川；東南悠悠，不見新阡。斂不造帷，窆不持棺；徒有傷悲，爲涕漣漣。尙饗！」

閔案：觀此文，孔常甫亦常從公受學也。

陳後山師道南豐先生挽詞云：「早棄人間事，眞從地下遊；邱原無起日，江漢有東流。身世從違裏，功言取次休；不應須禮樂，始作後程仇。精爽回長夜，衣冠出廣庭；勳庸留琬琰，形像付丹青。

道喪餘篇翰，人亡更典型；侯芭才一足，白首太玄經。」

閔案：後山於南豐，所謂瓣香事之者。前首，次聯最沈實；兩首結聯，皆自慨不及其師。

宋張文潛耒《柯山集》，〈書曾子固集後〉云：「元豐二年夏，曾公自四明守亳，道亳，予時自楚將赴河南壽安尉，始獲以書拜公於行次；公得予書甚喜也，謂予曰：「我與子皆泝汴而西，能從我行乎？」既而曰：「我行駛，非子能及也。子至永城當纜舟陸走，一日至亳，爲旬日會也。公遂行。後予病六十日，至永城，病未愈，不能騎；因永城令寓書於公。六年，予罷壽安尉居洛，而聞公卒，爲文一篇，將祭公於河南。而成都范祖禹夢得。自謂嘗爲公舉，亦欲爲文以祭；謂予有往江南，約同祭之，未克也。八年四月，公弟翰林公自建昌赴京師，予謁見於咸平，知公巳葬南豐。或客可寓以祭者，當書所爲文一弔公之墓焉；其意之所欲，則具之文矣。

閔案：觀此文，則張文潛范夢得，皆嘗受知於公者矣。

又案：《宋元學案》，受業南豐者，又得通判李先生撰字子約，吳縣人，官至通判袁州，以興學校爲先務，有文翁常袞風；子彌遜彌大彌正。　綜計曾門，若撫州椽張文叔，及其內弟劉伯聲，見本集外；又若陳后山師道，李子約撰，張文潛耒，范夢得祖禹，孔常父武仲，皆卓卓表著者矣。黃棃洲《宋元學案》，曾門止載陳李二人，尙攷之未盡。

宋陳宗禮〈曾南豐先生祠記〉云：「嘉祐中，歐陽文忠公以古道倡，南豐之曾，眉山之蘇，胥起而應；然求其淵源聖賢，表裏經術，未有若吾南豐先生之醇乎醇者也。以斯文明斯道，淑斯人，古所謂鄉先生正如是；沒則祭之社禮也。由元豐訖今二百年，尙曠茲典。歲在甲寅，楊君瑱來守盱，訪求文物之遺；慨然掇郡帑之餘，下屬邑地建祠，以慰是邦士君子之思。乃於邑之西隅，剗草取曠，爲堂其中，而置像焉；翼以兩廡，前有門以謹闔闢，後有堂以處衣冠之來聚者。經始於乙卯之夏，至丙辰之春落成；於是人無遠近，皆知斯文愈久愈光，而斯道愈有屬也。豈但爲觀美哉？予嘗竊祿中祕，遇當陛對，嘗述先生之文之道。賜謚立祠，朝廷既有文定易名；賢太守又爲祠以從衆欲。予適需次，與觀規畫；郡邑之士，請書其本末，遂不敢辭。時寶祐四年正月望日。」（節）

閔案：陳公字立之，南豐人；淳熙五年進士，廷對策，擢第三人及第。官至端明殿學士，簽書樞密院，參知政事；卒贈開府儀同三司；盱江郡侯，謚文定。

元虞集〈南豐曾氏新建文定公祠堂記〉云：「南豐曾氏，自魯國公有六子：其顯者三人，文定公子固最賢，子開之文如其兄，而子宣最貴。子固之學，在孟子既沒千五百年之後，求聖賢之遺言，帝王之成法於《六經》之中，沛然而有餘，淵然而莫測，赫然爲時儒宗。」又云：「官爵不過於郡守，奉入無踰於常僚；然猶悉其貲力，置義田於臨川郡之後湖，與屬邑金谿之南原，立爲規約，以惠利其族，垂三百年矣。今其族孫元翊以父遺命，作公祠堂於後湖之上，使族人食焉而思其本；則公之遺意，雖去之百世，烏有終窮哉？元統癸酉，祠堂成，適余自京師歸臨川，來求文以爲記；故爲書此，俾附諸義田規約之後。」（節）

閔案：此祠堂，在臨川後湖者也；與前南豐城西祠各別。　公捐貲置義田於臨川後湖，及金谿之南原，以惠利其族人，此年譜所闕載；故當因祠記而補其遺行於此。

明李東陽〈讀書巖曾文定公祠堂記〉云：「宋曾文定公子固，居建昌府南豐縣；舊有書院在縣東奉親坊，後因以祀公。寶祐中，郡守楊瑱建祠迎旴門外，參知政事陳宗禮爲記；元統初，公族孫元翊，祠於臨川，虞學士伯生爲記；季世兵燹，無復存者。國朝嘗建先賢祠於南豐縣學，公賢與祀而弗專也；景泰間，訓導汪綸，始即河東麓公舊讀書巖爲亭，名之曰：「曾巖祠亭。」成化壬寅，無錫秦君廷韶來知府事，慨其祠宇卑隘；乃命知縣李昱，相地鳩物，即巖之東而重建焉。背山爲堂，堂左右鑿石闢地，爲東西廡；前爲門屋，屋之前疊石爲洞；洞之前因危石爲階五級，下屬於池；池之出爲橋以達於衢，其旁則別爲亭；亭右折數步，則書巖故地也。甲辰春，工告畢；於是命公子孫領祀事，而時謹視之。謂不可以無紀，書來京師，請予記之。夫立言者，必能明天下之理，載天下之事；理明事載，以翼聖道，俾世治，君子固有取焉。宋盛時，以文章鳴者數家；予於曾文定公，獨有取焉。蓋其論學，則自持心養性，至於服器動作之間，無有弗悉；論治，則自道德風俗之大，極於錢穀獄訟百凡之細，無有弗備；皆合於古帝王之道與治。而凡戰國秦漢以來，權謀術數之所謂學，佛老之所謂教，一切排斥屏黜，使無得以亂其說者；其所自立，非獨爲詞章之雄也。夫有功於天下，則國祀之；有功於鄉，則有司祀之。公之賢，固天下之所不可闕者；而況其鄉哉？況其子孫哉？」（節）

明羅汝芳〈重修曾南豐查溪祠堂記〉云：「南豐先生，起宋隆盛時，與歐陽文忠公相倡和；令當世學者，咸知尊經。前以續孟學於不傳，後以開程學於未顯；洵如吳臨川所稱，合乎程！接乎孟而達乎孔者也。先生裔孫敏道，就業明德請先生祠堂記於予。溯先生查溪祠，始於宋乾道八年，忠曾孫某，卜址而創之；淳祐中，九世孫文忠，就規制而廓之。歲久圮塌，嘉靖戊申，諸裔孫重構前堂；然門屋猶卑隘也。萬歷戊寅，後增門廈，結砌階塗，歷秋冬告成，涓吉奉先生神主祀於中堂；而以先生之子綰公、綜公、綱公、爲之配。予故推本先生學術之正，與建祠始末爲之記。

閔案：此是查溪祠與上讀書巖祠又別；計公祠堂凡四：南豐城西也，臨川後湖也，南豐讀書巖也。查溪也。

又案：文定六兄弟：伯兄曄字叔茂，皇祐五年試進士於廷，不中，遂卒，年四十有五；熟於治亂興亡是非得失之故，有智策，能辨說，其貫穿反復，人莫有屈之者。（見文定所作〈墓誌〉）文定之弟牟，與文定同年進士，爲臨川推官；宰亦進士，官湘潭主簿，卒，年四十七。曄子覺，字道清；治平進士，吉州司法參軍，遷韶州判官，道卒。宰子經，字常一，紹聖進士，與秦少游交善，有《嘯竹軒集》行世。宰孫秀之，大觀進士，官祕書省著作郎。忠與恴，皆漕舉。宰曾孫季貍，字裘父，號艇齋；少師韓子蒼、呂居仁，再舉進士不第，遂謝去，讀書考古。劉珙、張孝祥皆薦於朝，不出；呂東萊、徐東湖、曾茶山極愛重之。壯而劉忠肅，李文簡禮爲上賓，老而朱晦菴、張敬夫親爲畏友；汪應辰有「四海曾裘父」之句。眞德秀稱其道廣器博，可想見其人矣。宰元孫之子極，字景建；父滂，字孟博，季貍兄豸子也。滂學於金谿陸氏，極承家學，爲李雁湖、趙南塘所稱；朱子得其書及詩，大異之。因詩忤時，相史彌遠，謫道州卒，有《夏陵小雅》《金陵百詠》行世。文定次孫恴，（綰子）以仕累官司農丞，通判溫州，需次於越。建炎三年，金人陷越，爲金人逮捕，不爲屈，詞氣慷慨；責其敗盟；金人怒，盡家屬四十口，同日殺之越南門外。越人作大窖，瘞其屍；金人去，恴弟㬎知餘杭。製大棺殮其骨，葬之天柱山。事聞，贈諫議大夫，謚曰忠，予三資恩澤，官其弟忶子宗，兄悊子崌；宗後歷官至知南安軍。

又案：元劉起潛《隱居通議》卷十四云：「濂洛諸儒，未出之先，楊劉、崑體，固不足道；歐、蘇一變，文始趨古，然理學或未及也。獨南豐曾文定公，議論文章，根據性理，朱子專以爲法者；以其於周、程之先，首明理學也。世俗知之蓋寡，無他，公文自經出，深淳雅澹，非靜心探玩，不得其味；予特嗜之，《元豐類稿》覽之熟矣。近得《續稿》四十卷，其間多少作，不能如《類稿》之粹；豈公所自擇，或學者詮次，如《莊子》內外篇，《山谷內外集》之分與？中如〈過客論〉則仿〈兩都賦〉，如〈詔弟教〉則仿〈客難〉〈僮約〉〈進學解〉，如〈襄陽救災記〉則仿〈段太尉逸事〉；朱子謂多摹擬古作，蓋此之類。又有〈釋疑〉一篇，亦仿西漢文字；前輩謂此乃公少年慕學，借以衍習其文耳。觀後〈聽琴序〉〈題趙充國傳〉〈題魏鄭公傳〉諸篇，皆其妙者，不可及也。其〈上李連州書〉，十五歲作；前集〈禿禿記〉，二十五歲作。」又云：「《續稿》有〈喜似〉一篇，爲介甫作，尊敬甚至；及其得志，則與之異。又有〈雜識〉二三兵事，多仿史漢文，可觀《宋史備要》，多采用之。閔攷：明焦氏《國史經籍志》，已無《元豐續稿》；今四庫著錄，亦止《類稿》五十卷；殆久佚不復見矣。起潛略載所見文字數篇，猶藉以得其涯略。惟載朱子〈年譜序〉，及〈序後〉二篇，不見《朱子文集》；又地望稱「丹陽」可疑，今姑錄二文於後，備攷。」

## (三)朱子年譜序

南豐先生者，諱鞏，字子固，姓曾氏；南豐人。丹陽朱熹曰：「予讀曾氏書，未嘗不掩卷廢書而歎，何世之知公淺也！蓋公之文高矣！自孟、韓以來，作者之盛，未有至於斯；其所以重於世者，豈苟而云哉？然世或徒以是知之，故起之淺也。知之淺，則於公之事，論之猶不能無所牴牾；而況公之所以爲書者，宜其未有以知之也。然則世之自以知公者，非淺而妄與？其可歎也已！公書或頗有歲月，以史氏記，及他書舊聞次之，著於篇。」

## (四)年譜後序

丹陽朱熹曰：「世有著書稱公文章者，予謂庶幾知公；求而讀之，湫然卑鄙，知公者不爲是言也。然則世之自以知公者，何如哉？豈非徒以其名歟？予之說於是信矣。其說又以謂公爲史官，薦邢恕、陳無己，以爲英錄檢討，而二子受學焉；綜其實不然。蓋熙甯初，詔開實錄院，論次英宗皇帝時事，以公與檢討，一月免；豈公於是時，而能有以薦士哉？其不然一也。恕治平四年，始登進士第；元豐中，用公薦爲史館檢討，與修五朝國史；其事見於實錄矣。爲實錄院檢討，而與修英錄於熙甯之初，然未有考焉；其不然二也。師道見公江淮之間，而受教焉；然竟公時爲布衣。元祐中，乃用薦起家爲郡文學。是公於史館，猶不得以薦之；況熙甯時豈有檢討事哉？其不然三也。一事而不然者三，則公所以教恕者，其在元豐史館之時乎？未可知也。此予所謂牴牾者。斯人爲世所重，自以知公；故予不得不考其實，而辨其不然者。其書世或頗有，以故不論著，著其是非者焉。」

# 附錄三：主要版本序跋

## (一)宋王震《南豐先生文集序》

南豐先生以文章名天下久矣。異時齒髮壯，志氣銳，其文章之慓鷙奔放，雄渾瓌偉，若三軍之朝氣，猛獸之抉怒，江湖之波濤，煙雲之姿狀，一何奇也。方是時，先生自負要似劉向，不知韓愈爲何如爾。中間久外徒，世頗謂偃蹇不偶。一時後生輩鋒出，先生泊如也。晚還朝廷，天下望用其學，而屬新官制，遂掌書命。於是更置百官，舊舍人無在者。已試即入院，方除目塡委，占紙肆書，初若不經意，午漏盡，授草院吏上馬去。凡除郎御史數十人，所以本法意，原職守，而爲之訓敕者，人人不同，咸有新趣，而衍裕雅重，自成一家。予時方爲尙書郎，掌待制吏部。一日得盡觀，始知先生之學，雖老不衰，而大手筆自有人也。嗚呼！先生用未極其學已矣，要之名與天壤相弊，不可誣也。客有得其新舊所著而裒錄之者，予因書其篇首云。宋元豐八年季春三月朔日，中書舍人王震序。

## (二)宋陳宗禮《曾南豐全集序》

文章非小技也，三代而下，惟漢近古；唐惟昌黎、柳州能復古，繼是弊矣。宋興，文治一新，滌凡革腐，幾與三代同風，而士以文鳴者稱之。嘉祐中，歐陽文忠公以古道倡；南豐之曾，眉山之蘇，胥起而應。眉山父子兄弟，稽千載治亂成敗得失之變，參以當世之務，機圓而通，詞暢而逸，言之有輔於世，美矣；然求其淵源聖賢，表裏經術，未有若吾南豐先生之醇乎其醇者也。先生初登文忠公之門，其說曰：「明聖人之心於百世之上，明聖人之心於百世之下。」又曰：「趨理不避榮辱利害，相與爭先王之教於衰滅之中；」則先生之學，非角聲名競利祿之學矣。韓子所謂「仁義之人，其言藹如也；」故溢而爲文，辭嚴義正，不詭不回。援孔孟之是，斷戰國策之士非；舉〈典謨〉之得。正司馬遷以下諸史之失；如針指南，如藥伐病，言語之工云乎哉？蓋眉山父子兄弟文之奇，南豐先生文之正。奇者如天馬，如雲龍，恍惚變態；而正者金之精，玉之良，凡物莫能加也。帛之暖，粟之飽，不可一日無，而人莫知其功也；以斯文，明斯道，淑斯人，古所謂經國之大業，不朽之盛事，先生之文，直與三代同風也。予昔竊祿中祕，偶當陛對，嘗述先生之文之道，請賜謚以光往哲，以範後學，清朝既以文定易名，又爲祠以崇仰望；邑之士請書其本末，遂不敢辭。寶祐四年，正月望日，　參知政事陳宗禮譔。

## ㈢元丁敬思《元豐類稿後序》

僕嘗讀舍人王公所著《南豐先生文集序》，喜其有波濤、煙雲、三軍朝氣之語，足以摹寫斯文之妙。及觀紫陽夫子序公家譜，甚恨世之知公者淺，而後未敢以前言爲可喜也。

公先世亦魯人，嘗欲抽瓣香，修桑梓，敬而未能。大德壬寅春，假守是邦。既拜公墓，又獲展拜祠下，摩挲石刻，知爲魁樞千峰陳公名筆。至品藻曾、蘇二公文，則獨以金精玉良許曾有之正。信乎！

曾文定之文價，至陳文定而後論定也。公餘進學，官諸生訪舊本，謂前邑令黃斗齋嘗繡諸梓，後以兵燬。夫以先生文獻之邦，而文竟無傳，後守烏得辭其責。乃致書雲仍留畊公，得所刻善本，亟捐俸倡僚屬及寓公、士友協力鳩工摹而新之，逾年而後成，其用心亦勤矣。後必有不汲汲於它務者，憫其勤而壽其傳，斯無負雪樓先生品題云。大德甲辰良月，東平丁思敬拜手書於卷尾。

## (四)明姜洪《重刊元豐類稿序》

文章與氣運之隆替相關，信不偶然也。宋興，五星聚奎，文運大盛。然猶至於六七十年而後，歐陽公卓然以古文振起於天下。當是時，又有如蘇老泉父子、王介甫、曾南豐諸賢相與和之，故能丕變五代之陋，上追西漢、先秦之古雅也，斯豈偶然哉？

南豐先生天資高，學力超詣，其所得宏博無津涯，所趨則約守而恕行之，其言之而爲文，亦雄偉奔放，不可究極。要其歸，則嚴謹醇正，推其所從來，實嘗師友於歐公之門，而其所自負，則先正謂其要似劉向，不知韓愈氏爲何如。於戲！先生所際如是，所學、所行如是，所從來、所抱負又如是，其文足以鳴世，而並稱歐、蘇、王、曾四大家，又豈偶然哉？

洪家食時，嘗睹先生《元豐類稿》於邑之元氏，欲手鈔之而未暇，及期則已爲有力者所取去矣。其後宦游京師，閱館閣，雖有此書目，而其帙皆留玩於他所。因又竊嘆不獨其文不偶然，雖讀之亦不可偶得也。歲之四月，洪疾，得告南歸。過宜興，訪友人鄒大尹孟旭，宿留累日，爲洪道其始得《類稿》寫本於國子司業、毘陵趙公琬，謀刻之，繼又得節鎮南畿、工部左侍郎、廬陵周公忱示以官本，彼此參校，刻梓成矣，試爲我序之。

洪曰：嗟夫！是書之行，亦豈偶然哉？有數存焉耳。蓋唐自韓、柳至宋三百餘年，始有歐、蘇、王、曾出而繼之。自宋歐、蘇、王、曾至今大明，又三百餘年矣，而我列聖誕布文命於四海，亦八十年，於茲所謂文運與氣運正當會合，亨嘉之日也，得無名世者出以繼歐、蘇、王、曾歟？此先生之文所以始於周、趙二公而刻成於大尹，以盛行於世，而爲世學者之楷模也，豈復有區區不得讀斯文之歎哉？洪不能序斯文，亦有不待序而行者，獨惟大尹之刻本，不爲無補於世，無功於學者，不可使其無聞也，故忘其淺陋，爲僭書此於篇端焉。

大尹名旦，孟旭字也，世爲樂安故家，知碭山、宜興二縣事，所至多惠愛及民，而律己尤嚴，若大尹可謂賢也矣。時正統十二年歲舍丁卯夏五月辛亥，賜進士、翰林修撰、樂安姜洪序。

## (五)明趙琬《重刊元豐類稿跋》

昔南豐曾氏之文，與廬陵歐陽氏、眉山蘇氏、臨川王氏並稱名家，而皆有集，板行於世。顧今歐、蘇、王三集世有印本，獨曾集散逸無傳，近世士大夫家蓋少得見其全集者。予鈔錄此本，藏之巾笥久矣，嘗議重刻諸梓，與三集並傳，而力不逮。比宜興縣尹、樂安鄒旦孟旭考秩來京，訪予太學，間論及曾文，而孟旭亦以世不多見爲憾。予因出所藏以相示，孟旭閱之而喜曰：「宜廣其傳。」遂屬其回任所梓刻焉。板成，徵言以識其後。

嗟乎！曾氏之文，粲然如日星之麗天，而光耀不可掩焉者，固無俟乎予言。然後之君子不爲古文則已，苟欲爲之，要不可不取法於此，猶離婁、公輸子之欲成方圓，而必以規矩也。孟旭尊崇先正，篤意斯文，而爲此義舉，其好善懿德，何可以不書哉？庸題末簡以識其成云。正統十二年七月七日，毘陵後學趙琬識。

## ㈥明鄒旦《重刊元豐類稿附錄》

聞刻南豐文集，喜而賦詩，以促其成。錄似大尹鄒侯鄉契：

「曾子文章世希有，水之江漢星之斗。」吾聞先儒有此言，盛事至今傳不朽。南豐刻本兵燹餘，內閣所藏天下無。世儒欲見不可得，誰是世南行秘書？義興茂宰江西彥，兩度鳴琴宰花縣。首捐官俸再刊行，要使流傳天下遍。晝長公退親校讎，良工鐵筆重雕鎪。更煩精鑒正亥豕，使有文光沖斗牛。知君此舉非小補，書成速寄爭先睹。名姓長留天地間，千古清風播盱汝。鄉生大年稿呈。

右常州郡學司訓、臨川聶君大年聞予重刻《類稿》，以詩促其成。予愛其首稱先輩，謂「曾子文章世希有，水之江漢星之斗。」以「江漢」喻先生之文，則其雄放閎深可知。繼喻以「斗」，則其正大高明、芒寒麗天可見。夫以七字說盡先生文章之妙，可謂簡約有法矣。孰不愛之乎？況司訓此詩，亦通篇清麗，蓋才子之傑作也。且欲予親校讎，正亥豕，不致譌謬，是又有益於予者也。書成，謹附於篇末云。

時正統丁卯夏六月望日，文林郎、知宜興縣事、樂安鄒旦謹識。

## (七)明王一夔《元豐類稿序》

昔濂溪周子曰：文以載道也，不深於道而文焉，藝焉而已。聖賢者，深於道者也。六經之文，所以載道也。爲天地立心，爲生民立極，爲萬世開太平也。必如是而後可以謂之文焉。第以文辭爲能，而不深於道，雖奔放如遷、固，高古如柳、韓，沈著縱肆如歐、蘇，亦不免周子「藝焉」之譏，尙得謂之文哉？若南豐曾先生之文，其庶幾於道者歟！

先生諱鞏，字子固，魯國復聖公之裔，遠祖徙吾江右之南豐邑。先生生而警敏，讀書過目輒成誦，年十二即能文，日草數千言，多驚人語。甫冠遊太學，歐陽幷齋一見其文，即大奇之。登嘉祐進士第，歷官外郡居多，最後始擢中書舍人。不逾年，丁內艱以卒。所至文章政事，卓卓爲人所傳誦欣慰。惜時不能大用，而徒昌其文。先生之文，雖未始《六經》之襲，而未嘗不與《六經》合也。善乎！宋潛溪評先生之文，謂如姬、孔之徒復出於今世，信口所談，無非三代禮樂，此可謂知先生之深者。彼三軍、朝氣、猛獸、江湖、煙雲譬者，尙得謂之知先生哉？

先生所著文，有《元豐類稿》五十卷，已板行於世。屬者南靖楊君參來令南豐，乃先生故邑，因求全集，正其譌漏，將鋟梓以廣其傳，乃介教諭句容王鐸，求予文引其端。於戲！一夔何敢序先生文哉？昔歐陽公作《五代史》，陳師錫序之，而半山誚焉。以一夔而序先生之文，其蹈師錫之誚必矣。一夔何敢序先生文哉？雖然，師錫之序《五代史》，固不能免半山之誚，師錫之名，亦藉是以有聞於今日。先生文在天地間，如景星，如慶雲，如麒麟、芝草，而天下之人爭睹之者唯恐或後，一夔之名，誠得藉之以有聞於後世，亦何幸歟！爲是不拒其請，而僭序之首簡。

成化六年庚寅歲冬十月望日，賜進士及第、奉訓大夫、左春坊、左諭德、經筵官、兼修國史、後學豫章王一夔序。

## ㈧明謝士元《重刻元豐類稿跋》

南豐曾先生所著《元豐類稿》詩凡五十卷，宜興原有刻本傳於世。知南豐事楊君參謂先生邑人也，流風餘韻猶有存焉，況文乎？乃以宜興舊本命工翻刊以傳，蓋欲邑之學者人人有而誦之。孟軻氏所謂誦其詩，讀其書，不知其人可乎？學者誦先生之文，則知先生矣。知先生則於感發也，特易易焉耳。參身任師帥，欲學者景行鄉之先哲，可謂善於教歟！書之末簡，豈徒識乎歲月，亦著參所存所施異於人云。後學長樂謝士元書於思政堂，時成化壬辰六月也。

## ㈨明陳克昌《南豐先生文集後序》

南豐先生曾氏之文，與廬陵歐陽氏、眉山蘇氏、臨川王氏並稱名家，而皆有集行於世。先生之集，蓋刻自元大德甲辰。此爲《元豐類稿》。宜興有刻，爲樂安鄒君旦。豐學重刻，爲南靖楊君參。縉紳章縫，遂有善本爭相摹印，人人得而觀之。鄒孟氏所謂誦其詩，讀其書，不知其人可乎？學者觀先生之文，則知先生矣，知先生則於感發也，特易易耳。歷歲茲遠，板畫多磨，雖嘗正於謝簿普，再補於莫君駿，顧旋就湮至不可讀。予謫盱之再稔，公暇輒留意於斯。而郡齋所存，若《李盱江先生集》、

《養生雜纂》、《耕織圖》、《和唐詩》，昔所殘缺，悉為增定。既又取是集讎校焉，易其敝朽，剔其污漫，更新且半，庶幾全錄，閱三月始就緒。

嗚呼！先生之文何事於予，顧誠有不容已者，而亦學者誦法所在，高山仰止，景行行止，願相與勉之。若徒以其文焉爾也，淺之乎求先生者矣。嘉靖甲辰仲春，前參議、仁和後學陳克昌識。

## ㈢明邵廉《序刻南豐先生文集》

南豐先生之自敘文云爾，其言以一道德、同風俗為盛，由當理故無二，由不當理故二。後之評贊者亡慮十百，其不知者風影形似，知之者卮言無當，蔓衍而反蓋厥指，讀者輒病。敘南豐曾氏者，孰與其自敘文甚確也？故今揭而論敘。

夫曾氏之文，蓋庶幾乎孔門之文章也。《中庸》曰：「喜怒哀樂之未發謂之中，發而皆中節謂之和。」和也者，中也，天下之達道也。孔子曰：「辭達而已矣。」辭，喜怒哀樂之成章也。達，達其由中出也。辭達而道達也，故通之天地萬物無二也。曾氏當理故無二，以此，夫子之文章，可得而聞。

自七十子喪而微言絕，其可得而聞者，卑弱者溺近，詖邪者荒遠，百家舛錯，如亡羊迷珠，即可得而聞者猶然，況不可得而聞者乎？

漢興，庶幾乎道者，得一董仲舒。論政則明教化而重禮樂，論學則崇道誼而詘功利，而其指曰：道之大原出於天，天不變，則道亦不變。天即天命之中，道惟達故不變也，當理無二非歟？諸不在六藝之科、孔氏之術者，請絕勿通，非一德同俗歟？是孔門文章之支流也。

由漢而宋，數百年而後得南豐曾氏，反約以闡其指，詳整以明其法。《敘戰國策》言道以立本，法以適變。《敘聽琴》詳五禮六樂其用，至於養才德、合天地而後已。《筠州學記》則詳次《大學》誠正修身，而本之致知。《新序》之作，又深明學有統，道有歸，而斥衆說，大較以一德同俗，當理無二爲旨趣。

蓋二子者之文章，可謂至正矣。夫董仲舒之明一統，學海者也。仲尼日月也，水則海也。南豐子亦水之江漢乎？海之支委也；星之斗乎？是借日之光也。是故偏全者智識，醇駁者造詣，其辭指一也，未見大原之嘆，非文王、孔子之文之評，則所謂道德禮樂教化者皆非歟？噫！諒哉難矣。廉非敢以鄉曲後生與知公文事，而深有慨於知之者難也。序而刻之。隆慶五年辛未秋八月之吉，南豐後學邵廉謹題。

## (二)明甯瑞鯉《重刻曾南豐先生文集序》

余不佞，亦嘗誦先生之文矣。頃釋褐承乏豐土，私竊幸溯前哲徽音，獲寄仰止。入境久之，復耳三文公之跡爲詳，蓋相國文肅公之宣、史館文昭公子開，皆先生季仲，而先生諱鞏，字子固，則世所推文定公者。先生文舊刻縣署，存者陶陰亥豕，闕者首尾決衡。余悵然欲一新諸梨，而簿書倥傯，居鮮暇日。會邑庠士曾敏才、敏道、國彥、敏行、國祚、育秀、能先等詣余，請曰：「祖南豐先生倡道宋嘉祐間，爲時儒宗，所著文集若干卷，學士大夫交傳誦之。茲欲仰承雅意，摹刻佳本，藏之祖廟，以志不朽。乞賜一言之辱，弁之首簡，幸甚。」余維夙昔嚮往之勤，孜孜誦法，其可以不文辭？

蓋先生之文至矣，乃《六經》之羽翼，人治之元龜，自孟軻氏以來，未有臻斯盛者也。夫其矢口成謨，摛詞樹幟，彼曷嘗雕鏤鍛煉，字櫛句比，規規然矜一隅，工累黍哉！辟之三垣九野，嚮夕而光章；萬壑群川，歸虛而沛艾。至錯經緯而渙淪漪，天地不爲文而不能使之不文，亦其勢然也。先生生崑體浸淫之後，洛學未興之前，識抱靈珠，神超象帝，致知誠意之說，率先啓鑰，功良偉矣。嘗試取先生書詳讀之，張皇幽渺，則天地萬彙靡遁其情；商訂運代，則曩疇風俗曲盡其變。條國家盈縮災眚，隨計蠹耗圖回之安在；規官守刑名法度，壹令錢穀獄訟之兼籌。旁至篇什賦詠，罔不溫潤春容，可絃可誦。蓋先生於義理，繭絲牛毛，於學，貫道與器，故文章卓絕若此。

考神宗時，屬新官制，除目塡委，先生下馬口占敕詞，日除數十人，各極命官法意，神宗簡注特隆，有史學見稱士類之許。踐更中外，所至有聲。即父兄鼎貴，中朝故人，舒國秉均軸，先生進止泊如也。則先生自任，實貞且重，獨以文章致大名耶？故觀先生者，於道不於文，政以文論，亦自巋然諸名家中。何者？昌黎貽論於格致，柳州謬稱於羅侯。舒國新經字說之見疵，眉山縱橫習氣之未遣。唯是六一紆餘典重，先生並之。至《爲人後議》一出，六一且有當時未見此論之歎，蓋追憶濮議云。然則先生在諸公間，有過之無弗及也。儻所謂《六經》羽翼，人治元龜，直接孟氏之傳，豈虛也哉？

它時文昭公裔思孔氏爲余言：厥先祖世藏先生《隆平集》數十卷，別無副本，未敢輕示人，豐人士即不知先生復有是書。雅欲手寫全編，傳之好事，以困公車未能也。則並梓以垂示來者，非茲邑一快書與？諸生祖諱忞，先生再世孫，死金將之難於越，遺子密，事聞，以恩澤將仕郎，終南安軍守，由轉徙桑梓之查溪，世建廟貌，瞰溪流數武，余道盱舟次，往往爲之低回而謁其祠焉。思孔氏業古辭賦，已卓登作者之壇，而諸庠士英奕濟濟，咸質有其文，可謂能世其家者，余故樂爲之序，幷致《隆平集》遺之。明萬曆丁酉歲季夏月穀旦，賜進士出身、知南豐縣事、桐汭甯瑞鯉撰。

## (二)明王璽《重刻南豐先生文集序》

文以載道，道管於性，性定於一。六經以一爲宗，聖人以一爲極，先師之一貫，宗聖之一唯，立言經世，萬古不磨。下此諸子百家，樊言不一，鑿性畔道，不可以訓，則文實未易言也。

吾豐據西江上游，人文代有，特競詞章，而性學不明，敝也久矣。南豐曾先生諱鞏者，其文章根自性學，遠追乃祖宗聖，一貫忠恕大學格致心法，以六經繕性，抱眞守一，蓋接乎參而達乎孔者也。其有關道統，豈淺鮮哉？當時讀其文者，或世數相懸，或壤地相隔，皆獵其詞而未罄其行，誇其文而未得其性，是採花而忘實者也。予生先生數百年之後，尤幸得近先生之居，其性學淵源，忠孝廉節，滿著鄉評，超於文章之表者，得稔知而縷數。先生蚤負英敏，日記數千言，而博學詳說，反約之乎一心。善養祖姑，本於純孝，以經術課子弟，使知其一以定其性，會其道，以故諸弟以文學顯，冢孫以忠義名。歷任六州，所在料理，弭盜戢奸，惠政四溢，民風鼓鬯。兩遷史館，編次實錄，斷自獨心，不以貴倨遷就。奈忠直忤時，撓於新法，相業未就，遂解組歸田，結興魯書院，與歐、蘇諸君子發明一貫定性之旨。所著《元豐類稿》、《隆平》、《金石》、《群史》諸書，總皆發自性靈，眞得孔門心法，克紹宗聖家學者乎！迄今子姓蔓延，撫、建各設廟祀，而查溪後裔彬彬，人文稱盛，始信道脈所流也。

先時《元豐類稿》，九世孫居查溪諱文受、文忠者已經校刻，第原本存縣久，多殘缺。予方捫心感慨，惓裔孫才、行、道、思、秀、先等謀修先業，來屬予言。予雖不敏，嘗怪世之毀道滅性，專以定性主一之訓，私心向慕，而踵芳之志未諉也，輒起而言曰：爾諸士此舉甚盛心也，然克振箕裘者，不在浮慕其跡，要在遠契其心，誠以道爲型軌，心爲嚴師，則定性中自是法祖也。宗聖之一，先生衍之，先生之一，後胤當宗之，則茲集爲傳心令典可也。不爾無以暢明性道，何以光昭祖德哉？不佞爲先生後學，愧未能盡性至道，漫以一自持，朝夕乾乾，亦以此屬爾後士云。大明萬曆丁酉歲季夏月上浣之吉，賜進士、嘉議大夫、廣東提刑按察司按察使、前欽差撫苗、兩奉敕提督學政、知直隸太平府事、戶禮二科左右給事中、使朝鮮國、賜一品服、侍經筵官、題准纂修世宗實錄、翰林院庶吉士、乾乾道人、南豐里東後學見竹王璽撰。

## ㈢明趙師聖《曾南豐先生文集序》

予自束髮受書，長而策名登朝，海內升平，天下乂安，讀書中秘，於今二十有餘年，凡古今文章升降之變，竊嘗窺之矣。

自東漢以來，道喪文敝，雖以唐貞觀政治，幾於隆盛，而文章不能革五代之衰。昌黎韓子起布衣麾之，天下翕然復歸於正。愈之後二百有餘年而得歐陽子，其學推韓愈，以達於孟子。士無賢不肖，不謀而同曰：歐陽子，宋之韓愈也。時予鄉曾文定公橐其文數十萬言來京師，京師之人無知之者，歐陽公見而獨異之，初駭其文，復壯其志，由是而子固之名動天下。嗟乎！彼文公者，豈徒以其文章哉？

方其迎骨於鳳翔也，王公士庶奔走膜唄，而文公冒死極諫，攖萬乘之怒而不悔。則文公衛道之嚴，正氣所磅礴，固已參天地，關盛衰，浩然而獨存矣。其手扶雲漢，章分裳錦，豈偶然哉？歐陽公立朝讜直不回，至其論文，則曰：道勝者文不難而自至，若道之充焉，雖行乎天地，入於淵泉，無不之也。不然，以歐公之才，豈不能爭裂綺繡，若子雲、仲淹輩，誠衛道之心嚴耳。

曾子固、子開伯仲皆以文名於時，而子固文尤著。其《元豐類稿》言近指遠，大者衷於謨訓，而小者中於尺度。至論古今治亂得失、是非成敗、人賢不肖，以及彌綸當世之務，斟酌損益，必本《六經》。衛道之心，實與昌黎、永叔相表裏，非僅以文章名後世也。後之君子讀子固之文，而得歐陽子之志，與韓子當年抵排異端、張皇幽眇之深心，以上溯於子輿氏知言之教，則斯稿之傳，不爲無補於天下後世，乃足以明吾鄉之學，障百川而迴狂瀾，以庶幾於鄒魯之遺業也，有如是爾。同邑後學趙師聖題。

## ㈣明曾佩《南豐先生元豐類稿序》

宋三文公以文章彪炳一時，而余宗遂有聲江漢間，自我祖元紹公由後湖徙居田西，實祖文昭公，則不肖佩迺文定公從裔也。余髮始燥，即從先君子亹亹譚先世德業文章，而撫余頂曰，爾必亡忘先文公之業。不肖少困舉子業，比長，備員臺史，學殖幾落，頃以建言亡狀杖戍雷陽，會新天子覃恩詔歸田，迺得卒業文定公集，作而嘆曰，夫文章之垂於世也，豈不以道哉？藉不要於道，即摛辭春華，猶無益於殿最，譬諸三家之市，列組點采，適足走鄉里小兒耳！乃兩都之巨臿，海外之譎諛，政不在此。

今天下家握靈珠，人人自欲追秦以上，語及宋則掩口，宋故卑疵不及格，然抽精騎於什伍，探玄珠於罔象，亦有頗可采者，何必上古？文定公具在，以今觀，制詔則抵掌典謨，詩歌則優孟漢魏，固已參軔前修而冠冕宋代矣！顏之推有云，文章之體，標舉興會，使人忽於特操，果於進取。文定公當元豐群小之間，進退泊如，陳誼矯然，絕無一切文士之態，以故溫醇噩雅，片語摹貞，便足千古，豈與少年馳煙雲月露之華，競壯語以相矜哉？康樂氏謂得道須從慧業，文人直芘糠視之。然則公之文垂日月，蓋有道焉，進乎技矣！會遭兵燹，遺文散失，夫湮前人之盛業，遺千載之闕文，余小子懼焉，乃謀之公裔孫後湖、松幷、查溪、以達等，欲重訂正之，僉曰，唯唯。於是余遂刻其粹言藏於家，以俟後之人。隆慶元年丁卯歲秋八月穀旦，賜進士、文林郎、山東道監察御史、奉敕刷卷南京京畿道、前欽差巡按居庸三關福建等處，從裔孫佩謹撰。

## ㈤明譚鍇《南豐先生元豐類稿敍》

嘗謂，文章者，道德之精神也，精神遍滿宇內，故能文章炤燿今古，第精神之用爲變，而道德之元歸一，自其變者觀之，各出手眼，定有奔放高古、沈著縱肆之別；自其一者觀之，咸歸心性，決無天地民物、聖賢帝王之分。故濂溪周先生有云，文以載道，不得其道而文焉，藝焉而已矣。余鄉先哲有曾南豐先生，文章卓卓，爲古今傳誦，忻慕久矣！記其弱冠入太學，歐陽幷齋一望即奇，然亦徒昌其文，不能大有其用。雖登嘉祐進士，而歷官外郡，最後擢中書，一年，丁艱而卒。即用也，而未極其所學，是當世知先生者於道德文章已各有深淺，而況其後也與！又況後之有知，皆在耳目之內，誰能得之精神之外？間有探其本源，誰復測其淵海哉？鍇生不敏，七齡失怙，得節母符贈宜人者和熊植孤，故孤當髫年，弱質而精神獨王。甫能文時，母指笥中告曰，此父書也，可簡讀之。余啓視，中有《六經》及先生文集，而文集有先人手澤，因以日加搜討，窮年畢讀，方知《六經》乃文章之宗匠也，又道德之乘載也，道德者精神之淵藪也，而精神者又道德文章之總持也。勉以半生之精神涉獵《六經》，而獨會先生之精神於極致，而後乃信史氏稱先生之行章本源《六經》，與夫景星卿雲之喻爲不謬，而深惜先生蘊三代之禮樂，釀聖賢帝王之成法，而不克大用，於道德歸寂寥也。噫！鍇不能文，班窺寸管，亦博一第，但十年擴落，四方專對，一擢臺中，三載留都，維不敢言，未極所學，而知遇約略相仿，乍轉勳二，遂心丘壑，卜築澹園，以寄清況，因暇日與豚滔將先生舊集重訂刻版，一爲先生發道德之精神，以炤茲來學，一爲子孫鼓不倦之精神，而善相文章，庶幾乎千載之下，知先生之文章非藝焉已也，謹敘。南豐後學譚鍇敘。

## (六)明何喬新《南豐先生元豐類稿跋》

南豐先生之文，有《元豐類稿》五十卷、《續元豐類稿》四十卷、《外集》二十卷，南渡後《續稿》、《外集》散軼無傳。開禧間，建昌郡守趙汝礪始得其書於先生之族孫濰，缺誤頗多，乃與郡丞陳東合《續稿》，《外集》校定而刪其僞者，因舊題定註爲四十卷，繕寫以傳。元季又亡於兵火，國初惟《類稿》藏於秘閣，士大夫鮮得見之。永樂初，李文毅公爲庶吉士，讀書秘閣，日記數篇，休沐日輒錄之，今書坊所刻《南豐文萃》十卷是也。正統中，昆夷趙司業琬始得《類稿》全書，以畀宜興令鄒旦刻之，然字多譌舛，讀者病焉。成化中，南豐令楊參又取宜興本重刻於其縣，踵譌承謬，無能是正。大學生趙璽訪得舊本，悉力校讎，而未能盡善。予取《文粹》、《文鑑》諸書參校，乃稍可讀，《文鑑》載〈雜識〉二首并〈書魏鄭公傳後〉，《類稿》無之，意必《續稿》所載也，故附錄於《類稿》之末。嗚呼！先生之生，當洛學未興之前，而獨知致知誠意正心之說，館閣諸序，藹然道德之言，其學粹矣！至其發之賦詠，平實雅健，昌黎之亞也，世或謂其不能詩者，非妄邪？校讎既完，謹識於卷末。明刑部尚書，廣昌後學椒丘何喬新撰。

## (七)明李良翰《曾南豐文集跋》

敘曰：「是書也，魯國之流裔，道南之橐籥也。蓋談道之書出，而文與道二矣。夫子之文章，與性與天道一也。子貢以文章學，以博學多識而學；夫子啓之曰：「予一以貫之，」至矣！誠則明也。魯國曾子，獨契其密，乃洩其機於《大學》之止，曰止曰物，則一也；格致誠正，脩齊治平，以貫乎一也；明則誠也，魯國子之文也。文王既沒，文不在茲乎？

南豐曾子，生於孔學絕續之後，程朱未顯之前；會厥流潤，自見本原。其敘聖學略，曰思，曰睿；思，以致知也，知至矣，而誠心以好之；好矣，而誠心以樂之。知斯好，好斯樂，樂斯安；凡以盡性也。盡性則誠矣，誠也者，成也。聖無思也，其至循理而已；無為也，其動應物而已。神也者，至妙而不息者也。故述禮樂，以謂合內外而持養，而貫禮樂於一；述政教，以謂適變者法，立本者道，而貫政教於」。漢史遷，唐昌黎，殆未臻此旨，即其造詣，有至有未至，而脩言其庶幾哉？會厥流潤，自見本原，因明以求誠，南豐子之文也。史謂斟酌遷、愈，本原《六經》然乎哉？

今去先生已久，獨紫陽朱子，評世以文章知公者淺，而未竟其所以深，臨川吳子云：「公學有漢唐所不得而聞，而未指其所可聞。」翰與先生裔以達，購求遺書，得睹其全，敢妄憶之曰：「魯國之流裔，道南之橐籥也。一顧南豐有先生，則南豐重；先生有集，則先生重；先生後裔，世守其集，則先生久而益重。

南豐後學生李良翰頓首跋。

## (六)明王愼中《南豐先生文粹序》

無錫安君如石刻南豐曾氏之《文粹》成，屬愼中爲序，而重以武進唐太史順之、同安洪郎中朝選二君之書以勉焉。予惟曾氏之文至矣！當其時，王震序之，已無能有益於發明，晚宋及元，序者頗多，而其言愈下，予何敢任焉？唐君以文名世，洪君與之上下其學，文亦日有名，而二君見勉之勤如此，豈有他哉？亦概斯文之既墜，而欲明其說於世也。故不揆而序之曰，極盛之世，學術明於人人，風俗一出乎道德，而文行於其間，自銘器賦物，聘好贈處，答問辯說之所撰述，與夫陳謨矢訓，作命敷誥施於君臣政事之際，自閭詠巷謠，託興蟲鳥，極命草木之詩，與夫作爲雅頌，奏之郊廟朝廷，薦告盛美，諷諭監戒，以爲右神明，動民物之用，其大小雖殊，其本於學術而足以發揮乎道德，其意未嘗異也。士生其時，蓋未有不能爲言，其才或不能有以言，而於人之能言固未嘗不能知其意，文之行於其時，爲通志成務，賢不肖愚知共有之能，而不爲專長一人、獨名一家之具，噫！何其盛也。周衰學廢，能言之士始出於才，由其言以考於道德，則有所不至，故或駁焉而不醇、或曲焉而不該，其背而違之者又多有焉，以彼生於衰世，各以其所見爲學，蔽於其所尙，溺於其所習，不能正反而旁通，然發而爲文，皆以道其中之所欲言，非掠取於外藻飾而離其本者，故其蔽溺之情亦不能掩於詞，而不醇不該之病所由以見，而蕩然無所可尙。未有所習者，徒以其魁博誕縱之力攘竊於外，其文亦且怪奇瑰美，足以誇駭世之耳目，道德之意不能入焉，而果於叛去，以其非出於中之所爲言，則亦無可見之情，而何足以議於醇駁該曲之際？由三代以降，士之能爲文，莫盛於西漢，徒取之於外而亦足以悅世之耳目者，公孫弘、徐樂、枚乘、谷永、司馬相如之屬，而相如爲之，尤能道其中之所欲言；而不免於蔽者，賈誼、董仲舒、司馬遷、劉向之屬，而向其最也。於是之時，豈獨學失其統而不能一哉？文之不一，其患若此，其不能爲言者既莫之能知，由其不知之衆，則爲之而能者又益以鮮矣。四海之廣，千歲之久，生人之多，而專其所長以自名其家者，於其間數人而已。道德之意猶因以載焉而傳於不泯，雖其專長而獨名爲有愧，於盛世既衰之後，士之能此，豈不難哉？由西漢而下，莫盛於有宋慶曆、嘉祐之間，而傑然自名其家者，南豐曾氏也。觀其書，知其於爲文良有意乎！折衷諸子之同異，會通於聖人之旨，以反溺去蔽，而思出於道德，信乎能道其中之所欲言，而不醇不該之弊亦已少矣，視古之能言，庶幾無愧，非徒賢於後世之士而已。推其所行之遠，宜與《詩》《書》之作者並天地無窮而與之俱久，然至於今日，知好之者已鮮，是可慨也。蓋此道不明，士之才庶可以有言矣，而病於法之難入，困於義之難精，決焉而放於妄，以苟自便，而幸人之相與爲惑，其才不足以有言，則愧其不能矯爲之說，誣焉以自高，而掩其不能之愧，以爲是不足爲也，其弊於今爲甚，則是書尤不可不章顯於時，顧予之陋，安能使人人知好之，而序之云然，蓋以致予之所感焉爾。嘉靖己酉冬十月望，晉江後學王愼中謹序。

## ㈨明羅倫《元豐類稿敘》

南豐先生《元豐類稿》五十卷，《續稿》四十卷，《外集》十卷。《類稿》宜興板行矣，《續稿》、《外集》世未有行者。南靖楊君參來令南豐，刻宜興板於縣學，屬倫敘之。夫聖賢之學，心乎道非心乎文也，道成於己而文自顯也。文人之學，心乎文非心乎道也，學文而因闚乎道也，道成而文自顯者，文與道爲一也。因文而闚乎道者，道與文爲二也。道也者，天命之性，本諸吾心而散諸萬事，其大者君臣、父子、夫婦、兄弟、朋友之倫，其小者威儀、文辭、食息、起居之節，其達諸國家天下尊卑貴賤相接之體，制度文爲之著，其筆之於書，以詔後世，則《易》《詩》《書》《春秋》《禮》《樂》之文，無適而非聖賢之文也。聖賢非有心於文也，道成而文自顯也。孔子曰：「文王既沒，文不在茲乎？」孟軻氏沒而斯文不傳矣。後數百年而得董仲舒焉，得揚雄氏焉，仲舒惑於災異，未醇乎道；揚雄失於黃老，〈美新〉之文君子羞之，其能與於斯文乎？揚雄氏沒，又數百年而後得韓愈氏焉，道之大用亦庶乎矣，然急於富貴而檢身之道不及，其能與於斯文乎？又數百年而後得歐陽氏焉，學者宗之，以配韓愈，眞因其言以求其道，亦未免乎韓氏之病也。當是時，其徒倡而和之者，眉山蘇氏、臨川王氏、南豐曾氏其尤也，二氏之說淫於老佛者有矣，唯曾氏獨得其正而猶未得與於斯文，何也？其用心者，韓愈、歐陽之文，而非文王、孔子之文也。當是時也，濂溪之周子、河南之程子、橫渠之張子，三子者之用心，文王、孔子之文也。使曾氏而得其門焉，則其所立其如斯而已乎？新安朱子所以與其文之正，而惜其未見夫道之大原也。於戲！數子者之文，率數百年而後得一人焉，其心專而力勤，終其身也，而卒不得與於斯文者，心乎文而非心乎道也。昔孔子之門，身通六藝者七十人，獨如愚之顏子莫有能及者，非惟當時群弟子莫能及，而天下後世卒莫有能及者，心乎道也。孔子告顏子以非禮勿視、聽、言、動，心乎道者之所事也。心乎文者，有至有不至；心乎道者，無不至矣。故孔子曰：「未之思也，夫何遠之有？」言心乎道無不至也。雖然，曾氏之文，不得與於文王、孔子之文矣，然亦豈非百世之士乎？予三過南豐而問焉，其世已無聞，其祠已爲蔬圃。景泰間，訓導汪倫立祠於讀書巖下，主其祠者先生之叔父易持之後也。楊君既梓其文，復欲請於朝以祠之，予故成其志，使聞先生之風而興者，知求道於內也。賜進士及第，翰林脩撰，湖西羅倫敘。

## ㈢明茅坤《南豐先生文粹序》

曾子固之才燄雖不如韓退之、柳子厚、歐陽永叔及蘇氏父子兄弟，然其議論，必本於《六經》，而其鼓鑄剪裁，必折衷之於古作者之旨。朱晦庵嘗稱其文似劉向，向之文於西京最爲爾雅，此所謂可與知者言，難與俗人道也。近年晉江王道思、毘陵唐應德始亟稱之，然學士間猶疑信者半，而至於膾炙者罕矣。子錄其疏箚狀六首、書十四首、序三十二首、記傳二十八首、論議雜著哀詞七首。嗟乎！曾之序記爲最，而誌銘稍不及，然於文苑中當如漢所稱古之三老祭酒是已，學者不可不知。歸安鹿門茅坤題。

## (二)清顧崧齡《曾南豐全集跋》

南豐先生《元豐類稿》五十卷，前明遞刻以傳，宜興令鄒氏乃刻於正統間，最先出，其中譌謬已多，況後焉者乎？崧齡喜誦先生文，苦無善本，又慮其愈久愈失其眞，於是參相校讎，佐以《宋文鑑》、《南豐文粹》諸書，手自丹黃，謀重刻之有年矣。

側聞屺瞻何太史焯每慨藏書家務博而不求精，故即近代通行之書多所是正，而先生集亦嘗假崑山傳是樓大小字二宋本相參手定，其副墨在同年友子遵蔣舍人杲所，因請以歸，於是復參相校讎。凡宋本與諸本異同者，僭以鄙意折衷其間。如第七卷脫《水西亭書事》詩一首，第四十七卷《太子賓客陳公神道碑銘》脫四百六十八字，諸本皆然，則據宋本補人。類此頗多，未易悉數。至於先生《續稿》及《外集》，南渡後已散軼，見於吳曾《能改齋漫錄》、莊綽《雞肋編》與《文鑑》、《文粹》中者得十三首，擬附於後。舍人聞而韙之，因又出《聖宋文選》見示，復得七首。共二十首，分為上下卷，題曰《南豐先生集外文》。刻既成，乃喟然而歎。蓋歎舍人不吝之雅意，與太史是正之苦心，俾是刻得免踵譌承謬之誚，抑且搜取遺珠，幽而復光，以遂崧齡修瓣香之敬，於先生寧非厚幸哉？

先生之文，自宋以來，序而頌揚者衆矣，以崧齡荒陋，即欲置喙，寧有加焉？因次王震以下序十二首，總冠簡端，唯自述其重刻緣起如此。康熙五十六年丁酉夏四月日，長洲後學顧崧齡謹跋。

## (三)民國沈卓然《重編曾南豐全集序》

文以載道，道固賴文以傳也。不然，則空言而已，何文之與有哉？《六經》《三史》開於前，漢唐諸儒承於後，照鑠千古，炳炳然不可磨也。

五季之亂極矣！宋襲其弊，猶唐之於六朝。方是時，操觚之家，惟以刻鏤相尚，而不知其卑陋；故流靡而不反，萎　而不振。於是歐陽氏挺然而出，師法昌黎韓氏，矯然以古文為倡；復得南豐曾氏，臨川王氏，眉山三蘇氏以繼之；然後宋氏之文丕變，駸駸乎方駕於漢唐而無不及。

顧南豐曾氏之文，粹然以醇，一以道德教化為本，經術為歸；蓋彬彬然儒者之文也。而於宋氏理學未興之際，獨能以紹明聖學為任，則後之濂洛諸儒，未始非曾氏有以啓之；是其所立，固幾於道矣。抑吾聞之，太羹元酒，不假於味，而味之至者，必推太羹元酒；然則南豐曾氏之文，其猶是歟？

中華民國二十四年十月沈卓然序於海上之含英館

## ㈢陳杏珍、晁繼周整理《曾鞏集》對各種版本的說明

曾鞏一生創作了大量的詩歌、散文，主要收輯在《元豐類稿》裏。據韓維撰《曾鞏神道碑》的記載，曾鞏身後，有《元豐類稿》五十卷、《續元豐類稿》四十卷、《外集》十卷行世。宋南渡後，《續稿》和《外集》散佚不傳。《郡齋讀書志》只著錄《元豐類稿》五十卷。《直齋書錄解題》著錄了建昌守趙汝勵、丞陳東重行校刊的《續稿》四十卷及朱熹所撰《年譜》一卷。元季兵燹，又皆亡佚。留存下來的，只有《元豐類稿》五十卷。

現存《元豐類稿》最早也最完整的刻本是元大德八年東平丁思敬刻本。這個刻本紙質細潤，版式

寬大，字畫精整，是元刻本中的代表作。尤爲可貴的是，它校勘精審，比之明刻諸本，較能反映曾鞏著作的原貌。如第七卷《水西亭書事》詩一首，第四十七卷《太子賓客致仕陳公神道碑》中的四百六十八字，明刻諸本俱闕，而此本保存完整。綜觀全書，訛誤也較少。明清諸刻，都源出於此書。可惜此本也不多見，明時藏於秘閣，連士大夫也很少能見到。

現存最早的明刻本，當推正統十二年宜興縣令鄒旦刻本。此本卷後有大德八年丁思敬後序，可知源出大德本。此本傳世亦少，校勘也欠精。

成化八年，南豐令楊參取宜興本重刻成書，但踵譌承謬，錯訛之處頗多。成化刻本在明代曾多次修版補刻，印本甚多，在當時和後世都有比較大的影響。

自成化刻本行世，《元豐類稿》開始廣爲流傳，此後的翻刻本也多起來，明代較有影響的有嘉靖四十一年黃希憲刻本、嘉靖王抒刻本、隆慶五年邵廉刻本、九世孫曾文受刻本、萬曆二十五年曾敏才等刻本、崇禎十一年曾懋爵刻本等。入清以後，除重修明刻本外，又校刻新本，如康熙四十九年長嶺西爽堂刻本、康熙五十六年長洲顧崧齡刻本等。其中顧崧齡刻本校刊最精，流通最廣，影響也最大。顧崧齡自稱以何焯所校宋本參校，他不僅對《元豐類稿》作了文字上的補正，而且從《聖宋文選》、《能改齋漫錄》等書中輯錄了集外文二卷，使全書體制爲五十三卷（本集五十卷，集外文二卷，續附一卷），是保存曾文最多的版本。

康熙三十二年，南豐人彭期將《元豐類稿》重行分類編排，合併卷帙，刻成六《曾文定公全集》二十卷。此書增添評點，又補充了幾篇集外文（均見於顧崧齡刻本），較《元豐類稿》易於查驗。但有些地方因臆改而致誤，句讀也有不甚精當之處。

除《元豐類稿》外，曾鞏的文集，還有宋刻本《曾南豐先生文粹》十卷傳世。明嘉靖二十八年，無錫安如石刻《南豐曾先生文粹》十卷，其篇目多於宋刻本。《文粹》所收的文章，均見於顧崧齡本。

曾鞏的詩文集，流傳下來的還有一部極爲珍貴的孤本，這就是金代中葉臨汾（即平水）刻本《南豐曾子固先生集》三十四卷。此本源出北宋舊槧，保留了北宋的避諱字。該書世間極爲罕見，也未見翻刻本傳世。書中所收詩文很多是現存《元豐類稿》中所缺的，《聖宋文選》、《曾南豐先生文粹》及一些類書、筆記中收錄的曾文，大都見於此書。最可寶貴的是，此書保留了其他書中不見的散佚詩文，這些詩文很可能就是《續元豐類稿》和《外集》中的作品。可惜該書脫誤較甚，多有蠹蝕、殘破、漫漶之處。盡管如此，因世無二帙，《南豐曾子固先生集》仍然可以幫助我們推測《續元豐類稿》和《外集》的面貌，對於全面了解曾鞏及其著作很有裨益。

我們這次整理《曾鞏集》，考慮到清康熙五十六年長洲顧崧齡刻本《南豐先生元豐類稿》校刊精、流傳廣、影響大，因而選用顧崧齡刻本作爲底本。考慮到元大德八年東平丁思敬刻本《元豐類稿》（以下簡稱元刻本）時代較早、文字精審、較能反映曾鞏著作的原貌，因而把它列爲最主要的校本。清代學者何焯對《元豐類稿》作過精細的校勘，他用徐乾學傳是樓藏大小兩宋本來校通行本，寫下許多精當的校語，我們在點校中重點參考了《義門讀書記》（以下簡稱「讀書記」）以及顧之逵等人所錄何焯批校，吸收了他的校勘成果。

除元刻本外，其他主要校本有：

1《南豐先生元豐類稿》五十卷，續附一卷，明正統十二年鄒旦刻本（簡稱正統本）。

2《南豐先生元豐類稿》五十一卷，明嘉靖四十一年黃希憲刻本〔顧之逵跋並錄何焯批校〕（簡稱顧校本）。

3《南豐先生元豐類稿》五十一卷，明嘉靖王抒刻本〔吳慈培錄何焯校跋〕（簡稱吳校本）。

4《南豐先生元豐類稿》五十卷，續附一卷，明隆慶五年邵廉刻本〔傅增湘據宋刻《文粹》、《皇朝文鑑》、嘉靖刻本校跋並錄何焯校跋〕（簡稱傅校本）。

5《南豐先生元豐類稿》五十卷，續附一卷，明萬曆二十五年曾敏才等刻本（簡稱萬曆本）。

6《南豐先生元豐類稿》五十卷，續附一卷，明萬曆二十五年曾敏才等刻清順治十五年重修本〔章鈺校並錄何焯、姚椿校〕（簡稱章校本）。

7《元豐類稿》五十卷，清光緒十六年漁浦書院刻本〔傅增湘校並跋〕（簡稱傅校漁浦書院本）。

8《曾南豐先生文粹》十卷，宋刻本。

9《南豐曾先生文粹》十卷，明嘉靖二十八年安如石刻本〔傅增湘校並跋〕（簡稱《文粹》）。

10《南豐曾子固先生集》三十四卷，金刻本（簡稱《曾子固集》）。

此外，部份篇章還參校了下列幾種版本：

1《南豐先生元豐類稿》五十卷，《四庫全書》本。

2《元豐類稿》五十卷，清乾隆二十八年查溪曾氏刻本（簡稱乾隆本）。

3《南豐先生元豐類稿》五十卷，《四部叢刊》本。

4《曾文定公全集》二十卷，首一卷，末一卷，清康熙三十二年彭期刻本（簡稱《曾文定公集》）。

除以上校本外，在某些篇目的校勘中也參考了一些總集、類書、筆記、專著等，主要的有：《十三經》、《老子》、《荀子》、《韓非子》、《宋史紀事本末》（以上用排印本，必要時參考明、清刻本），《揚子法言》（清刻本）、《荔枝譜》（蔡襄撰，明刻叢書本）、《緯略》（高似孫撰，明、清抄本）、《能改齋漫錄》（吳曾撰，清抄本、清臨嘯書屋活字印本）、《雞肋篇》（莊綽撰，清刻本）、《聖宋名賢五百家播芳大全文粹》（明、清抄本）、《新編事文類聚》（明刻本）等。

# 附錄四：研究曾鞏散文參考資料類列

## (一)曾鞏文集部分

南豐曾子固先生集　全三冊　曾鞏撰　見《古逸叢書》三編之十，金代平陽刻本，現藏北京圖書館，北京中華書局於民國七十四年（西元一九八五年）曾影印。

元豐類稿五十卷　十冊　曾鞏撰　元大德八年（西元一三〇四年）丁思敬南豐刊本，現藏台灣國立故宮博物院，民國七十七年（西元一九八八年）六月影印出版。

元豐類稿五十卷　十二冊　曾鞏撰　明成化六年（西元一四七〇年）揚參南豐刊本。現藏台灣國立故宮博物院。

元豐類稿五十卷　十二冊　曾鞏撰　明成化六年（西元一四七〇年）揚參南豐刊本，嘉靖癸亥（四十二年，西元一五六三年）任懋官修補本，現藏台灣國立故宮博物院。

元豐類稿五十卷　八冊　曾鞏撰　明成化庚寅（六年）（西元一四七〇年）揚參南豐刊嘉靖間修補本，現藏台灣國立故宮博物院。

元豐類稿五十卷　十六冊　曾鞏撰　明隆慶辛未（五年）（西元一五七一年）南豐邵廉刊本，現藏台灣國立故宮博物院。

元豐類稿五十卷　十六册　曾鞏撰　現藏台灣國立故宮博物院。

元豐類稿五十卷　二十册　曾鞏撰　現藏台灣國立故宮博物院。

元豐類稿五十卷　附錄一卷　十六册　曾鞏撰　清文淵閣《四庫全書》本，台灣商務書館於民國七十五年（西元一九八六年）三月影印，原藏台灣故宮博物院。

元豐類稿全十二册　曾鞏撰　宋陳師道編輯　江蘇廣陵古籍刻印社於民國七十七年（西元一九八八年）十二月影印。（轉錄自王妙櫻博士《曾鞏文學與北宋詩文革新運動》）

元豐類稿五十卷　附錄一卷　曾鞏撰　明嘉靖十二年（西元一五三三年）英駿覆刊本，現藏台灣國立故宮博物院。

南豐先生元豐類稿四十卷　附錄一卷　曾鞏撰　明嘉靖戊申（二十七年）（西元一五四八年）姑蘇王抒校勘本（按：此本缺卷二十至二十九），現藏台灣國家圖書館。

南豐先生元豐類稿五十卷集外文二卷　附錄一卷　曾鞏撰　清康熙五十六年（西元一七一七年）長洲顧崧齡刊本，現藏台灣台大圖書館。

曾文定公集二十卷　曾鞏撰　清彭期編　清康熙三十一年（西元一六九二年）七業堂刊本　現藏台灣中研院史語所。

曾文定公集二十卷附錄隆平集二十卷　曾鞏撰　清彭期編　清康熙四十年（西元一七〇一年）南豐彭期重刊本　現藏台灣台大圖書館。

宋大家曾文定公文抄十卷　曾鞏撰　明茅坤選　明萬曆間茅一桂刊八家文抄本　現藏台灣國家圖

書館。

南豐文抄十卷　曾鞏撰　明茅坤選　明崇禎四年（西元一六三一年）歸安茅氏刊本　現藏台灣東海大學圖書館。

南豐文抄十卷　曾鞏撰　明茅坤選　清乾隆間《四庫全書》《唐宋八大家文鈔本》之一　現藏台灣國立故宮博物院。

曾南豐先生文集四卷　曾鞏撰　不著編者　清宣統二年（西元一九一〇年）仲夏上海會文堂書局石印本　現藏台灣東海大學圖書館。

元豐類稿金石錄跋一卷　曾鞏撰　清漢南葉氏刊本　現藏台灣國家圖書館。

元豐題跋　廣文書局印行　此書轉錄自廖素卿《曾鞏散文研究》論文徵引。

元豐類稿全四冊　曾鞏撰　《國學基本叢書本》　台灣商務印書館民國五十七年（西元一九六八年）十一月印行。

元豐類藁五十卷附錄一卷　十六冊　曾鞏撰　明成化六年（西元一四七〇年）揚參刻本，現藏台灣國家圖書館。

元豐類藁五十卷附錄一卷　二十冊　曾鞏撰　明刊黑口本，現藏台灣國家圖書館。

南豐先生元豐類藁五十卷附錄一卷　二十四冊　曾鞏撰　明萬曆丁酉（二十五年）（西元一五九七年）查溪曾敏才等校勘本，現藏台灣國家圖書館。

南豐先生元豐類藁五十卷附錄一卷　八冊　曾鞏撰　明南豐譚鍇校刊本，現藏台灣國家圖書館。

南豐先生元豐類藁五十卷附錄一卷　八册　曾鞏撰　明崇禎戊寅（十一年）（西元一六三八年），曾懋爵校刊本，現藏台灣國家圖書館。

南豐曾先生文粹十卷　三册　曾鞏撰　不著編人　明嘉靖己酉（二十八年）（西元一五四九年），無錫安如石刻本。現藏台灣國家圖書館。

南豐先生元豐類藁五十卷附錄一卷　二册　曾鞏撰　上海商務印書館縮印烏程蔣氏密韻樓藏元刊本，見台灣商務印書館《四部叢刊初編縮本》。

曾鞏全集　一册　曾鞏撰　台灣河洛圖書出版社於民國六十七年（西元一九七八年）十二月影印，未說明依據之版本。

曾鞏集　上下册　曾鞏撰　陳杏珍、晁繼周點校　北京中華書局於民國七十三年（西元一九八四年）十一月印行。

曾鞏文　曾鞏撰　曾棗莊、劉琳主編《全宋文》之第二十九册，巴蜀書社於民國八十一年（西元一九九二年）八月出版。

曾鞏散文全集　曾鞏撰　曾棗莊、劉琳主編，此爲《唐宋八大家散文全集》書中的一部分。民國八十五年（西元一九九六年）三月由北京今日中國出版社發行。

曾鞏詩　曾鞏撰　閻光華、王世厚編輯　爲《全宋詩》中的第八册，民國八十一年（西元一九九二年）六月由北京大學出版社出版。

## ㈡專門著作部分

曾文定公年譜　清楊希閔　十五家年譜叢書本。本書附錄二《曾鞏年譜》及採取此書。

曾子固年譜稿　周明泰　三曾年譜本。

曾南豐先生年譜　王煥鑣　江蘇省立國學圖書館第三年刊本。

曾南豐年譜　孫葆田　手鈔本。

曾鞏年譜　李震　蘇州大學出版社民國八十六年（西元一九九七年）十二月印行。

曾氏家譜　南豐瑤埔藏本。

曾鞏研究論文集　江西省文學藝術研究所編。江西人民出版社民國七十五年（西元一九八六年）十二月印行。

曾鞏紀念集　江西南豐縣紀念曾鞏辦公室編　民國七十六年（西元一九八七年）四月印行。

曾鞏評傳　王琦珍著　江西高校出版社民國七十九年（西元一九九〇年）一月印行。

曾鞏　呂晴飛主編　《唐宋八大家散文新賞》中的第九冊　台灣地球出版社於民國八十一年（西元一九九二年）印行。

曾鞏詩文選譯　祝尚書譯注，此為《古代文史名著選譯叢書》之一，四川巴蜀書社於民國七十九年（西元一九九〇年）六月發行。

曾鞏　夏漢寧著　北京中華書局於民國八十二年（西元一九九三年）四月出版。

曾鞏散文精品選　吳功正等編著　陝西人民出版社於民國八十四年（西元一九九五年）十二月出版。

曾鞏卷　馬萬昌注釋　瞿承楷評譯　爲《唐宋八大家名篇賞析與譯註》之一。北京經濟日報出版社於民國八十六年（西元一九九七年）發行。

曾鞏散文選　包敬第、陳文華編撰　香港三聯書店聯合出版　民國八十六年（西元一九九七年）四月發行。

曾鞏散文選集　高克勤選注　天津百花文藝出版社於民國八十六年（西元一九九七年）八月發行。

曾鞏散文精選　張覺選注　爲《唐宋八大家精選叢書》之一，上海東方出版中心於民國八十七年（西元一九九八年）四月印行。

曾鞏散文研究　唐素卿撰　東海大學中國文學研究所碩士論文，民國七十五年（西元一九八六年）五月自印本。

曾鞏散文研究　金容杓撰　台灣大學中文研究所碩士論文，民國八十三年（西元一九九四年）自印本。

曾鞏詩研究——以「破體爲詩」爲例　丁慧娟撰　高雄中山大學中國文學研究所碩士論文　民國八十五年（西元一九九六年）六月自印本。

曾鞏傳　宋友賢著　此爲《唐宋八大家傳》之四　廣東高等教育出版社於民國八十九年（西元二〇〇〇年）十二月印行。

曾鞏文學與北宋詩文革新運動　魏王妙櫻　台灣東吳大學中文研究所博士論文　民國八十九年（西元二〇〇〇年）六月自印本。

曾鞏研究　姚秀彥　自印本　未言自印時間。

曾鞏研究　曾文樑　自印本　民國七十二年（西元一九八三年）輔仁大學中文所碩士論文。

## ㈢單篇論文部分

曾鞏研究論文集　此爲江西省文學藝術研究所編，由江西人民出版社於民國七十五年（西元一九八六年）出版的一部「紀念曾鞏九百周年學術討論會的論文集」，書中有二十篇論文，今依序錄其篇目於下：

曾鞏散文的評價問題　王水照

義理精深，獨標靈影——試論曾鞏散文的樸素美　萬雲駿

曾鞏詩歌散議　邱俊鵬

關於曾鞏詩歌的評價問題　劉揚忠

曾鞏詩歌藝術性初探　曾子魯

「明道」說的深化，「義法」論的先導——談曾鞏的古文理論　成復旺

試論曾鞏的學術思想　傅義

論曾鞏的哲學思想　陳聖

淺談曾鞏雜記文的議論特色　傅開沛

略論曾鞏題記文的思想內容　袁瑾洋

試觀曾鞏的史學觀　楊佐經

曾鞏的文論思想　賴功歐

從曾鞏詩文的借鑒意義談起　陳仰民

論曾鞏散文的藝術風格　錢貴成

曾鞏詩歌內容初探　夏漢寧

剛柔相濟與中庸之道——曾鞏思想和文學風格的特色及其關係　劉珈珈

曾鞏與王安石、歐陽修　王河

曾鞏知齊二題　榮憲賓

曾鞏在福州　王鐵藩

《曾鞏集》輯佚　涂水木　撫州師專學報社會科學版　民國七十七年（西元一九八八年）出版。

曾鞏傳　陳聖　出處同前，於民國七十七年（西元一九八八年）出版之撫州師專學報社會科學版。

以下各文統此。

曾鞏的儒學心態初步描述　黃振林　出處同前。

論曾鞏的人才思想　夏老長　出處同前。

曾鞏的心理機制及其對散文的影響　陳曉芬　出處同前。

曾鞏知福州的政績和文學創作　鄒自振　出處同前。

從《越州趙公救災記》看曾鞏散文成就　畢倬　出處同前。

蓄道德而能文章，察時弊而敢諫諍——曾鞏雜著閱讀札記　朱尙賢　出處同前。

曾鞏詩歌內容膚說　涂水木　出處同前。

一幅春末風光畫——讀曾鞏的〈城南〉詩　劉福龍　出處同前。

論曾鞏詞　馬興榮　出處同前。

曾鞏與王安石異同論　高克勤　出處同前。

曾鞏　王更生　中國文學講話(七)　台灣巨流出版社民國七十五年（西元一九八六年）六月印行。

曾鞏散文的藝術特徵論略　梁靜　中州學刊　民國八十三年（西元一九九二年）第六期。

曾鞏文之體類區分及其意義　王基倫　台北師院學報第八期，民國八十四年（西元一九九五年）

歐曾王蘇散文比較　吳小林　文史哲雙月刊第五期　民國七十七年（西元一九八八年）出版。

## (四)其他文獻部分

宋史　元脫脫　中華書局民國六十六年（西元一九七七年）印行。

南豐縣志　清趙惟仁　民國十三年（西元一九二四年）鉛印本。

建昌縣志　明正德十二年（西元一五二七年）刻本。

南昌府志　清陳蘭森、謝啓坤　乾隆五十四年（西元一七八九年）刻本。

直講李先生文集　宋李覯　四部叢刊初編縮本　台灣商務印書館。
宋人軼事匯編　丁傳靖　中華書局民國七十年（西元一九八一年）版。
江西通志　謝旻等撰　四庫全書影印文淵閣本　台灣商務印書館。
江南通志　黃之雋　四庫全書影印文淵閣本　台灣商務印書館。
宋元學案　清黃宗羲　台灣正中書局刊行。
福州府志　宋周應合　明萬曆七年（西元一五七九年）刻本。
亳州志　清鍾泰・宋能徵　清光緒二十五年（西元一八九九年）活字本。
唐宋八大家文說　陳祥耀著　福建教育出版社發行　民國八十四年（西元一九九五年）五月。
唐宋八大家匯評　吳小林編　齊魯書社發行　民國八十年（西元一九九一年）七月。
宋文六大家活動編年　洪本健著　華東師範大學出版社出版　民國八十二年（西元一九九三年）十二月。